奇妙な同盟

ルーズベルト、スターリン、チャーチルは、いかにして第二次大戦に勝ち、冷戦を始めたか

ジョナサン・フェンビー
河内隆弥訳

Ⅰ

藤原書店

ALLIANCE
by Jonathan Fenby

1　祈禱式

〈プリンス・オブ・ウェールズ〉艦上の日曜礼拝に、首相（チャーチル）と大統領（ルーズベルト）が参加。1941年8月、プラセンシア湾にて。（後方の中折れ帽をかむっているのは、英外務省高官、アレクサンダー・カドガン）

2　軍人たち

ジョージ・マーシャル（左から二人目）とアラン・ブルック（右端）がそれぞれの総長をつとめる米英の参謀本部の間には、戦術をめぐって、当初から広範な、しばしば鋭い意見の相違があった。

3　帝国第一主義
プラセンシア湾のチャーチルには、親友の新聞王、ビーヴァーブルック卿がしたがった（左）。かれは大英帝国《ブリティッシュエンパイア》防衛をチャーチルに進言した。

4　秀才
サムナー・ウェルズ（この写真の相手はエレオノア・ルーズベルト）は、ルーズベルトのために第一回サミットではこまかい外交交渉を任された。最終的に自らの命取りとなる性的秘密を隠していたアメリカのエリート。

5　独裁者たち
1942年1月、ヒトラー、ムソリーニとカイテル将軍立会いのもと、用兵計画を説明するドイツ軍参謀総長アルフレート・ヨードル。

6　天 皇
日本が極東を席捲するさなか、閲兵を行なう天皇裕仁。

7　同盟の構築者
1941 年 1 月、ロンドン訪問で英米協調の基盤づくりをしたハリー・ホプキンス。(ホプキンスとチャーチルの背後は、チャーチルの親友ブレンダン・ブラッケン)

9　主人は見守る
駐英ソビエト大使のイワン・マイスキー。ホプキンスのモスクワ行きのお膳立てをして、独裁者スターリンとチャーチルのおおまかな意見交換の仲介役をつとめることとなった。

8　手に手をとって
1941 年 8 月、ホプキンスはモスクワに飛んだ。スターリンと 6 時間話し合い、ルーズベルトにソ連邦支援を勧告した。

10　大空襲
下院建物の被害状況を視察するチャーチル。

11　サイレン（空襲警報）の歌
1941年12月の後半、アメリカの参戦を受けてチャーチルはワシントンに飛び、ルーズベルトと二回目のサミット会談を行った。ホプキンスの娘ダイアナに、自身のトレードマークとなったロンパース「サイレン（空襲警報）スーツ」姿を見せたものの、ダイアナには、ルーズベルトの飼い犬ファラの方がもっと面白かったようだった。

12　クレムリンのサミット会議
1942年8月、西側同盟国がフランス上陸の延期を決定したあと、チャーチルはそのことをスターリンにつたえた。二人の間に座るのはルーズベルトの揉め事調停人アヴェレル・ハリマン。右端の外相モロトフは珍しく人前で笑っている。

13　素っ裸
1942年、モスクワ旅行の終わり、入浴の準備をするチャーチル——英国大使のスケッチ。

14　いまやらなきゃ！
1942年4月、ルーズベルトはホプキンスとマーシャルを、その秋フランス上陸を実現させるべくロンドンに派遣した。大災厄になりそうだ、チャーチルは外交力を駆使して方向転換させた。

16　自由フランス指導者
ルーズベルトはド・ゴールを嫌ったが、イギリスは苛々させられながらもド・ゴール支援を続けた。

15　フランス人同士の握手
1943年1月、カサブランカ・サミットで、ルーズベルトとチャーチルは、ライバル同士のフランス人指導者、シャルル・ド・ゴールとアンリ・ジローを同席させ、握手するよう促した。

17　無条件降伏
カサブランカの記者会見で、いま心に浮かんだ政策である、とルーズベルトは無条件降伏のアイディアを説明した。

18　四大国協定

1943年10月、ソ連、米、英外相による、これまでにない高官レベルによる会議がモスクワで開かれた。コーデル・ハル（左から三人目）の強力な主張のもと、中国大使（左端）が調印式に加わった。（中央はモロトフ、右端はイーデン）

19　中国の城壁

1943年12月、ルーズベルト、チャーチルとのカイロ・サミットに出席した蔣介石とその夫人、宋美齢。

20　きびしい関係

カメラの前では微笑んでいるが、蔣夫妻は手きびしいアメリカの軍事顧問、「ヴィネガー（辛辣な）・ジョー」・スティルウェルと不仲だった。スティルウェルは結局召喚された。

奇妙な同盟　I

目次

謝辞 12

〈プロローグ〉テヘランの晩餐 14
一九四三年十一月二十九日

1 バッファロー、熊、そしてドンキー 20

2 第一回のサミット 61
ニューファンドランド、プラセンシア湾
一九四一年八月九―十二日

3 アンクル・ジョー 114
モスクワ
一九四一年九月

4 世界大戦 135
ワシントン、チェカーズ、モスクワ、重慶、ローマ、ベルリン
一九四一年十二月六―十二日

5 四人の交渉 147
モスクワ、ワシントン、ロンドン
一九四一年十二月九日―一九四二年一月十四日

6 結論未定《アンディサイデッド》……176
ロンドン、ワシントン
一九四二年一―四月

7 人民委員の訪問……197
モスクワ、ロンドン、ワシントン
一九四二年五―六月

8 たいまつの歌《トーチ・ソング》……210
ハイドパーク、重慶、ワシントン、ロンドン
一九四二年六―七月

9 モスクワの夜は更けて《ミッドナイト・イン・モスコー》……229
モスクワ
一九四二年八月

10 時の過ぎ行くままに《アズ・タイム・ゴーズ・バイ》……261
北アフリカ、モスクワ、カサブランカ
一九四二年十月―一九四三年一月

11 嵐《ストーミー・ウェザー》……298
ワシントン、モスクワ、ロンドン、ハイドパーク、ケベック
一九四三年一―八月

12　ロシア序曲……………………333
モスクワ　一九四三年十月

原注　363
関連年表　365

以上I巻

〈Ⅱ巻目次〉

13 ピラミッド　カイロ　一九四三年十一月二十一―二十六日

14 虹の彼方に《オーバー・ザ・レインボウ》　テヘラン　一九四三年十一月二十八日―十二月一日

15 向かい風《イル・ウィンド》　カイロ、チュニス、カルタゴ、ワシントン　一九四三年十二月―一九四四年五月

16 勝利と悲劇　ロンドン、ワシントン、ノルマンディ、パリ、ワルシャワ　一九四四年六―九月

17 計　画　ワシントン、ケベック　一九四四年九月十二―十六日

18 パーセンテージは示す　モスクワ　一九四四年十月九―十八日

19 赤いブルース《レッド・ブルース》　ロンドン、ワシントン、モスクワ、アテネ、パリ、重慶　一九四四年十一月―一九四五年一月

20 ヤルタ　マルタ、クリミア　一九四五年一月三十日―二月十五日

21 スプリングスに死す　スエズ運河、ワシントン、ロンドン、ウォームスプリングス　一九四五年二月十三日―四月十二日

22 旅の終わり　ポツダム　一九四五年七月十七日―八月二日

訳者あとがき

参考文献

原　注

関連年表

人名索引

装丁・作間順子

奇妙な同盟 I

ルーズベルト、スターリン、チャーチルは、
いかにして第二次大戦に勝ち、冷戦を始めたか

凡例

一　原書におけるイタリック体は、書名・紙誌名の場合『　』で、団体名、船名、施設名等、また原語に対する外国語の場合は〈　〉で、強調の場合は傍点で示した。
一　原書における［　］は、［　］のまま使用している。
一　出典は、該当語の右に（1）、（2）、……で示し、巻末に示してある。
一　原書の注は、該当語の右に＊で示し、当該段落の直後に示してある。
一　訳注は、〔　〕で囲んだ。

アリスとマックスへ
愛をこめて

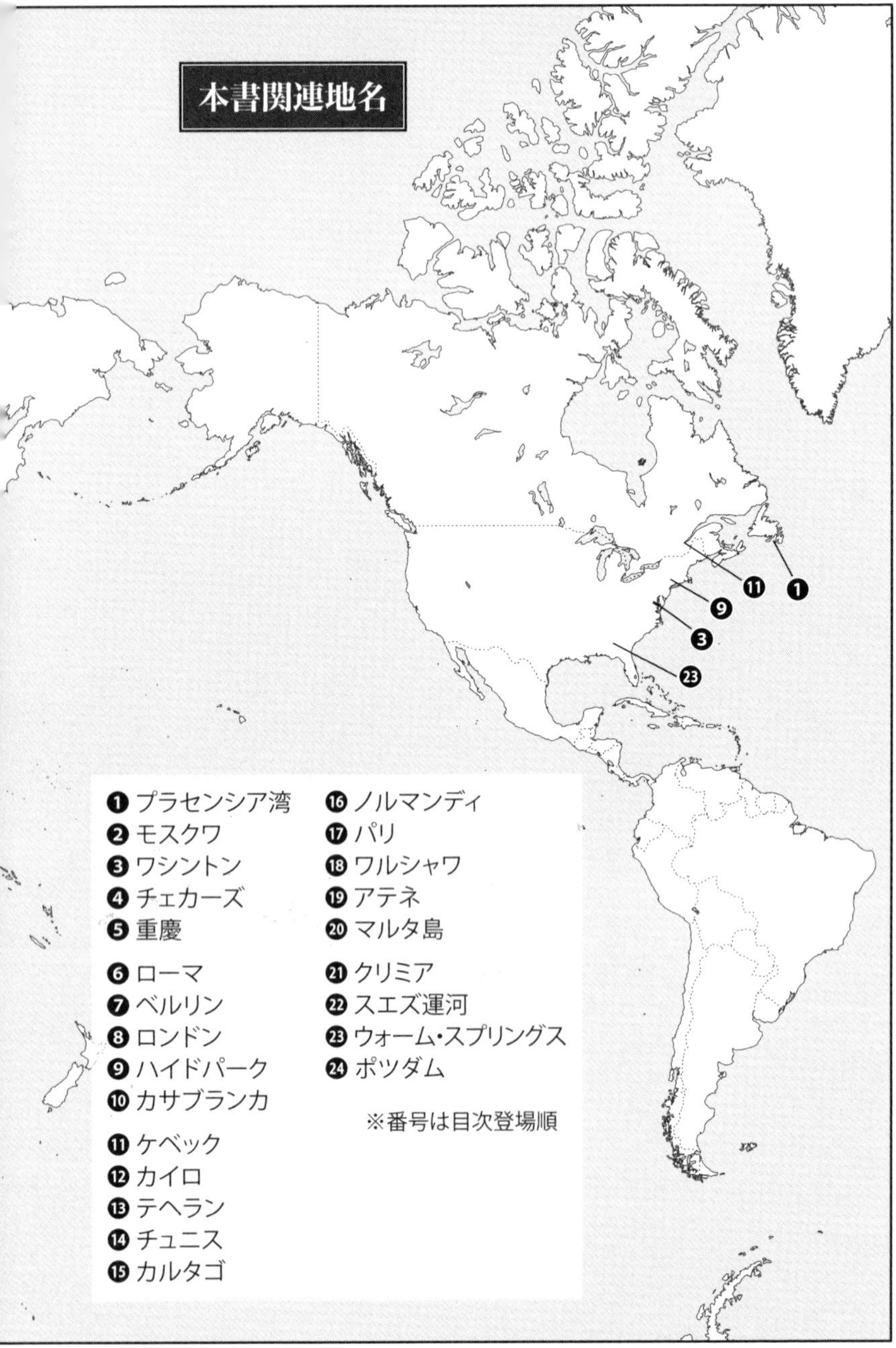
本書関連地名
❶ プラセンシア湾
❷ モスクワ
❸ ワシントン
❹ チェカーズ
❺ 重慶
❻ ローマ
❼ ベルリン
❽ ロンドン
❾ ハイドパーク
❿ カサブランカ
⓫ ケベック
⓬ カイロ
⓭ テヘラン
⓮ チュニス
⓯ カルタゴ
⓰ ノルマンディ
⓱ パリ
⓲ ワルシャワ
⓳ アテネ
⓴ マルタ島
㉑ クリミア
㉒ スエズ運河
㉓ ウォーム・スプリングス
㉔ ポツダム
※番号は目次登場順
⓫
❶
❾
❸
㉓

7
2
24
4
8
18
16
21
17
6
10
19
14
13
15
20
12
22
5

謝辞

この本のアイディアは、アンドリュー・ゴードン、クリストファー・シンクレア＝スティヴンソンとイタリア料理店で昼食をしているときに出てきたものだ。だから第一番のお礼は、そのこととその後二、三年この企画を育ててくれたことで、この二人に言わねばならない。

全面的にお世話になった方々のなかで、とくに感謝したいのはアンドレ・ヴィルヌーヴである。かれは常に変わらぬ鼓舞、意見、資料の源泉であり、原稿段階で有益なコメントの数々を提供してくれた。もうひとつ、かれとライザは執筆段階での気持ちの良い主人役をつとめてくれ、アニー・ベスニエ、ピーター・グラハム、サラとアンドリュー・バーンズ、ブライアン・オートリー、そして精神的指導者であったハートヒル・グループも同じことをしてくれた。ジムとスーザン・ヴェルナは、アンヌとデイヴィッド・クリップスも同様に、私がニューヨークでアメリカ側の古文書を探索しているとき、寛容に付き合ってくれた。

リューバ・ヴィノグラドバはソビエトの資料を提供してくれた。ウォーレン・キンベルは、企画の最初から、その膨大な学識でアドバイスをしてくれた。デイヴィッド・カールトンとオッド・アーン・ウェスタッドは最良の助言者だった。アレン・パックウッドはケンブリッジのチャーチル文庫を案内してくれ、外務省資料を提供してくれた。ロブ・ヘイルは健康診断をしてくれた。特別な恩義を蒙ったのは、貴重な原資料と、刺激的な所見を寄せてくれたロバート・ハーヴェイである。マイケル・バーラット・ブラウンは、ペニシリン実験のモルモットになったチャーチルの秘話を提供してくれた。

いつものことながら、私は調査する図書館、古文書館のスタッフに多くを負っている。とくに、ハイドパークのルーズベルト図書館では、大統領とハリー・ホプキンスの資料のことで、トルーマン図書館とコロンビア大学ではその口述歴史記録のことで、そして英国では、公式記録研究所、大英図書館、ロンドン図書館、帝国戦争博物館、外務省、ケンブリッジのチャーチル文庫、ロンドンの閣僚執務室、チャーチル博物館にお世話になった。合衆国対外関係研究所（ＦＲＵＳ）の膨大な収集品はかけがえのない源泉だった。同時に私は戦時の同盟関係に携わったひとびとのメモ、日記その他の資料、記録、いままでに出版された書物など多数を使わせてもらった。それらを完全な形で、またほとんどの場合、隠し立てのない、個人的な記録をかくも大勢の方々が残しておいてくれたことに、ただただ感謝あるのみである。

エドウィナ・バーストウは卓越した、気持ちよいほど辛抱強い編集人であった。マーチン・ブライヤントはその鷹の眼を原稿に注いでくれた。スー・ガードは校正に徹してくれた。サラ・アーグデンはいつもいつも助けてくれたし、アレクサンダーは地球の反対側から励ましてくれた。いつもと同じことだが、私の最大の恩義はルネにある。彼女の支援、まとめ、コメント――そして忍耐――は、あらゆる側面での私の完璧なパートナーであることを語っている。

〈プロローグ〉テヘランの晩餐

一九四三年十一月二十九日

「同盟国の利点とは唯一つ、持った方がましだということだ」(1)
ウィンストン・チャーチル

騒ぎに点火したのはヨシフ・スターリンだった。豪勢な晩餐のあいだ中、ウィンストン・チャーチルをこのソビエトの指導者は、挑発し放しだった。声音はおどけていたが、狙いに容赦はなかった。「スターリン元帥は、チャーチル氏につけ込む隙を見せなかった」、とアメリカは公式に記録している。「首相《チャーチル》に向けられた意見のほとんどすべてに鋭い刃がつけられていた」(2)。

フランスのナチス軍に対して英国が長期にわたって正面攻撃を手控えたことについて、スターリンが、ドイツに対する隠された愛着があるからではないか——おそらく敵に「柔軟和平《ソフト・ピース》」を持ちかけるつもりなのだろう——と言及したときでも、首相は怒りを抑制した。独裁者《スターリン》は言った、ロシア人が単純だからといって、盲目だと思っていたら大間違いだぞ、と。

給仕たちが、オードブル、ボルシチ、魚、肉、サラダ、そしてフルーツ、ロシアのシャンペン、ウォッカ、ブランデーを持ち運びする間、フランクリン・ルーズベルトは車椅子に坐り、言葉少なに、ありふれた決まり文句しか話さなかった。後日、かれは閣議で、スターリンがチャーチルをからかったことがとても面白かった、と話していた。しかし、通訳のチャールズ・ボーレンはそのときの雰囲気を「毒々しいもの」と述べている。

スターリンを交えた最初の三国サミットの二日目、イラン、テヘランのソ連公使館での晩餐会では、大統領も首相も調子は良くなかった。両人とも海路、空路の長旅のあとだった。急激な腹痛で、ルーズベルトは自分が主宰した前夜の夕食会を中座しなければならなかった。チャーチルによれば、ソ連風ディナーの最初のコース料理のとき、かれは真っ青になったという。密かに手厚い配慮がされていたが、ルーズベルトの血圧は危険なまでに高く、貧血と肺疾患の徴候があった。四カ月後には、高血圧、高血圧性心疾患、鬱血性心不全、および慢性気管支炎と診断されることになった。チャーチルは風邪を引いており、咽頭炎だったが、かれの場合の問題は、無理を強いられている、肥った、酒飲みで、心臓を患っている、しかし不撓不屈の、六十代後半の年齢にのしかかる戦争のプレッシャーであった。ときにかれは、単純に「物事を素直に考えるには、病的でありすぎ、疲れすぎていた[3]」のである。

一九四〇年、首相就任後、チャーチルはルーズベルトの友情を得るためにすべてを捧げた。英米の同盟はかれの「方式」の中核だった。テヘランに赴く途中、かれは目に涙を浮かべて「ぼくはあの男が好きなんだ」と娘に告げた。かれの愛人関係を調べたもの以上に自分は大統領のことを調べたよ、と、かつてかれは語っている。

しかしかれの情愛の対象であるこの人物の、テヘランにきた目的は、唯一――スターリンの信頼の獲得であった。このためルーズベルトは、この疑い深い独裁者《スターリン》が自分をイギリス寄りと判断するような、いかなる言動も取らないと決めていた。それが首相《チャーチル》を馬鹿にすることになるなら、そうさせておけと。西側の日程調整のための予備会談を、ロンドンから持ちかけられたときもそれはしなかった。テヘランでは、チャーチルとの昼食を断わって、テヘランのソ連公使館を訪れ、スターリンと二人だけで会った。このことが、一九四〇年、モスクワがベルリンと手を握ったため、ヒトラーと単独で戦う羽目になっていた英国の代表にとって、面白くないのは当然である。ついでだが、チャーチルは側近に、ルーズベルトの補佐官が大統領のことを「愚か者」と評したという信じがたい話を披露してみせた。

晩餐会の終わりにチャーチルがブランデーに手を出したころ、ルーズベルトの首席補佐官、ハリー・ホプキンスがソビエト軍のために乾杯をした。それに応えてスターリンはドイツ軍の参謀将校の話を持ち出した。少なくとも五万人、いや、十万人の高級将校を、即決で射殺しなければならない、と言った。

チャーチルはキレた。顔を紅潮させ、立ち上がって部屋のなかを歩き出した。その考えは英国の正義の感覚に合わない、とかれは言った。ナチであろうがなかろうが、だれでも、その場で銃殺隊の的になって良い筈がない。「英国議会と大衆は大量虐殺を絶対に許さない」と大声を出した。

「五万人は殺されなければならない」、スターリンは、英国の指導者の「親ドイツ」的同情心に対してもう一度呟いた。

「わたしと、わが国の名誉がそんな侮辱で汚されるくらいなら、いますぐここから庭に連れ出されて、わたしが射殺される方がましだ」、チャーチルは反撃した。

この言葉が通訳されると、スターリンは目を瞬かせた。かれは、笑いをこらえているルーズベルトに向かって、どう思うかを訊ねた。大統領は、軽口で事を収めようとした。「こんな風に言えませんかね、五万人の戦争犯罪人を即時処刑するのではなくて、もっと少ない数」と言い、「多分四万九千くらいと」。

テーブルのまわりのアメリカ人とロシア人は笑った。英国外務大臣のアンソニー・イーデンはチャーチルに、これはみな冗談なのです、と注意を惹いた。しかしスターリンは問題を片づけず、ひとりひとりに意見を聞いた。外交的配慮で、イーデンは、もっと調べる必要があると言った。アメリカ人たちは、ヨーロッパでの勝利はもう少し先のことだろう、と述べた。そして、ルーズベルトの息子、エリオットの番だった——空軍の参謀だったが父親のサミットに同行していたのだ。

シャンペンに酔っていたのか、若者は数十万のナチスが考慮の対象になることを望む、と言った。スターリンはやってきて腕を伸ばし、息子の肩にまわした。独裁者がエリオットの健康のために乾杯を提案したとき、チャーチルはこの若いアメリカ人に突っかかった。

「きみは同盟関係を損なうことが面白いのかね」、と怒った。「何を言っているのかわかっているのかね？　どうしてそんなことが言えるのかい？」[*]

＊　回顧録のなかで、チャーチルはエリオットの会話の記録を「非常に粉飾されており、誤解を招くも

の」としている。エリオットの方は、色々と取沙汰された人物で、後年、父親の名前を使って商売をし、訴えられたこともあるが、反英で親ソであった。その回顧録はチャーチルにとって不本意な数々のエピソードに溢れている。かれはそれを戦時の日誌、同時代の覚書、メモに基づいて書いた、と言っている。それらは批評の的にはなっているものの、割り引くべき客観的理由にも乏しい。――著名な歴史家、ウォーレン・キンボールは、かれのFDR（フランクリン・デラノ・ルーズベルト）との会話の回想を、あとでも触れるが、「父親の理屈の匂いに染まっている」と評している。チャーチルの場合も、これもあとで見て行くように、目的意識を以てかれなりの歴史を作って行く傾向があるようだ。テヘランでの小競り合いのあと、事が一段落した英国で、エリオットは田舎のチャーチルの自宅に招かれた。

そしてチャーチルはゆっくりと部屋を出て行った。それは何年かぶりで、だれかがスターリンを見限った瞬間だった。薄暗い隣の部屋で、首相は背中にだれかの手を感じた。振り返って、かれはスターリンと外務大臣のビャチェスラフ・モロトフを見た。両人は大きく歯を見せて笑った。かれらは言った、これはただの冗談だよ。かれらは不真面目だった。

チャーチルは納得しなかった。かれは、ヒトラーと同盟したときソビエトが、二万二千のポーランドの捕虜をどのように虐殺したかを思い出した。かれは、スターリンが脅迫したことを実行する能力に疑いを抱いていなかった。しかし、クレムリンとの決別が戦争遂行に深甚な損害を及ぼすことを知っていた。かれはテーブルに戻り、その夜、あとは「愉快に過ごした」と記録した。モスクワのイギリス大使、アーチボルド・クラーク・カーは、二人の主役は互いに手を肩にまわし、眼を見つめあってわかれた、と記した。

それにしても先触れは単純なものだった。その夜遅く、ハリー・ホプキンスが、スターリンが一九四一年から圧力をかけ続けているフランス侵攻を遅らせないよう、チャーチルに伝えるため英国大使館に出向いてきたのだ。アメリカとロシアは態度を決めている、と補佐官《ホプキンス》は言った。英国も参加すべきだ。かれが去ると、チャーチルは陰鬱に、かれの外交団員に、これからの戦争の話をしはじめた。そして英国爆撃機の航続距離はモスクワまで大丈夫だ、と言った。ロンドンへ戻ってかれは書いた。「私の片側には前足を広げた巨大なロシア熊がいた、反対側には大きなアメリカ・バッファローがいた。その間に小さなみすぼらしいイギリスの驢馬《ドンキー》が坐っていた。それがただひとり……帰り道を知っていたのだ」と。(4)

三大陸で戦うことと同時に、三人の同盟国指導者は、テヘランでのサミットと同じような会談であとに続く平和の枠組みを作ろうとしていた。第一次世界大戦とは違って、第二次大戦では、世界の将来を決定するため、一回かぎりの講和会議で結論を出すことはしなかった。むしろその過程は五年を要した。それは個人的な衝突、合意や不協和としてあらわれてきたが、戦争に勝つために隠されていた大きな相異点が、新たな世界が姿を見せるにつれて、また表沙汰になってきたという具合だった。六十年が経過したが、三巨頭がいかにして同盟を組み、それを活用し、そしてそれを維持し得なかったかということは、高いレベルにおける国際政治の第一級の研究課題となるのである。

1　バッファロー、熊、そしてドンキー

「世界平和の枠組みは……世界全体の協調に基づく平和でなければならぬ」

フランクリン・ルーズベルト(1)

人類史上最大の戦闘に勝ち、その後半世紀の世界の形を決めた三人の男は、最初から失敗するわけには行かないことを承知していた。一旦枢軸諸国から総力戦を仕掛けられた以上、妥協の余地はなかった。ヨーロッパでは「ヒトラー一味」に、アジアでは帝国主義勢力に勝つことがすべてだった。「絶滅戦争がお望みならやってやるぞ」、とスターリンは言った。(2)

戦線は第一次世界大戦とくらべて、途轍もなく拡がった。大西洋、太平洋を横切り、ヨーロッパとアジアを通り抜け、北極から北アフリカにまで及んだ。一九三九年から一九四五年まで、二千百七十四日の戦いの間に五千万人以上が死んだ――それ以前、一九三一年に始まる日本の中国侵攻では大勢が死んでいた。民間人の大量殺害は双方で起こった。ヨーロッパでの死者三千六百万の半分は非戦闘員だった。中国の民間人の犠牲は数百万に達している。残酷で血なまぐさい接近戦もあったが、死と

破壊の多くは、爆撃と砲撃による、殺害対象を認識することのない戦闘員によって行われた。広島と長崎は、ロンドン空爆の論理的延長線の上にある。人命の犠牲と同じく、戦争は莫大な物的損害を齎《もたら》した。北アメリカは被害を免れたが、ソ連の資本財はその四分の一が破壊され、ドイツと日本は真っ平らになってしまった。

競合する哲学を伴った、全く異なる二大強国が地球に君臨するに及んで、旧式な連続性は永久に断ち切られた。英国は、ヨーロッパ諸帝国の黄昏のなかの下り坂を歩んでいた。ボルシェヴィキ革命のあと、ソビエト連邦に根をおろした巨大な政府は、同盟の他の二国に対して確固たる事実として存在した。アメリカの軍事支出は大恐慌からの回復を可能とし、その間ルーズベルトは手管を用いて帝王的な大統領として振舞った。最高裁長官、ロバート・ジャクソンは、「大統領は国家全体を代表する唯一の官吏」であるから、その権限を強化しなければならないことは不可避である、と述べた。(3)

三同盟国では、大衆動員、機械化、国力充実、技術集約が大々的な規模で行われた。巨大な産業計画が、戦車、大砲、軍艦、航空機を生み出した——アメリカの単一のプロジェクトとしては最大のもの、一機あたり百万ドルかかる、空の要塞、B29の製造には五万人が働いた。英国は大不況のあと立ち直ってはいたが、戦争が世界的に拡大すると資源が枯渇しはじめ、総力戦の重荷がいかなるものか思い知らされてきた。将軍たちは地球をまたにかけて展開する、前例のないほどの戦力を指揮しなければならなかった。歴史家のエリック・ホブズボームが指摘したように、それは「人間がこれまでに知る最大の事業だった」(4)のである。軋轢のなかから、国際連合、ブレトン・ウッズ体制、国際通貨基金、世界銀行、そして一連の機構が実現された。主導権争いが偉大な技術的進歩を生み出した。原子爆弾とか、コンピュータ開発を促した暗号解読機などである。

ある国々では、婦人労働を含む社会的、民主的状況が大きく変化した。スターリンと毛沢東の大量虐殺の方が数的にはより大きかったが、ヒトラーのユダヤ人に対するジェノサイドは、人間の非人道性の二十世紀における最悪の象徴となっており、これがイスラエル国家の建設に結びついた。一九四一―四二年の日本の疾風のような勝利は、アジアの植民地政策に致命的な痛手を与えた。一方三度目の独仏戦争のトラウマは、ヨーロッパ連合発足の強力な触媒として作用した。

一九一四―一八年の戦争とは大きく異なり、第二次大戦は巨頭たち――ルーズベルト、スターリン、チャーチル、そしてヒトラーの個人的な争いだった。そして、脇役として、ベニト・ムソリーニ、蒋介石、毛沢東、東条大将、天皇裕仁、そしてシャルル・ド・ゴールとロンドンの亡命政権が登場する。これらの人々は、戦争の原因についてのみならず、戦時の世界において決定的な影響力を及ぼしたのである。ホワイトハウスとダウニング街（英国首相官邸）の間には恒常的な通信の流れがあり、それより少し頻度は低いが、クレムリンともあったのである。前回の大戦とはちがって、ヨーロッパの各政府は戦時中も交代した。スターリンと、米国民主党は戦争の間、政権を維持した。チャーチルは、一九四〇年の五月から、一九四五年の晩夏まで首相の座にあった。

チャーチルは、先祖のマルボロー公爵がフランスに対して連合を組んだことに倣おうとしたが、古典的な同盟のように諸国を結集することは難しかった。会談を行う場所も一定していなかった。ルーズベルトとチャーチルは十一回の二国間協議を行った。チャーチルは大西洋を六回横断し、モスクワには二回行った。ルーズベルトとスターリンは互いの同盟国を訪れることはなかった。三人の指導者がまとまって集まったのは、——一度はソビエトの南の国境に近いテヘランで、そしてもう一度はクリミアのヤルタで、の二回だけで、いずれも飛行機嫌いのスターリンが選んだ場所においてであった。

アメリカとイギリスの軍隊は、基本的に赤軍と行動をともにする形で戦ったことはなかった。西側の同盟国が三年半の間、二正面で戦争をしていた間、スターリンは、一九四五年の夏まで日本との不可侵条約〔正確には「中立条約」である〕を継続し、シベリアで第二戦線が開始されるという日本からの脅威を抑止した。西側同盟国とモスクワの間に、何らかの意味のある共同作戦計画があったとは思えない。クレムリンは極端に情報を出し惜しみし、西側に疑いを抱いていた——スターリンは、一九四一年のヒトラーのソ連攻撃についての警告を、自分をベルリンとの戦争に巻き込む陰謀である、と考えていた。戦争の進展につれて、かれの主な情報源はロンドンとワシントンのスパイ網からのものとなっていた。(5)

合衆国の参戦以前から、ワシントンとロンドンは詳細な軍事的協議を始めてはいたが、統合幕僚会議では基本的に戦略上の相違があった。アメリカの幕僚が北フランスのドイツ軍に一槌をくだすべきだと主張したのに対し、イギリスは北アフリカと南ヨーロッパの「柔らかい下腹部」を叩く、間接攻撃を支持した。英米将官の議論が時には激昂しすぎて、口論の内容が洩れないよう、若い参謀たちは退席を命じられるほどだった。中国問題は、意見の合わない特別の原因だった。ルーズベルトは中国を、戦後世界の四人の警察官のひとりと考えるのに対し、チャーチルは、「四億の弁髪」の国は、イギリスからの膨大な援助をあてにするだけの国で、機会を与える必要はない――スターリンも「中国を強国と処遇するくだらぬ考え」に嫌悪感を示すに違いない、と言った。(6)

百二十日に及ぶ会談で、ルーズベルトとチャーチルは、お互いに正真正銘の暖かい関係を築いた――ルーズベルトがこれまで誰かと正真正銘の暖かい関係を築いたことがあるとすれば、の話ではあるが。真珠湾攻撃の前からルーズベルトは、形の上では依然中立国として、色々の手をつかって第一の防衛線である英国に援助を与えていた。真珠湾のあと、西側の同盟の絆は広く深くなり、チャーチルは、英語を話す国々の国民の連携のもと、自国が生きながらえて行くことに戦後の希望を抱くことができた。しかし、一九四三年夏、ルーズベルトはとくにイギリスを見限るような、スターリンとの二国間対話を模索していたのである。(7)

チャーチルが回顧録に残したものを見ると、この辺が複雑怪奇で矛盾に満ちた同盟関係を象徴する問題点であった。三国の政策の違いは救いがたいものだった。戦争の進行にしたがって、ワシントンは領土問題を取引材料とすることを拒否したが、スターリンは一九四一年の末、モスクワの言うことを聞けといわんばかりに、大幅な安全保障地帯を設定するべきであると、地図上に仕切りを示した。三年後、チャーチルは、東ならびに中央ヨーロッパの利権を英国とソ連邦で分割する算術的な原案を提出した。

ルーズベルトは植民地の終焉を望んでいた。チャーチルは、自分が大英帝国の解体を見届けるまでの権限は与えられていない、と宣言した。ルーズベルトは首相にインドの民族主義者と会談するよう促した。ある点で、チャーチルは、大統領が硬い態度をとれば自分は辞任する、と脅しをかけた。ワシントンは、民主主義の拡大をアメリカ方式に沿う自由貿易と関連づけた。イギリスは帝国の支配地域を優先するシステムにこだわった。民主主義に関する高尚な注解と、巨頭会談の共同宣言にある自己決定権には乖離があり過ぎ、議論はおおむね、的外れなものに終わっていた。戦争が進展して行くと、チャーチルは徐々にソ連の力に懸念を抱きはじめていたが、それはとくにルーズベルトが、勝利ののち二年でアメリカ軍をヨーロッパから撤退させる、と提案したときからのことだった。しかしこの米国人はスターリンをあしらうことには自信を持っており、米国とソ連の体制が一致点を見出し、相互の調整能力が釣り合い、国内でのニューディールによく似た新しい世界が誕生する日のことを予見していた(8)。

なかでもルーズベルトの胸中には、ソ連と軍事的に対決することなどはいささかもなかった。つねに純粋な国内政治家だったかれは、一度戦争に勝ったアメリカが、遠い国々でもうひとつ別の戦争をする雰囲気には、絶対にならないことを知っていた。かれは有権者にバラ色の未来を見せなければならなかった。また、エリオットが父親の言葉として残したように、「われわれは偉大だ、われわれは強い、われわれはすべて自己充足できる」、だから、世界的な存在となった合衆国は、他国の矛盾点を解決して行くことができる。それがルーズベルトの見る世界史のなかの新時代であった。「合衆国が導いて行かねばならない。常に協調をめざすという天職を先導し、遂行して行こう……アメリカこそ唯一、未開の世界に平和を齎す偉大な力なのである」(9)。

同盟が成立したとき、チャーチルは六十七歳であった、スターリンは六十二歳、ルーズベルトは五十九歳であった。みな長い経験を持っていた。チャーチルが初めてロンドンで入閣したのは一九〇五年であった。そして一九三〇年代の政治的戦国状態に突入する以前にも一連の主要ポストを歴任していた。ルーズベルトは第一次世界大戦の間、海軍次官であった。のちニューヨーク州知事をつとめ、一九三二年の選挙でホワイトハウス入りを果たすまでは副大統領候補であった。スターリンの革命家としての履歴は二十世紀の初期にまでさかのぼる。ライバルのレオン・トロツキーを葬り、一九三〇年代の大規模な粛清を経て権力を確立し、ソビエト体制のトップに登りつめた。

三人とも肉体的に立派というわけではなかった。チャーチルとスターリンは背が低く肥っていた。ライオンのような髪型と背筋を伸ばした振る舞いにもかかわらず、ルーズベルトは、一九二一年に患った小児麻痺のために車椅子の生活を送っていた。しかしかれは演説を立ったまますることをやめず、マスコミも協力していたので、アメリカ国民の大部分はルーズベルトの病状がそれほど悪いとは思っていなかった。それでもかれらは世界の三人の大立者となって行った。チャーチルはVサインと葉巻で、ルーズベルトは陽気な雰囲気で、スターリンは冷酷な決断力で。歴史上の「偉人伝説」を信じるものにとって、かれらはその生涯で、自らの神話を創り出す天才たちであった。

経済力と工業力が勝利の基本である。選挙民のことに考慮を払わねばならぬ二人にとって、いまや少数の個人グループが、すべてを決定しなければならないときであった。かれらの居場所が権力の中心である。ルーズベルトは大統領として、最高司令官であった。スターリンは、共産党中央委員会の総書記、人民委員会議長であったが、ドイツの攻撃を受けて、ソビエト軍最高司令官兼国防相の地位に就いた。チャーチルは首相でありながら国防相を譲らなかった。

かれら全員、自らの個性と国家とのつながりを充分認識しており、マスコミの操縦が巧みであった。少数の信頼できる旧友を除いて、かれらは孤独だった。ルーズベルトには懐刀としてハリー・ホプキンスがおり、ロンドン、モスクワの大使をつとめた百万長者のアヴェレル・ハリマンを重用した。チャーチルには陽気なカナダ人の帝国主義者、ビーヴァーブルック卿がいた。スターリンは、粛清と農民大弾圧のときの右腕、モロトフを信頼していた。チャーチルは戦時内閣の権威を充分に認識していたが、三人のうち誰ひとりとして、のしかかる重圧の一部をほかのものに背負わせることはしなかった。

スターリンは大使たちを家来のように扱った。チャーチルとルーズベルトの個人会談、千七百通もの書面のやりとりは外交官の多くを不要にした。いつも私設顧問団《キッチン・キャビネット》経由で仕事をしていた大統領が、国務長官を戦時会議に同席させたのは一回だけだった。そしてチャーチルに、私は「スターリンを、おたくの外務省や、うちの国務省よりうまくあしらって見せる。スターリン……は、私のことを一層好きだと思っているし、それが続いてほしいと私は思っている」と言った。もしかれが毎週一回、スターリンと夕食をともにしたら、と、一九四四年にチャーチルは語った。「世のトラブルは全部なくなる(10)」。

ヒトラーとの戦いに臨む三巨頭のなかの最初の人物は、同盟関係の政治に繊細な技倆を発揮したが、三人のなかではもっとも外向的かつ情緒的であった。アメリカ人の母親から多くのものを得ていたが、貴族であるウィンストン・レナード・スペンサー・チャーチルは、英国の伝統の純粋培養物であった。前述のように半分アメリカ人であったが、まるまる英国人であった。かれの、帝国の重要性とアングロ＝サクソン民族の優位性に関する信念は遠慮のないものだった。――一九四三年、昼食の席で、かれは副大統領のヘンリー・ウォーレスにひとこと「われわれは優秀なのだ」と語った。[11]

ありふれた話だが、一九四〇年五月、戦争がチャーチルをダウニング街に送り込まなかったとしたら、かれは歴史上では、地上に墜落した政治における流れ星となっただろう、といわれている。特筆すべきは、首相の座を射止めたあと、あんな突飛な人物がどうやってあれほど正しいことをやってのけたのか、という点である。かれの戦時の行動は荒っぽい批判を浴びているが、アメリカとの関係で見られたように、大体においてかれには選択肢というものがなかった。また戦後の自国の全般的な凋落を、かれの所為にすることはできないし、英国は、戦争から手を引いていれば何とか帝国を維持できたのではないか、という考えは、当時の現実に照らし合わせてみれば、よく言っても幻想に過ぎなかったのである。

チャーチルの弱点は、社会的、経済的な事柄に無頓着だったことである。最も貴重なかれの個性は、一九四〇年に徹底的な楽観主義を持ち込んだところに見られる。かれの伝統主義は曖昧な未来を赦さないのである。ニュース・キャスターのエドワード・マーロウの言葉を借りれば、かれは、「英語を総動員して戦争に駆り立てた」が、この戦争が惹き起こした変化について行けず、著しく時代遅れな方法を取ってしまった。自分自身でもそう言っていたが、かれは「ヴィクトリア時代の申し子」であり、勝利のあとの新世界の人間ではなかった。(12)

任務を遂行するにあたって、いまや運命のときを迎えて、自らは不滅であると信ずる如く、かれは無謀なまでに大胆であった。ボディガードは、かれの生涯で、死にそうな機会が二十回あったと数え上げた。そのなかにはインドの国家主義者、ドイツの狙撃手チーム、ギリシャの共産主義の爆弾テロ・グループの暗殺計画が含まれている。戦争中、かれは何千マイルもの危険な飛行、ドイツ潜水艦を避けながらの船旅を敢行した。あるとき、かれは改造した爆撃機でモスクワへ飛び、酸素が洩れているなかで火のついた葉巻を持ったまま居眠りをしてしまった。ロンドンでは、空爆を観察するためホワイトホールの屋根によじ登った。一九四四年、Dデイを視察するため、フランス海浜の軍艦から上陸しようとして王室から差し止められた。「ひとりの人間の勇気がこれほどまで世界の未来に重要であったという例は、歴史的に前代未聞である」、と忠実な陸軍補佐官、「パグ」・イズメイは書いている。(13)

自分自身でそう呼ぶように、チャーチルは「戦争人間」だった。妻は戦争が終わったあとのことを全く想像できなかった、なぜなら「ウィンストンは戦争が終われば死ぬだろうと思っていた」からだった。かれは行動のために生きた、休みなしに。常に思いつきの源泉であり、最高戦略から刑務所の処遇にいたるまで、すべての事柄に厳しいコメントを加え、部下を極限まで働かせた。かれは決して諦めなかった。「KBO」――キープ・バガリング・オン〔男っぽくやろうぜ〕――がかれの合言葉だった。

かれは一日百個のアイディアを出した。「そのうち良いのは四つ位だな」とルーズベルトは批評した。かれの思い込みと他人《ひと》まかせにしない態度は、まわりの人間を無責任にさせた。態度は威圧的になってきた――一九四一年の夏、かれの妻は、まわりにいる献身的なひとたちが、かれが「同僚や部下たち皆に嫌われるような」リスクを冒していると自分に告げている、とかれに忠告した。彼女自身も、「あなた前ほど優しくなくなったわね」と書いていた[14]。

しかし戦争努力については、かれが、かけがえのない存在であることについて、誰も疑いを持たなかった。「知恵とか、現実的判断ないしビジョンよりもエネルギー、それがかれの最高の資質である」と副首相だったクレメント・アトリーは回想している。一貫してかれは議会制民主主義を尊重していた。かれは、「国民に自らの意思を通して、ペリクレスの統治を実現することができた。国民にとってかれは生活以上に大きく、気高い存在であって、危機の時代にあって、かれらを異常なほどの高みにまで引き上げてくれたからである」と、哲学者のイザイア・バーリンは評している。「自由の制度の枠内で、それを破壊したり、捻じ曲げたりすることなく、そうした必要不可欠な空気を醸成したことは、チャーチルの特筆すべき、また忘れてはならない功績である[15]」。

「もっと優秀な、偉い性格の人たち、もっと賢い哲学者たち、もっとわかってくれる人たちを知っているが、人物としてより偉大な人間はいない」、とドワイト・アイゼンハワーは記した。しかしかれが、対立感情を呼び起こしたことについて、帝国参謀総長のアラン・ブルック（のち叙爵されブルック卿となった）の日記がよくまとめている。首相は「戦略をもてあそんでいる点で、国民に脅威となる」が、「私の知るもっとも素晴らしい人物だった」。将軍は続ける、世界は「この超人的人物の弱点を知ってはならないし、疑ってもならない。……かれについて、私はちょうど同じ程度に尊敬も軽蔑もしなかった。同じ人間にこうまで両極端が備わっていることは珍しい」[16]。

チャーチルは三巨頭のなかでもっとも長い政治歴を持っており、それは保守党の代議士として、一九〇〇年の選挙で二十六歳で当選した時期に遡る。自由党に移ってから、一九〇五年に植民省の次官をつとめた。三年後、貿易庁長官として内閣の常任委員となった。第一次世界大戦での初代海軍長官であったが、ダーダネルスへの悲惨な遠征で辞任を迫られた。これは終生かれにつきまとう、冒険的な、正道を歩まぬかれの戦略の一例とされ続けた。フランス戦線に従軍したあと、かれは軍需大臣として内閣に戻り、再度保守党に移って、戦後の大蔵大臣に就任した[17]。

一九二九年の大恐慌では破産の危機に翻弄された。一九三〇年代の大部分、かれは政治の戦国時代に身を曝した。インドの強硬策で孤立し、一九三六―三七年の国王退位の危機ではエドワード八世を擁護した。そしてヒトラーのドイツの伸張には声を大にして警告を発したのである。仲間の保守党員からは不信感を持たれ、労働党からは大いに反発されたチャーチルは、一九三九年戦争勃発で海軍大臣に復帰することとなり、その履歴には救いとなった。しかしかれの未来にはまだ確たるものがなく、アメリカ人も疑いを持っていた。一九四〇年に英国を訪れたルーズベルトのお気に入りの国務次官、サムナー・ウェルズはチャーチルのことを、三、四流の「酔っ払い」と片付けた。一九三九年に大統領はチャーチルに、今後個人的に文通しようと提案する書信を送ったが、アメリカの大使には、このイギリスの政治家はまだ嫌いなんだ、と語った。ルーズベルトは、第一次大戦の終わり頃、一度だけチャーチルと会ったことがあるが、そのときかれは「鼻持ちならない」、「とにかく不快な」、「自分の公的人生で自分に対し粗野に振舞った、数少ない人間のひとり」であったことを思い出していたのである。(18)

チャーチルが正真正銘の英国人とするならば、フランクリン・デラノ・ルーズベルトは合衆国の権化だった。「かれにとって、アメリカ人とは何でもやってのける国民なのだ」と、労働長官のフランシス・パーキンスは書いた。「最高に利口で、力持ちでなくても良い……他国より、善意の国民が多ければ良いのだ」。アメリカ風の美徳が世を覆い尽くせば、その結果はすべての人間に利益を齎すのだ。(19)

遠縁の従兄弟であるセオドアが大統領として先輩であったが、族長的な大衆政治家、ルーズベルトは合衆国の大恐慌からの脱出が自らの任務である、と考えていた。小児麻痺を克服しながら、かれは時代の精神にうまく乗り、自己への信頼を拡散し、大衆娯楽が次第に定着して行く国に絶妙な宣伝方法を編み出して行った。大衆には常に前向きに対処し、かれはどんな問題でも解決できると信じていた。何か難しいことが起こったときのかれのモットーは、「できる。やろうじゃないか。やらねばならぬ」であった。(20)

一九三九年、大戦勃発にあたって、かれはファシズムと戦う必要性を認識したが、アメリカが介入するについては慎重な姿勢を取った。侵略は阻止したいと思っていても、軍隊の海外派遣には消極的な世論に配慮したのである。真珠湾がこのジレンマを解決するや、ルーズベルトは、歴史家のウォーレン・キンボールによって、「油断のならぬ民主主義的帝国主義者」であり――アメリカがその一員として世界と密接に結びついているかぎり――合衆国は欠くことのできない総括的行動者として、また衰え行くヨーロッパ至上主義の「承継者」として存在しなければならぬこと、を認識している人物として描かれている。[21]

ホワイトハウスでの十二年は、最初の百日間の大恐慌退治の暴風雨にはじまって、ルーズベルトを無上の政治アニマルに仕立て上げた。夢を見せて人を操りながら、かれはフライ・フィッシングの漁師の如く世論を動かし、最終的に自分の網のなかに獲物を取り込んだ。選挙への影響を常に考慮しつつ、各利益集団の利害を調節しながら、政権に有利なことなら何でも個人的に請け合った。

かれは三巨頭のなかでただ一人、大学へ行った。決めつけられることを嫌い、真正なエゴイストで、自分しか信じない人間だった。目的に適うなら遠慮なく長年の仲間を袖にし、良心の呵責なく方向転換をした。「ルーズベルトの狙いは、大体のところ、別に間違ってはいなかったが、そのやり方が、血なまぐさいとは言わないものの、ヒトラーやスターリンにくらべて、とくに冷酷で、回りくどく、皮肉っぽくないというわけでもなかった」と、どちらかと言えば好意的に伝記をまとめたコンラッド・ブラックは書いている。アイゼンハワーは、大統領は「自分の賢さを病的に信じている」、と見ていた。[22]

チャーチルにとっても、閣僚にとっても、ルーズベルトの思考過程について行くのは、かれのデスクの上の散乱状態と同じように混迷を極めるものだった。かれは部下たちを競わせ、たがいに刺激し合う前向きの摩擦を歓迎した。チャーチルは、アメリカ側の実務性をほとんど欠いている方法論に驚いたと記している。アンソニー・イーデンは、インドに関する大統領のある声明を、「平和貢献に関するルーズベルトらしい恐るべきコメント、光の散乱する牽強付会な素人の作品」と形容した。[23]

細部の議論については苛立ち、官僚群を軽蔑する大統領は文字通りの大物だった。陸軍長官のヘンリー・スティムソンは、大統領との折衝をたとえて、「空き部屋に差し込む気紛れな太陽光線をつかまえるようなものだった」としている。財務長官、ヘンリー・モーゲンソーはかれのことを「気分とやる気が、人を困らせるように交錯する人物」という。戦時局に勤めたことのある劇作家のロバート・シャーウッドは、かれの性格に「当惑するほどの矛盾」を見出した。妻は、かれが「イエス、イエス」というときは、事柄に同意したことを意味するのではなく、言われたことを聞いている、という意味だった、と言っている。「かれのいう一つ一つの言葉は判りやすい」と、アインシュタインは書いた。「しかし話が終わったときは判らなかった。かれがイエスなのか、ノーなのか？」

広汎に世界を駆け巡り、世界をよく知っていたチャーチルとは違って、大統領は骨の髄から国内政治家であった。子供の頃ドイツを訪ねたあと、成人してからホワイトハウス入りする前にヨーロッパ旅行をしたのは二回だけだった。「歴史のより深い知識と、外国の人々の反応についてのより良い理解は、大統領職にとって有用である筈」と巨頭会談の通訳をし、ホワイトハウスと国務省の連絡係を務めた外交官のチャールズ・ボーレンは書いている。[24]

打ち解けた外観の裏側で、ルーズベルトは厳しく自己の感情を引き締める抑制魔だった。誰をも近づかせなかった――通信が、大勢の秘書たちに分けて行われた、ということは、誰も完璧なファイルを持っていなかったことを意味する。大衆に向けられたオープンな顔の裏には、極端な秘密主義があった。かれは自分を猫にたとえた。――「やっつけてから休むんだ」。また、一方の手が、他方の手に何をやっているか知らせない、手技師〔ジャグラー〕にもたとえた。ボーレンは決めた、どうしても好きになれない男だと。戦時の首脳会議で会ったあと、中国顧問団の首席だったジョセフ・スティルウェルは、「かれは私のことを〔ジョー〕と呼びながら、私が背を向けるとナイフに手を伸ばすような人間だった」と形容した。一九四一年に秘書のマルゲリート・「ミッシー」・ル・ハンドが激しい発作で倒れたとき、まわりのものは、ルーズベルトがいかに冷たい態度だったかに驚いた。人間性を全く欠いた「どこまでも大統領だった」と一人が書き残している。ハリー・トルーマンは、「かれはわたしの出会ったなかでもっとも冷淡な男だった。わたしの見たかぎり、かれは、わたしも、あなたも、世界中のだれもかれも、個人的に大事に思ったことはなかっただろう」と回想している[25]。

ルーズベルトは米国の最高司令官であったが、主な戦略決定のあとは参謀長まかせで、チャーチルのような介入はしなかった。戦争の初期の頃から、かれの胸中は戦争のあと何が起こるかを考えるのに一杯だった。かれの国は間違いなく勝つだろう。グローバルな国力は、グローバルな責任を伴うことである。それは引き受けよう。――たしかにかれはそれを楽しんでいた。国力が大きくなればなるほど、責任も大きくなるのだ。

かれはいくつか特別な問題を抱えていた。――平和保持のため、国際連合を創設して、アメリカも国際問題に関わって行かねばならず、また反帝国主義と自由貿易のため、ソ連との協力を進めて行かねばならなかった。これらの問題でうまく行かないことが起こると、かれは自分の解決能力を信じながらも、どう処理して行くか当惑しているようにも見受けられた。その政治的、社会的な方向性は前向きであったが、かれは孤立していた。だれも、かれの狙うところが判らなかっただけでなく、かれに明確な考えがあるのか、聞いてみることもできなかった。多年の成功続きで希望的観測に陥る危険もあった。ルーズベルトは、自分の説得力、直感、読みに自信を持っていたが、それらは段々と現実から遊離してきていたのである。

ジョージア〔かってはグルジアと表記されていた〕の酒好きの貧しい靴屋の息子から立身したヨシフ・スターリン、本名、イオシフ・ヴィサリオノヴィッチ・ズガシュヴィリは、革命資金獲得のための銀行強盗を働く前、ロシア正教の神学校で勉学をした。イワン雷帝のように、かれは権力を握ると、自分は人間世界の超法規的存在と自認し、密告の空気を醸成し、数千万のひとびとを殺害し、実質的な奴隷状態に追いやった。かれの打ち解けないが、自信ありげな硬骨ぶり――かれの別名は「鉄の男」の意味である――は、陰険な大統領、敏活な首相と対照的であり、西側の人間に強い印象を与えた。アンソニー・イーデンは、会議で誰か味方につける必要が出てきたら、このジョージア人を最初に選ぶだろう、と書いている。

「かれには泰然自若とした力がある」とアメリカの外交官、ジョージ・ケナンは書いた。ハリー・

ホプキンスは、「完全に整備された機械、頭脳的機械」と見て、「タックルを稼ぐフットボールのコーチ」のように見えたという。モスクワの米国大使、アヴェレル・ハリマンはかれを「残忍な暴君」と呼びながらも、「ルーズベルトよりも情報を知らされており、チャーチルよりも現実主義者である……戦争指導者としてもっとも有能だ」とその資質を見出している。[26]

テヘランでの最初のサミットで、チャーチルが、自分が世界の統治者になった夢の話をしたとき、かれはその冷酷な自信を覗かせた。予め打ち合わせたように、ルーズベルトが、自分も天下の支配者になる夢を見た、と口をはさんだ。「それであなたは何の夢をご覧ですか、スターリン元帥？」と大統領が質問をした。「私は、あなた方のどちらにもそれを確約しなかった夢を見ました」とさりげなくかれは答えた。[27]

控え目なかれの言い方と、ほかの二人のリーダーに多くを喋らせる姿勢は、大統領と首相に――かれは独裁者であることに違いないが、ヒトラーとムソリーニとは全然異なる、という印象を与えた。一九四四年という、のちの時代になってさえ、チャーチルはかれのことを「偉大で良い男」だと評していた。ルーズベルトの息子のジェームズは、父親が、「アンクル・ジョーは思っていたよりずっとスマートで強かった」と言っていたことを回想している。その仇敵、アドルフ・ヒトラーは、スターリンを「現世の偉人の一人」と呼んだ。かれは、このソ連の指導者は、「アングロ・サクソン諸国の民主的連中の上に聳え立っている」と言った。

この独裁者は、とチャーチルはルーズベルトに書き送った、「冷血な自己満足と人間の生命・財産の軽視以外の何者にも影響されていない」。自己の目的に適うのであれば、かれにとってはナチスと組もうが、民主国と組もうが、どちらでも良いのである。かれの裏切りと陰謀の経歴を省みれば、かれは他国の意図に充分懐疑的であった筈だが、同時に支配圏拡張のため東部戦線で莫大な流血の犠牲を払い、三大国の長期目標実現のための遠距離の視野も持っていた。かれは兵力は大規模であればあるほど効果的であり、当初から、戦いの勝者は征服地域で、自己の制度を強制できることを認識していた。国境紛争をかれはたびたび仕掛けたが、最大の問題は、戦闘が終わったときかれの目的を遂行する政府をどうやって作って行くかであった。

ずんぐりした、あばた面の、ハチミツ色の目、色あせた歯、灰色まじりの黒髪、両端でひねった口髭、を持ったスターリンは、公衆の前での外見に神経を使い、カメラを構えられると二重あごを見せないようにした。ナチの侵略のすぐあと、あるロシア語の通訳は、かれの弱々しい握手と、疲れた顔にショックを受けた。一九四二年、英国大使のアーチボルド・クラーク・カーは、「大きな頭と、真っ白な手を持った、小柄で細い、身体の曲がった灰色の髪の男」に会った。ユーゴスラビア共産党のミロヴァン・ジラスは、かれは胴体にくらべて手足が大きいようで、お腹が膨れていた、と記録した。訪問者は、この独裁者がいかに人の目を直視することを避け、そのかわりに肩をみていたか、を記している。かれの制服はいつも少し大きいように見えた(28)。

スターリンの政治経験はルーズベルトにすら、少々及ばなかった。若い扇動家だったとき、ロンドン、フィンランド、ポーランドの旅をした。以後、一九四三年にテヘランを訪れるまでソ連を離れることはなかった。クレムリンに君臨することに慣れているので、同盟国に同じ態度で臨むことにした。かれらがヒトラーを打倒するために、いかに赤軍を必要としているかを知っていたからである。——一九四三年のアメリカの報告書は、ソビエト連邦は戦争の決定要素である、と認識し、「最大の努力を以て同国の友情をかち取るべきである」と論評している。スターリンにとっては、自分の目的達成には単純な決断で足り、多くの言葉は不要であった。あるアメリカの将官は自分の六歳の息子になぞらえた。息子はレストランで高価なものを食べたいと駄々をこね、両親が気分を変えさせようと散々言い聞かせても——結局手に入れてしまうのである。[29]

一九四一年、ヒトラーの攻撃を受けて、スターリンは大祖国戦争を采配する父親になろうと自らを再度位置づけた——かれの見るところ、ロシア人には「崇拝の対象となるツァーリ〔皇帝〕」が必要なのである。西側に対して、かれは「アンクル・ジョー」となった。九百万の赤軍の犠牲は、とくに一九四四年夏、フランスで第二戦線が開始される以前、西側同盟諸国に対して道義的優越性をかれに与えた。一九三九年にヒトラーと条約を結んだり、英国が単独で戦っているのを傍観していた人物に小言を言われることはチャーチルにとって潔いことではなかったが、スターリンは、西側世論からの大々的な支持を当てにすることができた。

西側同盟国をどう考えるかの話になると、スターリンはかれら——とくにチャーチル、——がヒトラーと手を握ってソ連を攻撃するのを止めたのか、という疑いにつきまとわれていた。かれは大統領と首相の相違を簡単にまとめた。「チャーチルは小銭を掏り取ろうとする。ルーズベルトは違う。かれはもう少し大きなコインを掬いとろうと手を動かす」。リーダーたちの最初のサミットで、スターリンは、ルーズベルトは何をするつもりか、考えていることがわかる、と言ったが、チャーチルについては「かれからは何でも貰えるぞ」と、評した。続けて「実績を挙げた紳士らしく振舞う、力強く狡猾な政治家である」と形容した。一九五〇年にスターリンが付け加えたことは、チャーチルは「資本主義社会で最強の男」だった、という言葉である。[30]

長年の片腕、モロトフは、ルーズベルトは策略家の帝国主義者で「だれでもその喉首をつかまえる男」、チャーチルは、モスクワに利用されつつ、ソ連邦を自分の目的に利用してしまう男、と分類した。しかしスターリンは、一九四五年、ヤルタ会談のあと、ルーズベルトに対して何がしかの感情を抱いたようである。かれはモロトフに、「なぜかれには、あんな風に天罰が与えられるのだろうか？　かれは他人とくらべてそんなに悪いことをしたのかね？」と訊ねた。[31]

一九三四年という早期のころ、スターリンは英国の作家、H・G・ウェルズと、大統領の「卓越した個人的資質……指導力、勇気、決断力」について語った。「疑いもなく」、かれは続けた。「ルーズベルトは現代資本主義世界の指導者全体のなかで、最強の人物の一人である」。後年、個人的に「賢明で、知識豊かな、洞察力のある、リベラルな指導者で、資本主義の寿命を長引かせた偉大なる政治家」と評した。ルーズベルトの死の一年後、冷戦が深化しつつあった頃、共産党機関紙『プラウダ』は、「ソ連の友人……孤立主義者の敵、孤立主義者でなくとも、世界中にアメリカの支配権益を拡げることを目標に、合衆国の政策をパワーポリティックスに求めようと考えた者、そして今日もそう考えている者たちの敵」と、賞賛した。

ワシントンの楽観的な見方とは対照的に、クレムリンに対して懐疑主義を捨てなかったジョージ・ケナンは、ルーズベルトはそれまで、スターリンのような人間に出会ったことがなかった、と記している。「FDR〔ルーズベルト〕が、あのように罪状のかたまりでありながら、素晴らしく戦略的な賢さを発揮する人間を理解できるとは到底思えない」。スターリンが東部と中央ヨーロッパでその目的を達成したヤルタ会談のあと、この独裁者に対する思い入れを深めたルーズベルトは、ジョージアの神学校で過ごした間、「何かクリスチャンの紳士の生き方と同じようなものが、かれのうちに入り込んでいた」ように思われる、と表現した。(32)

その外観から、仕事の仕方、習慣にいたるまで、三人の相違点は目立っていた。ルーズベルトは仕立ての良いダブルのスーツを着こなしていた。スターリンは褐色の飾り気のない軍服を着ることで満足していたが、戦争の終わり頃には、元帥の格好をしていた。チャーチルは幅広く、軍服から、上下続きの落ち着いた黒のスーツ、まわりのものから「テディ・ベア」と呼ばれた幼児服のような、腰から首までジッパーのついたウールの「防空服《サイレン・スーツ》」を着ていた。(33)

スターリンは寡黙だったが、ルーズベルトは始終とりとめなく話し、チャーチルは際限なく喋った。——ある三者会談の夕食で、チャーチルは夜の八時から、翌日の一時半まで熱弁をふるい、声を嗄らせたことがあった。几帳面で、仕事好き、細部について飽くなき探究心を示すスターリンは、クレムリンの「リトル・コーナー」に、丸天井で木壁の整然とした執務室をかまえ、そこに巨大なデスクを置いていた。それと並んで、ガラスのケースに入ったレーニンのデスマスクが飾られていた。外側には秘書と先任の秘密警察の護衛が坐っていた。官僚の最高責任者らしく、かれは、皆が合意したと思われることにこだわった。質問は簡明に、要点を、ということで、これは首相《チャーチル》の冗漫、大統領《ルーズベルト》の不明瞭をシャットアウトした。

ルーズベルトは物事を書面化するより、話し合いを好んだ。それは可能な限り否認できる余地を残すため、また単純な誤魔化しが明らかにならぬよう煙幕を張るためだった。かれは極端に形式を無視することができた。——ハリー・ホプキンスをロンドンに派遣する前、かれは『ナショナル・ジオグラフィック』のページを裂いて、西大西洋の英国海軍の警戒水域をアメリカの軍艦に譲渡させるラインを引いて見せた。よく読まないで重要書類に署名し、あとで問題になったときに驚いたりした。

ホワイトハウスでは、かれは前任者、ハーバート・フーヴァーに速成家具製作協会から贈られた木製のデスクに坐っていた。後ろには二旗の巻き上げられたアメリカ国旗と、濃紺と緑のカーテンがかかっていた。片側には大きな地球儀があった。机上には、吸取紙、アイスウォーターの水差し、ダブルのペン・スタンド、インク壺、回転式マッチ入れ、薬瓶、船の舵輪を象ったブロンズの置時計セット、本、民主党のドンキー、——一つは、はしばみの実で出来ている——を含むいくつかの動物の模型が置かれていた。アメリカ放送協会の会長は、デスクランプのなかにおさまるマイクロフォン付きの録音装置を寄贈した。引き出しのスイッチで操作できるのだが、かれはほとんど使うことがなかった。床には、愛犬ファラ用の皿、赤いボール、それに模型の足が転がっていた。(34)

チャーチルの仕事は英国行政府がお膳立てをしていた。レトリックに横滑りする危険を自ら承知していたようで、かれは自分の指示は書面によるものでなければ有効ではない、と命じていた。すべて物事を書き留めることを好み、入浴中でも秘書に口述筆記を取らせた。かれは話し続けることにこだわっているうちに、徐々に分裂症気味になっていたのかも知れない、他人の説明を聞こうとしなくなってきた。クレメント・アトリーは、閣議の様子を、「どうもビジネスにはあまりならなかったが……面白かったよ」と描写している[35]。

官邸が、一九四〇年十月の空襲で大きく被害を受けたとき、首相は隣接の別館に移った。空襲が始まると、かれは閣僚、司令官、補佐官たちと地下に設置した作戦用の各室に降りて行った。そこにはかれの小さなダイニングと、寝室兼執務室があった。壁には地図が貼ってあり、ベッドには緑の上掛けがかかっていて、電熱の暖房機があった。廊下に沿って、アトリーとイーデンの寝室、タイプ室、閣議室、参謀会議室、それから作戦を練る一連のマップ・ルームがあった[36]。

ルーズベルトはいつも、夕食前には仕事をやめ、そこそこの時刻にベッドに入った。しばしば八万ドルをかけた収集切手に夢中になった。夜が長引くと不機嫌になった。対照的に、スターリンは夜型で、午前十一時半まで寝ていた。そして明け方まで、かれのダーチャ〔別荘〕か、クレムリンの執務室で働くのである。チャーチルも、使えるだけの時間を使って出来るだけのことを決めてしまおう、と燃え立って、真夜中を過ぎるのは平気だった。ときには一日十八時間働いて、ボウル一杯のコンソメを飲んで就寝する。午前中の予定がないときは、ベッドのなかで、色彩豊かなガウンか、寝巻きとした絹の肌着の上にピンクのキモノを羽織って新聞を読む。飼い猫のうちの一匹がベッドカバーの上で寝ていたりする。昼食後、長めの昼寝をとる。戦況報告を熟読したり、お客を明け方まで引き止めるエネルギーを蓄積するためである。チャーチルが訪ねてきたあと、ルーズベルトは、数日間、十時間の睡眠を取って回復を図らねばならなかった。英国の指導者をルーズベルトが褒めるのと同じ程度で、主治医のロス・マッキンタイヤ海軍中将は、チャーチルのことを「天敵ナンバーワン」と見ることにしていた。(37)

怒っていないとき、チャーチルは、周囲の人間におおむね寛容の精神で接していた。しかしどうしても好きになれない者たちもいて——同じくらい好きな者もいたのだが——それが判断を歪めることがあった。一方、スターリンはまわりの者を侮辱することを楽しんだ。酔ってくると、部下をぐでんぐでんになるまで飲ませ、乾杯を繰り返すのである。ルーズベルトのユーモアには「毒」がある、と労働長官のフランシス・パーキンスは書いている。「サディスティックで高圧的な操り人形扱いは、障害のある大統領の主たる娯楽（そして多分気分転換）であった」と、コンラッド・ブラックはいう。アヴェレル・ハリマンは、「かれはいつも他人の不快感を楽しんでいた。他人が幸せでない、ということにかれは無関心だったと言って差し支えなかろう」と判断していた。(38)

三人のなかでは大統領だけが運動をしていた。運動は、かれの上半身をボクサーの肉体にしてくれる、と自慢していた。チャーチルが訪問したあるとき、ルーズベルトは、かれに自分の〔上腕〕二頭筋を触らせた。主治医は、ルーズベルトはホワイトハウスのプールで、スタッフの誰よりも速く泳げると言った。かれはオーシャン・フィッシングのエキスパートだった。あるとき、かれは一時間の格闘ののち二三五ポンド（約一〇七キロ）の鮫を釣り上げた――踏ん張るべき脚に力が入らない人間の成し遂げた、これはたしかに偉業である。反対にスターリンは水泳を嫌った。いくつかある田舎の別荘の一つに水遊び用のプールがあるだけだった。かれもビリヤードは楽しんだ。娯楽としてチャーチルは絵を描き、田舎の家のレンガ塀を作り上げた。(39)

ルーズベルトはカクテル作りを好んだ。普通は弱めのマティーニか、ウィスキーサワーだったが、ときには、ハリー・ホプキンスが「下品」と形容するジンとグレープフルーツのミックスを作った。「連中は何とよく飲むんだ！」と、一九四三年にワシントンを訪ねた英国外務省のオリヴァー・ハーヴェイは日記に書いた。……「食事と食事の間、一日中カクテルとハイボールが引きも切らず、だ」。カクテル嫌いのチャーチルは、ときどき失礼してスープを飲んだ。あるときルーズベルトが透明なジンを持ってきたとき、かれはどうやらグラスを手にしてトイレに行き、水と入れ替えて部屋に戻り、喜んで飲んだ振りをしたようだった。(40)

ホワイトハウスの食事の不味さとサービスの悪さには定評があった。『ニューヨーク・タイムズ』は、四日続けて塩漬け魚が昼食に出たことで大統領に同情した。妻と料理人に、非常時には簡素な食事で良いのです、と言われ、不平の出る場所がなくなってしまった。反対に、モスクワ市民が乏しい食糧に行列を作っているというのに、スターリンは、豪勢なクレムリンのコース料理を楽しんだ。ウォッカ、ワイン、コニャック、シャンペンで流し込む、切れ目のない、キャビア、肉、魚のコースである。

通常この独裁者は乾杯のグラスをワインで満たしていたが、自分で飲みすぎることはなかった。しかし酒に強い連中を飲み倒すよう、まわりにけしかけることが好きだった。「たしかにそうすることで、みなが本音を洩らすことに役立つと思ったのだろう」とモロトフは回想している。滅多にないことだが、スターリンは酔って、ロシアの民族音楽や、ジョージアの滑稽な歌のレコードをかけることがあった。クレムリンの大宴会がないときは、シベリアの冷製ホワイト・サーモンをガーリック風味で、ウォッカを飲みながら食べることが好きだった。(41)

配給制度を実施している世論の動向を気にしながらも、チャーチルは公私の機会に贅沢な食事をしていた――結局、私の嗜好は単純だよ、と言いながら「何でもベストのものには満足してしまう」人間だった。あるとき、かれの主治医は、かれがベッドの朝食で、雷鳥の入ったオムレツを食べているところを見つけた。戦時の視察の夕食でも、牡蠣、コンソメ、かれい、七面鳥、冷やしたメロン、チーズ、果物とケーキが出てきた。

チャーチルは昼前から、薄めのウィスキー・ソーダをすすり、食事中には年代もののワインとポル・ロジェのシャンペンを摂り、食後にはブランデーを飲んだ。カイロのイギリス大使館にやってきたときには、朝七時半に到着し、スコッチをすでに二杯飲んでいたが、朝食時に白ワインを注文した。サミットでは、アイスウォーターを口にしたあと、妙な味がする、と言い出した。「もちろんですよ」と、ハリー・ホプキンスは答えた。「それにはウィスキーが入っていませんからね」。外務省の上席スタッフ、アレクサンダー・カドガンは、スペイン大使館での昼食会で、チャーチルがいかに「三杯目のブランデーで戦端を開いた」かを日記に遺している。ルーズベルトとの最初の会談の帰路、列車のなかで、チャーチルはベネディクティン・リキュールで昼食の仕上げをした。十分後、コニャックを注文した。ウェイターは、かれが、今ベネディクティンを飲んだばかりと念をおした。「わかっているよ」と、チャーチルは言った。「それを流し出すのにブランデーがいるんだ」[42]。

かれがアルコール漬けにならないように、仲間たちは酒をもっと水で薄めてみなを安心させるよう説得したが、全然いうことを聞かなかった。——アラン・ブルックと、なかでもソ連大使の証言である。作家で大学教授のC・P・スノウは、チャーチルは酔っ払いではない、なぜなら酔っ払いならあれほど飲めるわけがないからだ、と軽口をたたいている。酒は自分の主人ではなく、召使なのだ、酒から得るものは失うものより多いのだ、とチャーチルは予防線を張っている。とにかく昼前から夜遅くまで、かれの飲む毎日の分量は自身をアルコール依存症にしており——言い方をかえれば、イギリスの史家、リチャード・ホームズのいうように、本人の「生命保持飲料」となってしまっていた。戦争指導に影響を及ぼすものではなかったかも知れないが、すでに働きすぎ状態になっていた身体に緊張を加えるものだったことは間違いない。

家族の話をすれば、ルーズベルトは娘一人、息子五人の子持ちで、息子の一人は幼児期に亡くしている。チャーチルには三人の娘と酒飲みの息子が一人いた。スターリンは、一人の娘と、二人の息子である。ルーズベルトの息子のうち三人は合衆国軍隊に入った。チャーチルの息子は諜報の世界に入り、ユーゴスラビアのパルティザンとともに戦った。スターリンの息子の一人はドイツの捕虜収容所で自殺した――父親がナチス将官との交換に応じなかったためである――、もう一人の息子は空軍のデモンストレーション飛行のパイロットで酒好きだった。チャーチルの息子の嫁は、戦時中、アヴェレル・ハリマンと浮名を流し、娘の一人は、父親が結婚を許さなかった芸人と離婚した。ルーズベルトの子どもたちには、合計で十九人の配偶者があったと記録されている。スターリンの娘のスヴェトラーナは、女学生のとき、あるロシア系ユダヤ人の作家に夢中になったが、この男は父親によって強制労働キャンプに追いやられた。

ジョージア人《スターリン》は、妻と二回死別している。最初の妻は、一九〇九年、病気で死亡した。二度目の妻は、一九三二年、夫が一人の女優といちゃついていた晩餐のあと、自殺をした。スターリンは、彼女はまるで敵のように死んだ、と言った。スヴェトラーナは母親の死について、父を絶対に許さなかった。その後かれは次々と愛人を替えて行ったが、まもなく、あたかもだれかを近づけることが非常に危険であるかのように、かれのいう「厳かな禁欲生活」に入った。(43)

ルーズベルトは一九〇五年にエレオノアと結婚した。彼女は生まれながらに強さがあり、放送網、記者会見、新聞のコラムを通じてニューディールと国際主義を推し進めるリベラルのチャンピオンだった。彼女は常にホットな話題にアイディアを提供した――戦争中、彼女は飛行機にミツバチ、スズメバチを満載し、ドイツと日本の上空に撒いたらどうか、と提案した。彼女の熱心さは夫を閉口させ、その攻勢には防御柵を設け、もっぱら風向きを友達のホプキンスなどに向けさせるようにした。(44)

第一次大戦中、ルーズベルトは妻の秘書、ルーシー・マーサーと浮気をした。息子のエリオットは、青い眼をした秘書の「ミッシー」・ル・ハンドを「もう一人の妻」と呼んだ。執務室の大統領の腕の中、膝の上に坐っていたが、性的関係がどれだけ進んでいたのかには疑問が残っている。(45)

エレオノアは、第一次大戦が終わって、夫が病を得てヨーロッパから戻り入院したときに、マーサーとの情事のことを知った。彼の荷解きをしていて、エレオノアはマーサーの手紙をいくつか見つけたが、それらはすべてを語っていた。彼女は離婚を迫ったが、かれは拒絶した。かれは関係を絶つことを約束した。マーサーは、ウィンスロップ・ラザファードという六人子持ちの裕福な男やもめと結婚していたのだが、交際はその後復活した。最初の大統領就任式の最前列に坐らせるため、かれは彼女にリムジンを手配した。一九四一年にラザファードが死ぬと、小児麻痺の療養のための、ジョージア州のウォームスプリングスの保養地に彼女を連れて行って関係を取り戻した。従妹のマーガレット・「デイジー」・サックリーはルーシーのことを「愛すべき人柄、美しく輝く魅力の持ち主。その頃の日々、疑いもなく大統領は彼女との友情を大事にしていた」と述べている。(46)

エレオノアはニューヨーク州北部のハイドパークにある一家の邸に、頑固な女あるじの義母に束縛されるように住んでいた。ワシントンにいるときは、自分の時間を多く持つことができた。彼女はボディガードほか若い男たちと浮気をした。その後ホワイトハウス担当となった女性リポーターに相手を変えた。ルーズベルト夫妻は「たがいに献身、敬愛、寛容を以て接していた」と、伝記作家のジェームズ・マグレガー・バーンズは書いた。息子のエリオットは、両親の関係を、母親の心痛に端を発した「休戦状態」と評している。(47)

一方、チャーチルの結婚は、外側の世界に対して何者の助力も必要ではなさそうな人間にとって力の源となるものだった。一九〇八年、上り調子の政治家に嫁いだクレメンタインは、自分も家族も出過ぎないようにしていたが、かれのペースにはなかなかついて行けず、贅沢な生活スタイルにはかなり悩まされた。彼女には一九三〇年代半ば頃、単身で五カ月間のインドネシアへの船旅で知り合った、若いハンサムな美術商との関係が発展したことがあったようだった。彼女はフランス語で「〈ユヌ・ヴレ・コネサンス・ド・ヴィル・ドウ〉」〔本当の避暑地の関係〕と表現し、浮気の関係をほのめかしたが、それ以上のことは起こらなかった。チャーチルはクレメンタインのことをぼくの「ネコちゃん」と呼び、かれは彼女にとって私の「パグ」だった。かれの伝記を書いたロイ・ジェンキンスは、かれのことを「多分大西洋の両側で、一八〇〇年代初頭の小ピット以来、性的にはもっとも危険の少ない政治家である」と判断した。

三巨頭《ビッグ・スリー》のだれも、日常の生活に触れることは少なかった。ルーズベルトは大統領として落ち着かない生活を送り、スターリンはダーチャとクレムリンを往復するだけの、遠くの人だった。チャーチルの妻はかれの医者に、夫は「普通の人の暮らしぶりを全く知らない」と言った。――かれはバスに乗ったことがなかった。一度ロンドンの地下鉄に乗ったが、出口がわからなくなり、人の助けを借りねばならなかった。(48)

それぞれ田舎の家を楽しんだ。大統領は、広いハドソン河の上流、ダッチス・カウンティのハイドパークにある一家の別荘を好んだ。そこには長い芝生があり、パウキープシーの町の外側で、松、トウヒ、楓とマグノリアに囲まれていた。かれは敷地を広げ、生まれた邸を三十五部屋まで増築した。三階は子どもたちに開放されていた。父親から相続したときのヴィクトリア様式を、白の柱廊、緑の日除けのコロニアル風のリバイバル邸宅に改装し、玄関の横に軍艦の大砲を置き、暗い手狭な廊下を、重厚な家具、中国の磁器、剥製の鳥類、書棚、海を描いた絵画で満杯にした。大統領の身体に配慮して部屋と部屋の間には傾斜路が設けられ、玄関ホールのうしろにはロープで動くリフトが作られた。ルーズベルトは、喜んで邸に著名なゲストを迎えた。ジョージ五世はピクニックでホットドッグを振舞われた。チャーチルは一階のピンクの間に泊った。隅に初期のテレビジョン・セット*が置かれた居心地良い小さな客間でルーズベルトとお喋りを楽しみ、広々とした、本に囲まれた応接室で、戦争と世界の問題について意見の交換を行った。

＊ ルーズベルトは、この新しいメディアが実現するとは思っていなかった。

一九四〇年に再選されたあと、ルーズベルトは敷地内に「みなから逃れる」ための、オランダ・コロニアル式の小さな石造りの家を建てた。それは車椅子向きにデザインされていた。かれはポーチの揺り椅子に坐って、従妹のマーガレット・サックリーが表現した「ダッチス・カウンティでもっとも美しい丘」を眺めるのであった。一九四四年、友達に書いた手紙には、「わたしのうちにあるすべては、ハドソン河のわが家へ帰りたいと叫んでいるのだ」とあった。また、政府が新しく建てた、当時シャングリ＝ラと呼ばれた（後年、キャンプ・デイヴィッドとして知られる）カトクティン山中の保養所とか、ジョージア州のウォームスプリングスでも休養、保養をした。(49)

スターリンは生まれたジョージアでバラを育てたり、モスクワ郊外のダーチャで過ごした――ヒトラーの攻撃のニュースが伝わったときは、不機嫌にその周辺を歩き回った。かれの主な隠れ家は、有刺鉄線のうしろの樅の木の横の芝生のなかに設けられ、一五フィート〔約四・六米〕の高さの生垣に囲まれていた。草地にキイチゴの木立が点在していた。イチゴの苗床、噴水、金魚で一杯の水槽があった。エレベーターが十部屋ある防空壕に通じていた。防空壕は、大理石の壁、木のパネルで覆われ、八〇フィート〔約二四・四米〕の地下のコンクリート造りで、キッチンつき、停電に備え、重厚な銀の燭台がたくさん置いてあった(50)。

チャーチルは、バッキンガムシャーのチェカーズにある地方公邸と、オクスフォード郊外のディッチリー・パークにある、一七二二年に建てたものを一九三〇年代に改築した、ジョージ王時代のクラシックな館《やかた》を使用した。ケント州チャートウェルにある自分の別荘は、一九二二年に購入したもので、綺麗なレンガ造りの建物だった。小さな谷にバラ園があり、大恐慌時代に悪いニュースを聞かされると、かれはここで慰めを見つけることにした。ここからの田園風景を眺めると、かれの英国に対する思い入れの真髄が癒されるのであった。「チャートウェルにいない日々は、無駄な日々なのだ」とかれは書いた。

三人とも夜、私的に映画を上映するのが好きだった。ルーズベルトはハリウッドの最新のヒット作品を鑑賞した。スターリンはとりわけ西部劇が好きだった。ナチのリーダー、ルドルフ・ヘスがスコットランドに着陸したニュースを、その日夕食後聞かされたチャーチルは、「ヘスであろうがなかろうが、私はマルクス兄弟を見に行くのだ」と言った。

首相と大統領は、それぞれの国の海軍に関わりあったときから、海に対してセンチメンタルな感情を抱いていた。他方、スターリンは、根っからの陸上人間であった。前二者――特にチャーチル、――は戦争の進行にしたがって飛行機を使う機会を増やした。独裁者は旅行嫌いで、飛行機に乗ったのはたった一度、テヘラン会談に行くときだけで、その経験は憎悪の対象だった。

全員まぎれもない喫煙者だった。かれらのニコチンの吸い方は、大衆に対するイメージ作りに大事な部分だった。ルーズベルトは、小粋にかまえたホルダーでキャメルをふかした。かれは眠る前にベッドでも何本かを吸い、ときには吸い終えるとすぐ次の火をつけた。チャーチルの一日八本の葉巻は絶好の小道具となっていたが、吸い込むわけではなく、しばしば消えるにまかせていた。スターリンは、バルカン産の紙巻きタバコをほぐしてパイプに詰めて吸っていたが、これは「アンクル・ジョー」のイメージにぴったりだった。軸のところに白い斑点のあるパイプは、輸入もののロンドンのダンヒル製だったが、同じものはチャーチルの葉巻にも使われていた。困難な問題に直面すると、かれは慰めるようにパイプを手の中で揺らせた。パイプの軸で口髭をこするときは機嫌の良い証拠だった。火が消えたままであるときは危険信号だった。一九四二年、赤軍が大敗北を喫したとき、パイプからタバコを取り出して、責任者だったニキータ・フルシチョフの禿頭をそれで叩いた。

三人とも健康問題を抱えていて、総力戦のプレッシャーがそれを悪化させていた。ルーズベルトが一番重症だったが、ヒポコンデリー症のスターリンは、少年のように天然痘を患い、また左手の感染症が、リューマチのような痛みを伴って、腕全体を硬化させた。かれは内股で、悪性のウオノメを持っていた。また扁桃腺炎と乾癬症にも苦しんでいた。一九四四年、デスクで気を失っているところを発見されたことがある。かれの執念深い疑り深さは、ジョージアの復讐の伝統とあいまって、偏執狂的、病的な残酷さに発展して行った。

一九四一年の末頃から、チャーチルは心臓病に冒されてきた。かれは幾度も肺炎の症状を呈し、それに体重の増加も問題だった。――一九四二年、かれが肥りすぎたので、ホワイトホール地下の作戦室のデスクも新しいものに取り替えなければならなかった。眠るときは睡眠薬が必要だった。背景にはかれが「ふさぎの虫《ブラック・ドッグ》」と呼ぶ鬱状態と恒常的飲酒がある。一九四四年の秋、アラン・ブルックは日記に、かれが「いつまで持つかわからない」と記録した。*六カ月前に、ルーズベルトを診断した専門家は、心臓病と高血圧で、かれの寿命は予測しにくい、と密かに結論を出した。(51)

＊　歴史家のリチャード・ホームズは、かれはアスペルガー症候群〔発達障害〕だったのではなかったか、と指摘している。他人に対する思いやり、気遣いの欠如、独語癖、混乱したときの方向感覚の喪失、完全主義への強迫観念、絹ものの下着しか着られない皮膚の過敏症などから判断してのことである。しかし、医学専門家は、ほかの症状、ユーモアの欠如、世の枠組みと時間の厳守、抽象的思考の不能などがチャーチルには全然見られないので、その指摘は正当ではない、と言っている。

三巨頭がそれぞれ非常に異なっている、ということだけではなく、それぞれの国もまたその距離が遠かった。飛行機旅行、電話連絡もまだその初期状態であった。――戦時中、ロンドンとワシントンの間に盗聴防止の電話線が設置されたとき、その装置は、ロンドンのデパート、セルフリッジの広い地下室を占拠してしまった。

二つの大戦に挟まれた期間、アメリカは孤立主義に閉じこもり、ソ連は革命の余波で相手にされず、イギリスは国内を二分した経済の強硬路線をとる保守党政府のもと、ヨーロッパから距離を置いていた。チャーチルは「ボルシェヴィズムのボツリヌス菌」を非難し、ソビエト体制転覆のための介入を呼びかけた。当然の如く、モスクワは包囲網を感じとった。しかし大西洋の両側の関係もまた容易なものではなかった。多くのアメリカ人は、謀略好きのヨーロッパ人にだまされて第一次大戦にはまり込み、挙句の果てに返済されない貸し金を出させられた、と感じているのである。チャーチルは、「英米の友情の荘厳なる館《やかた》」が、「疑惑の苦い水際、誤解の沼地」のなかで、ぼろぼろになって行くのを嘆いている。ダウニング街十番地で、もっとも反米的な政治家は、ネヴィル・チェンバレン英国首相であった。(52)

この三国はほかの面でも相違があった。国民の人種と階級に大変な多様性があったが、合衆国と英国は民主国であった。ソ連は、毎日の生活が恐怖で染め上げられた独裁国であった。行政権があり、一九三六、一九四〇、一九四四年の選挙に勝っていても、ルーズベルトは敵対的な議会を相手にしなければならず、最高裁を抱き込むことにも失敗した。かれは片時も国内政治のことを忘れるわけには行かなかった。チャーチルは、自分が批判した前任者のもとで勝利した保守党を率いており、与党は自らが選挙で勝ちとったものではなかった。戦争内閣には労働党の主要メンバーも参加していた。何回か議会の少数派に裏切られ、数次の補充選挙で大敗を喫した。一方、チャーチルが、「謎のなかの神秘に包まれた判じもの」と形容したスターリンは、事実上、気紛れな生殺与奪の権を振るい、個人的に粛清すべき人間のリストを作った。かれには、西側諸国の行動原理、たとえば宣戦布告の権限が大統領ではなく、議会にあること、戦争内閣に、チャーチルが巨頭会談の内容をどう報告するのか、などを憶測して貰おうとしても、まず無理な話だろう。同じように、ホワイトハウスやダウニング街の情報を基に、モスクワを批判する記事を読めば、西側の報道の自由を理解することはとても出来ない、と言うだろう。ヤルタで、かれは一党独裁は単純で良いよ、と言った。(53)

イギリスの役人にとって、ワシントンのやり方が簡単に理解できるというものでもなかった。アンソニー・イーデンは、アメリカの首都のことを精神病院と呼び、「ごたまぜとピンぼけ」であるとしてモスクワの効率的なやり方に対比した。「方法論なく、組織なく、仕事を寝室でしている」とその個人秘書、オリヴァー・ハーヴェイは記している。駐米大使のハリファックス子爵は、アメリカ人を「粗雑で訓練不十分」と、英国人の見方で端的に表現した。指導者たちは、「必ずしも実行されない口当りの良い言葉と、素晴らしい考えを示しがち」で、「恐ろしいほど世論を気にしている」。同時に、かれは副大統領のヘンリー・ウォーレスのようなニューディーラーたちを、「世界救済の神の声に燃える新しいイスラム教徒」と同じである、と断じた。(54)

「アメリカ人の考え方は自然に、だだっ広く、物事を一掃するような、理屈っぽい結論に、大規模な形で突入してしまう」とチャーチルは回顧録に書いている。「かれらの現実の思想と行動は、ここから発している。かれらは一旦、真実でわかりやすい方針で計画が定まると、ほかのすべての局面は、自然な形で、また必然的にそれにしたがってしまう。イギリス人はこれと全く違っている。われわれは、理屈と、明快な原理が……変転きわまりない、決めつけようもない状況にあって、唯一のカギになるとは思っていない。とくに戦争では機会を逃さないことと、即断即決が大事なのである。……両方の考え方にはそれぞれ議論はある。その違いを強調したが、その根は深いのである」[55]。

アメリカ人の多数は、イギリス人というと、ハリウッド映画に出てくる落ち着いた声音の執事としゃれ男が象徴する、堅苦しい狭量な社会の産物と考える。「イギリス人に対するこの不信、嫌悪、どうかすると憎悪はアメリカ人の伝統なのだ」、とこれは真珠湾攻撃のあとでの夕食の席上、ルーズベルトが発した言葉である。まだ早い時期にルーズベルトは、「ヨーロッパの政治家は有象無象の集まりだ」と評したことがある――多分イギリス人も含めた上でのことである。孤立主義は、固定観念としての不信感だけが基となっているわけではない。作家のエドムンド・ウィルソンは、旧大陸の戦争に巻き込まれることには徹底的に反対していたが、――なぜそんなに反英主義なのかと聞かれたとき、「独立戦争を忘れたのか」と答えた。ワシントンでの力強い声は、英国を助けることよりも、太平洋におけるアメリカの戦いの方に味方をした。陸軍長官のヘンリー・スティムソンは、英国は退廃しており、「若く活力ある国家」が大洋を目指すことの邪魔ばかりしている疲れ切った政府に運営されている、と日記に書いた。アメリカ人のあるものは、イギリスは古い大陸のマキャベリズムに生きているという。――ルーズベルトは一度、「イギリス人はいつもずる賢いので、こっちもそうしなければ」と語ったことがある[56]。

もう片方の同盟国について、ルーズベルトはフランシス・パーキンスに話をした。「私はロシア人がわからない。どうやったら動くのかね。その辺の勉強ができればね。フランシス、きみが連中の動かし方を考えてくれよ」。真面目な話で？　彼女は訊ねた。「イエス」、答えがかえってきた。「できるだけ頼むよ、そして時々教えてくれないか。私はかれらが好きだし、よく理解したいんだ」。彼女は言われたとおりのことをした。情報をまとめてホワイトハウスに持って行った。「ねえ、」かれは何べんも彼女に言った、「自分でロシアに行ってみたいな」(57)。

「世界の独裁制のなかでも究極のもの」と自ら名づけていた体制に何らの幻想も抱いてはいなかったが、かれは、ソ連を抱き込むことが永続的平和のカギである、と信じていた。ハリマンからは、「多分われわれがかれらを理解する以上には、スラブ人はわれわれを理解しないでしょう」と忠告されていたが、大統領は、ソ連がヨーロッパ諸国と接触をすることで軟化するだろう、と考えていた。かれは外交官のサムナー・ウェルズに、ボルシェヴィキ革命のあと、アメリカとソ連の体制に百歩の差ができていたとしたら、アメリカが六十歩動き、ソ連が四十歩動く時代がやってくるのだ、と語った。かれはスターリンが、軍事力の裏づけがあれば資本主義との戦いに勝つことができるというマルキストの信条を持っているとは考えていなかった(58)。

ルーズベルトが、モスクワとの相互理解を通じて戦後の平和の最良の道を見つけられると、本当に思っていたのだとしたら、独裁者の妥協に対する姿勢を大きく読み違えていたことになる。最終的にかれのトレードマークと見られた楽観主義は、現実認識を拒否するようなものだった。「ルーズベルトがボルシェヴィキと非ボルシェヴィキ、とくにアメリカ人の考え方とを大きく分ける断層について、その現実を理解しているとはとても思えなかった」と外交官のチャールズ・ボーレンは書いた。

深夜に及ぶスターリンとの会談のあとの昂揚感を持ち越してはいたが、チャーチルは、常に戦後のパワー・バランスには何が必要かを考えていた。あれやこれやの考えはつまるところ、敗戦ドイツが、ヨーロッパのバランスをとるためにはいかに必要なのか、ということに集約される。しかしルーズベルトにしてみれば、影響力を発揮する範囲、などというものは戦争の原因となった古い体制の名残で、拒絶されるべきものだった——戦場でどのような結果が齎されたとしても。「イズム」などに関わっていられる暇のない、究極のセールスマンは、まわりの誰とも忌憚のない話ができるものと思い込んでいた。かれはイデオロギーの相違の影響力と、「赤軍社会主義」の現実を受け付けようとしなかった。

全員の考えの相違にもかかわらず、勝利の道筋には誰もイデオロギーを持ち込ませるわけには行かなかった。イギリスが降伏すると、アメリカは自らの防衛第一線と、フランス奪回のための発射台を失うことになる。もしソ連が負けるとか、ヒトラーと二回目の協約を締結したりすれば、ほかの二国にとってヨーロッパの戦争は勝てないものになってしまう。もしアメリカが主要な焦点を欧州から極東へ転換すると、フランス奪回は不可能となり、ヒトラーはロシア戦線に主力を集中することができ、また大西洋経由の軍需物資の減少によって、ソ連と英国の戦争努力は萎んでしまうだろう。

この相互依存の関係は、複雑な妥協、強硬な交渉、厳しい言葉と、小国との間の協定無視となってあらわれた。必要はこの三人、そしてそれぞれの国民の結束を迫った。だれかがだれかのあとを追う、という態度は許されなかった。トルーマンが舞台にあがってきたり、アトリーがイギリスの態度を基本的に変化させたが、初期段階ではだれもかれらに替わることは出来なかった。スターリンはクレムリンに自分の後継者がいないことを承知していた。一旦決まってしまえば、これが分裂しないかぎり同盟の勝利は確実だった。同盟の実現には個人同士の化学的ともいえる作用が不可欠だった。勝利に引き続いた冷戦も終わってしまったが、ルーズベルト、チャーチルとスターリンの行動原理の影響は、いまだ世界を覆っており、世界の同盟関係の運営方法の巧拙に格好の教材を提供している。

2　第一回のサミット

ニューファンドランド、プラセンシア湾
一九四一年八月九―十二日

「ついに――われわれは一緒になった」
ルーズベルト

I

歩み

一九四一年八月の初め、天候は特に陰鬱だった。ルーズベルトは、ときに気分が優れなかった。ホワイトハウスの寝床で仕事をしながら、いつもの元気はどこへやら、「調子が悪いな」と訴えていた。これは別に珍しいことではない、かれはインフルエンザにかかり、風邪を引き、静脈不全、腸疾患があり、心臓肥大による高血圧、痔の下血による鉄分不足があった。かれは二回輸血を受け、鉄分の注射もして貰っていた。母親を最近亡くしたばかりだった――『ニューヨーク・タイムズ』は、このことが「大統領就任以来、これほど閉じこもってしまったのは初めて」の状態にしている、と報道した。

柩《ひつぎ》が地下納骨室に降りて行く様子からは目をそらせていたが、遺品をたしかめているとき、その両眼は涙に溢れていた(1)。

訪問者は、第一次大戦の思い出を語ったり、ホプキンスとシェアして住むつもりの、フロリダのハリケーン待避構造を持つ住宅の設計図を描いたりしながらの、かれの取りとめのない話に付き合わされた。エレオノアが不在がちなので、実質的に大統領家の女主人格である秘書の「ミッシー」・ル・ハンドの辛らつな一言がとんで来て、ますます憂鬱になる。――この境遇となる前、彼女は、ボスはアメリカ参戦の論議で「極度に激昂」して、足を引きずるようになった、と思い込んでいた。内務長官のハロルド・アイクスは、大統領がここでリーダーシップを発揮して行かないと、政権は長持ちしないだろうと警告を発していた(2)。

ルーズベルトにとって、六月の攻撃以来、近東で勝ち続け、ロシアに押し寄せつつあるナチスに立ち向かって行くことの必要性に疑問の余地はなかった。ワシントンでイギリス代表との秘密軍事協議が行われ、ルーズベルトは、アメリカが十個師団を装備し、保持することを了解した。かれは、英国向けの武器の生産を加速するよう命令した。ロンドンからの軍艦の提供要請を一度は断わったが、一九四〇年の九月、カリブ海とニューファンドランドに展開するための、イギリスが九十九年間のリースで保有することになる、五十隻の駆逐艦予備艦隊の提供を承認した。合衆国は、民主主義の兵器庫になるべきである、とかれは宣言した。交戦国への輸出を制限する中立法は緩和された(3)。

英国の戦費は枯渇しはじめ、一千二百八十二隻の商船が大西洋でドイツの潜水艦に撃沈された、一九四〇年末の、チャーチルの長々しい要請を受けて、議会は、十三億ドルの援助プログラムを可決した。これは大統領に、その防衛が、合衆国の防衛に決定的に重要と考えられる国に対し、「あらゆる防衛品目の……売却、所有権の移転、交換、リース、貸与、その他の処理」の権限を与えるものである。「武器貸与法《レンドリース》」として知られるこの法律は、それまでの、現金引換えという条件があったため、英国が外貨準備の減少傾向に細心の注意を払わなければならなかった、一九三九年の中立法上の制限を取り払ってくれた。ルーズベルトはこの仕組みを、火事を起こした隣人に庭のホースを貸すようなもの、とたとえた。* 英国は得られるだけの援助を必要とした。——ドイツは長期戦の準備を積み上げていた。イギリスの生産は潜在能力を下回り、その金とドルの準備は、供給品のすべてを現金払いとするなら、半月ともたない有様だった。

＊ この話は、ハロルド・アイクスからのもの。

一九四一年五月、ルーズベルトは、「無期限国家非常事態」を宣言した。——実際これが何を意味するのかは曖昧だった。しかし、かれがアメリカを、どう動かそうとしていたかについては疑問はなかろう。かれは援助物資を運ぶ船舶二百の建造を命じた。英国空軍パイロットの訓練施設が提供された。北アフリカの英軍に送られた航空機、戦車、車両の整備をする技術者と修理工が派遣された。合衆国は、「攻撃的艦船、ないし航空機」に関する情報の伝達機構を整備し、大西洋の海上防衛水域を拡大した。米海軍は、「西半球における枢軸側の海軍と空軍の戦力は船舶への潜在的脅威とみなし、発見次第、攻撃する」ことを決定した。陸軍兵力の大規模増員とあいまって、ボーイング社には四つのエンジンを持つ爆撃機――空の要塞、千五百機が注文された。ワシントンでコペンハーゲンの公使との間で調印された協定にしたがって、米軍はグリーンランドとアイスランドのデンマーク領内の基地に駐留することになった。

それでもルーズベルトは、まだ議会に参戦を求めてはいなかった。内閣には、陸、海軍長官などの強硬派がもっと厳しい政策を打ち出すべきである、と迫っていたが、ルーズベルトは国内世論がどれほど分裂しているかを知っていた。独裁者を許すなという宣言や、ロンドンに対する同情のメッセージにもかかわらず、かれはいつもの自分のやり方で、偶発的な出来事を、矛盾だらけの世論まかせにして、全く手を加えずにそれを反映する、その日暮らしの政策をゲームをするように弄んでいた。

一九四〇年に閣僚の一人が、英国への援助が一日遅れただけでも文明の終焉を招きかねない、とルーズベルトに問題提起をしたが、秋の再選運動に際して、かれはアメリカの母親たちに「あなた方の息子たちは、いかなる外国の戦争にも送られることはない」と保証した。[*] 世論の六四%は、国のためには平和維持が最重要、とみていた。英国の敗北を見たいというアメリカ人はほとんどいなかった。募金運動が盛んになった――ある「イギリスお助け部隊」と呼ばれる組織は、犬の飼い主から、首輪と引き換えに献金を受け取った。しかし大多数は、大西洋を渡る軍隊派遣に反対だった。

＊ ちょうどウッドロウ・ウィルソンのスローガン、「かれはわれわれを戦争の外側に置いておいてくれる」、と同じだった。

一九四〇年の大統領選で、共和党の対立候補に国際感覚豊かなビジネスマン、ウェンデル・ウィルキーが選ばれたことは、ルーズベルトにとって孤立主義者との全面戦争を避けさせるものとなったが、反戦感情は大規模な連携によって後援されていた。主なグループは、八十万の会員を持つ、〈アメリカ第一〉〔団体名〕で、ヘンリー・フォード、チャールズ・リンドバーグ、従兄弟のセオドア・ジュニアなどが加わっていた。ハーストの新聞帝国と『シカゴ・トリビューン』がその空気を煽り立てた。反ユダヤの放送担当聖職者、コーリン神父は千五百万の聴取者に辛辣な言葉で呼びかけた。ルーズベルトを嫌う一派は、かれが帝王の権力を振るうために戦争を望んでいる、と憶測した。左翼は、ウォールストリートが金儲けの極大化のため敵意を後押ししている、と警告した。国際主義者は、ヨーロッパ人が一九一八年の理想を踏みにじった、と非難した。

背景には、真正な自由の担い手、ヨーロッパ的な力の均衡政策の拒否というアメリカの排他主義に対する深い信仰があった。〈建国の父たち〉〔団体名〕は、恒久的かつ紛糾のもととなる同盟関係の回避を主張した。地理的条件は、世界政治をうまく操縦して落とし穴にはまらない限り、アメリカ人は不敗であるという感情を植えつけている。「二つの離れた大洋を創造した神に感謝」と、孤立主義者のアーサー・ヴァンデンバーグ上院議員は述べた。これは第一期のルーズベルトが採った方法だった。いまや枢軸国の脅威が、大々的な介入の必要性を直視するよう、自らに迫っていたのだが、かれは、二年ごとの選挙のサイクル、議会の力、そして世論に拘束されていたのである。[4]

ロンドンはアメリカ国内で、密かに相当な規模のプロパガンダを始めた。これは、英国安全保障共同行動〔BSC〕と呼ばれたプログラムで、戦争介入への段階的な支持を目的に、アメリカの報道機関にさまざまな材料を提供するものである。一枚の地図が作り出された。それはラテンアメリカを分割して、ナチの従属州にしてしまうドイツの計画を示すもので、そこにはパナマ運河も含まれていた。——ルーズベルトは一度これを引き合いに出したことがあったが、本人がどこまで信じていたのかは疑問であった。また、BSCは偽の米国の対独戦争計画をでっちあげ、これを孤立主義者のある上院議員に洩らし、そこから『シカゴ・トリビューン』に伝わった。これは「FDR〔ルーズベルト〕の戦争計画」として大見出しに踊る記事となった。英国側の目論見としては、この案でヒトラーをして合衆国に宣戦布告させるつもりだった。だが総統は、自分の戦略がアメリカの新聞記事に載るようなことをするつもりはなかった。

駐米イギリス大使のハリファックス卿は、アメリカ人に対し英国の実情認識に助けとなるようなことがなかなかできなかった。狐狩りにでかけたとき、アメリカの食べ物はいかにもまずい、といわんばかりに、ホットドッグを野球場のうしろに忘れてしまう、というヘマを仕出かした。英外務省のアメリカ班は、大使の立場は、「ゼロから始まっていまは凍結状態」と聞かされた。しかし、反戦派の婦人連がかれに卵を投げつけたとき、いささかの余裕が生まれた。英国大使館は、大使の確固たる談話を発表した。——アメリカ人は卵を無駄にできて幸せである。イギリス人は月一個の配給で我慢しているというのに。これはどうせどこかの新聞記者の作文なのだろうが、たしかに的を射ていた。

ジレンマから抜け出すため、ルーズベルトは軍隊派遣の確約をせず、英国を支える政策を一歩進めた。かれの言葉によれば、これは敵意を三千マイルかなたに追いやる最善の方法であると。世論調査は、有権者の半分が、大統領はおおむね正しいとしており、残りは真っ二つに割れていて、一方は、介入が過剰であるとし、他方はまだまだ充分ではない、とするものであった。混迷の雲の下で、行く道を右往左往しながらも、ルーズベルトは月を追ってアメリカ世論を戦争準備の方向へ誘導して行った。ヘンリー・キッシンジャーはこれを「民主主義のリーダーシップの良い教材」として歓迎し、ジョージ六世は、一九四一年六月、大統領に手紙を書き、「ところで、あなたは世論を、あなたの先を行くように導いておられ」、いかに自分が感銘を受けたか、と述べている。(5)

アメリカは地球の反対側で、二つ目のジレンマを抱えていた。一九三七年、日本は中国に対し全面戦争を開始した。中国は合衆国と宗教、メディア、貿易を通じて密接に結びついていた。東京は注意深くこの攻撃を「事変」と呼び、戦争と定義づけしてしまうと実現することになるアメリカ側の輸出の中断を回避した。——ワシントンもこの虚構に付き合った。(6)

ニューイングランドで教育を受け、中国の指導者の妻となった、カリスマ的な蔣介石夫人は、アメリカのラジオ放送を通じて、なぜワシントンは、「戦争を禁止し、戦争行為を秩序立てる、すべての条約や構造を棄て去って野蛮人の時代に戻る」ことにつながる「呪文をかけられた沈黙」に陥っているのか、を問いかけた。長江上流の峡谷地帯の後背にある、国民党の戦時の首都、重慶は、交通が不便であるため、蔣介石軍への補給も困難を極めた。しかし中国のリーダーたちは、英国に対する処遇と比較していかに自分たちへの援助が少ないかの不平を訴え、暗に、中国における、東京との和平を望む一派の勢力について言及するのであった。(7)

ルーズベルトは一時しのぎをした。援助を約束しながら、常にイギリスを優先したのである。石油の禁輸処置が東京を平手打ちにした。合衆国内の日本の資産は凍結された。しかし国務省は、新たな東条大将の内閣はもう少し物分かりが良いかも知れぬ、と交渉を継続していた。

世論とは別に、戦争に進めないもう一つの大きな問題があった。その規模と国富からいえば、アメリカはもっとも戦備の少ない国だった。海軍は「世界一」を標榜していたが、陸軍は第一次大戦後の軍縮で、世界第二十位の十七万四千の規模にまで減少していた。強い師団はそのうち半分だった。訓練は貧弱だった。共同演習は四年に一回に過ぎなかった。それを改める議案は上程されていたが、議会を通過する見込みは立たなかった。産業の遊休設備のことを考えると、軍備拡張は大恐慌からの脱出の最後の幕を飾る機会であったが、軍産複合体の発展は、まだこれからのことだった。[8]

機会を捉える必要があることと、かれの健康問題を前提にすれば、大統領にとって、休養のため船旅をする、という以上に自然なものがあっただろうか？　どこかへ上陸するのですか？　と新聞記者に聞かれた。「わたしは、違うよ、ときっぱり答えた」とかれはそのときの記録に書いた。[9]

八月三日、大統領専用列車はワシントンを発ち、コネチカット州のロンドンに着いた。そこにはヨット、〈ポトマック〉が待っていた。日没とともに、かつての沿岸警備隊のカッター、一六五フィート〔約五〇米〕の「浮かぶホワイトハウス」は、群衆に見送られてロング・アイランド・サウンドに針路を向けた。船は、マサチューセッツのサウス・ダートマスに立ち寄って、一日の魚釣りを楽しんだノルウェーの皇太子夫妻を迎えた。――大統領は魅力的な皇太子妃に今日は、と、さよなら、のキスをした。息子のジェームズは、彼女がハイドパークに滞在していたとき、かれが、お休み、のキスをどういう風にしていたかを引き合いに出しながら、「ロマンチックな関係」についてほのめかしている。夜、大統領は個人的に快速艇を出し、彼女のパーティーに出席するため岸に戻った。[10]

翌朝、見物人は、〈ポトマック〉が乗客をデッキに乗せて、ケープ・コッド運河を通過するところを見た。サングラスをかけた一人が、みなに向かって手を振った。斜めに構えた長いシガレット・ホルダーが、かれが大統領であることを教えていた。実は、このデッキにいた男は、替え玉の水兵だったのだ。前夜、ルーズベルトのボートは、七隻の軍艦が待つ近くの入江に向かっていたのである。大統領はそのうち一番大きな艦にのぼった、重巡洋艦〈オーガスタ〉であった。[11]

待っていたのはアメリカのトップの軍司令官たちだった。駆逐艦に護衛されて、九千五十トンの軍艦は、東へ、そして北に向かった。進路に待ち構えているかも知れぬ機雷のケーブルを切断するべく、舳先から鋭い刃が吊り下げられていた。ルーズベルトが釣り糸を投げ入れると、大きな醜い魚がかかった、誰もそれが何かわからなかった。それには寄生虫がいっぱいたかっていて、食べられる代物ではなかった。かれはそれを塩漬けにして、ワシントンのスミソニアン博物館に送った。[12]

大統領はこの消失トリックのことを「面白」がった。「いい加減おとなになっても、かくれんぼはスリル満点だね――とくに相手がアメリカの新聞のときは」、とかれは従兄弟への手紙に書いた。巻き添えにあったなかには、ケープ・コッド運河で〈ポトマック〉の動きを見張った、秘密警察の隊長もいたのである。内閣にもホワイトハウスのスタッフにも、かれの居場所はわからなかった。妻のエ

レオノアは、本当にかれが魚釣りに出かけたものと思っていた。(13)

二五〇〇マイル〔約四〇〇〇キロ〕の船旅ののち、〈オーガスタ〉は松で覆われたニューファンドランドのプラセンシア湾に入り、アルゼンチア港に停泊した。そこは英国との駆逐艦の取引のとき、基地として合衆国が手に入れたのである。陰鬱な海岸には小さな砂浜と白塗りの木造の家が点在していた。待ち時間に、ルーズベルトは大西洋の地図の上にかがみ込んで、幕僚長たちと、アイスランドからアゾレス群島まで、米海軍が責任をもつ範囲を拡げようと、線を引きながら協議をした。

次官のサムナー・ウェルズが加わった。前年ルーズベルトは、この背の高い優秀なニューイングランド出身者を、ムソリーニがヒトラーとイギリスの調停者になれるかどうか探るために派遣した。ウェルズは、ドゥーチェ〔首領〕は十五歳ほど年上で、表現は重苦しく、行動は鈍く、話をするときは目を閉じている、と観察した。一九四〇年六月、ドイツがフランスに勝ったあと、イタリアはフランスに宣戦布告をしたので、ローマが交渉のチャネルになるという希望は粉砕されてしまった。ウェルズの勧告は、ワシントンは、「もし実際的な安全と戦争回避を」求めるのであれば、自分自身で道を考えるべきである、というものだった。(14)

アヴェレル・ハリマンが大西洋を飛び、大統領の横についた。海軍にいたフランクリン・ルーズベルト・ジュニアは駆逐艦に乗船していた。――父親はかれを海軍補佐官補に任命した。もう一人の息子、エリオットも呼ばれた。かれら全員のするべきことは、秘密のお客を待つことだった。

ウィンストン・チャーチルは、英国でもっとも華麗な戦艦、〈プリンス・オブ・ウェールズ〉で大西洋を横断しつつ意気軒昂だった。かれは旅のいかなる時間も楽しんだ、お行儀良く、「まるで学校ではダメな子が、学校の外に出たときのように」、とある同乗者は描写した。あるイギリス人記者は、かれの青い海軍の制服とピンクの幸せそうな顔色を見て、この英国のリーダーは「まさしく古きイングランド、チューダー朝時代のイングランド……そして暖かい、情緒豊かなイングランド、鋼鉄の時代の辛苦を知らぬイングランド、の申し子」[*]である、と思っていた。当初チャーチルは、船尾にある、司令官の広い区画を占領していたが、ある夜、暴風で起こされてしまい、上甲板にあがったところのキャビンを、居間、食堂として居座ることにした。そして士官たちと同じ食事をとることにもしたのである。

＊　ジャーナリストのH・V・モートンは、田園の風物を描くので有名だった。個人的に、チャーチルの旅については皮肉っぽく捉えている。かれは、反ユダヤ主義を含めて、さまざまな点でヒトラーに同調していた。

それは首相就任以来、もっとも重要な旅であった。英国の将来を決める国のリーダーに会うための航海だったのだ。やっと意中の人とめぐり会える恋人のように、かれは自分が与える印象に気をつかった。「好きになって貰えるかな」、かれはハリマンにそう言った。(16)

チャーチルは下院で、英米協力関係は、オール・マン・リバー〔ミシシッピ川〕のような流れになっていること、武器貸与法は史上例を見ない気前の良い行為であること、駆逐艦の価値はルビーで測るほどのものであること、を説明してはいたが、大西洋を挟む関係は――単に、ルーズベルトが議会に参戦を了承させることを拒んでいるからだけではなく、微妙なものだった。ワシントンの援助をめぐっての厳しい駆け引きは悪感情を招いた。とくに提供物資はイギリスの調達必要度に対してまだまだ割合が低かったのである。資金捻出のための在米英国資産の緊急売却は、財務省と大統領が市場価格にはるかに及ばない値段に固執したため、良くない結果を惹き起こした。イーデンは、古い駆逐艦と交換した諸条件は、「われわれの権威と、ひいては主権にとって嘆かわしい打撃」であった、としている。チャーチルの厳正なる相談役、リンデマン教授は、「ルーズベルトが呈示している勝利の果実は、アメリカの安全であり、われわれの実質的な窮乏であるようだ」と、懸念していた。計算をしてみると、十億ドルの即時の融資とレンドリースとの引き換えに、米国はイギリスの百三十億ドルの資産を手に入れた、といえる。物乞いには選択の機会が与えられないのである。[17]

親米感情を持ってはいたが、チャーチルには不快感を隠すことが難しかった。ダウニング街に居をかまえて四カ月のち、アメリカ人は「他人のする勇敢な行為は、褒め讃えるのがうまい国民だ」と、苦々しげに回想している。一九四一年、かれがハリファックスに打った電報には、米国の財務長官が、レンドリースの弁済について議会で質問され「苦境に陥っている」のだとすれば、英国の都市は、ドイツ空軍によって「いま、苦境に陥っているのだ」と記してあった。ほかのあるとき、かれはこの大使に、アメリカはイギリスの「皮のみならず身まで削ぐ」つもりなのだ、と書き送った。ルーズベルトが、担保としてアフリカから米国に三千万ポンド相当の金を輸送するよう言い張ったとき、チャーチルは、アメリカ人を「救いがたき債務者の最後の持ち物を取り上げるお代官さま」にたとえたメモを用意していた。――しかし結局言われたとおりにした[18]。

五月、著名な経済学者、ジョン・メイナード・ケインズをレンドリース問題とさらなる融資の交渉のためにワシントンに派遣したとき、問題はもっと複雑になってきた。交渉が「膠着」しそうになってきたので、ケインズは何らの成果なく戻ってきた。交渉に参加したある閣僚は、アメリカ人はやくざ者だ、と断じた。他方、ルーズベルトの国内の批判者は、イギリスは援助をアメリカの輸出の削減に利用している、と警告を発し、上院議員のヴァンダービルトは、「われわれの感情を「餌食にする」ものが、われわれを鍛えるのだ」と鼻であしらった[19]。

大統領の回避主義はチャーチルを神経の「ふさぎの虫」に追い込んだようだった。「それは私にとって……われわれが天に見放されているような感じだった」とイーデンに書いている。しかし、アメリカはヒトラーを倒す唯一のカードだったので、「ご機嫌とり」をやめるわけには行かなかった。チャーチルは、スコットランドのスカパ・フロー基地をサミット行きのため出発するとき、「野蛮人が最後の戦争を始めたのはいまから二十七年前です。今度は良い仕事をしなければなりません。二回やれば充分でしょう」というメッセージをルーズベルトに送った[20]。

Ⅱ

四人目の男

ルーズベルトとチャーチルの最初のサミットの準備作業をその年のはじめにしたのは、背のひょろ長い、形式嫌いの使者、何とハリー・ホプキンスであった。アイオワの鞍職人の息子、ホプキンスは、ニューディールの福祉基金の専担運営者だった。先を見越したアイディアの数々によって、かれは、豪華リゾート、ナイトクラブ、競馬場、金持ちの大邸宅の仕事から離れられなかった。出張はいつもファースト・クラスで、出張手当との差額はポケットマネーから支出していた。ホワイトハウスへ女優のポーレット・ゴダードを招いたときは、彼女と結婚するつもりなのではないかとゴシップが飛んだ。かれの最初の妻は、かれがほかの女性と恋愛関係になったので離婚した。その女性と再婚したが、五年後には死別した。——かれの友人は、「ひと飛びハリー（ハリー・ザ・ホップ）」がどんな星の下に生まれようと、「個人の幸せとは無縁だったのではなかったか」と言った。民主党の消息通、ジョセフ・デイヴィスは、かれを「アッシジの聖フランチェスコの清純さと競走馬の鋭さをあわせ持っている」と、表現した。(21)

一九四〇年、ホプキンスはホワイトハウスの晩餐で具合が悪くなり、一晩そこで過ごしたあと、三年間、大統領の通路に沿うリンカーン・ルームにとどまった。かれは、テーブルクロスにタバコの焼け焦げを作ったり、もっと美味しい食事を出してくれと料理人に注文したり、またグレープフルーツにフレンチドレッシングをかけたり、気障《きざ》なところが、エレオノアに嫌われた。一九四〇年の選挙でＦＤＲが立たなければ、自分が大統領選に打って出ようかという気もあったことも一つの理由ではあったのだが、かれは、とにかく献身的に主人のために働いた。――ただ自らの立候補については、健康上の理由と離婚経験という身分が邪魔をしていた。

ホプキンスは形式的な側面を無視した。――「かれはどうやら〔儀礼〕という言葉の意味すら知らないようだ」と、ルーズベルトは述べた。「かれは赤いテープを見ると、庭ハサミを取り出してちょん切ってしまうだけだ」。戦争中の写真では、かれはいつも端の方に佇んでいる。機会を捉える、駆け引きのお膳立てをする、主人が直観的に知りたいと思った事柄の資料を作る、ホプキンスがルーズベルトに仕えたその存在感は圧倒的だった。かれは、大統領を「無限の」存在と見ている、と言った。戦争は、かれをして今日の国家安全担当補佐官と同じ地位に立たせることになった。かれの〈レゾン・デートル〉〔存在意義〕は、ジャーナリストのマーキス・チャイルズが書いたように、「フランクリン・ルーズベルトの胸の内を、理解する、感じる、予想する、しばしば推測する――そして通常、正しく推測する」ことにあったのである。チャーチルの主治医曰く、かれは「家庭の中の空気を読み取る主婦のように、大統領の気分がわかっている。猫のように目をまたたかせながら、かれは何時間でもじっと坐っていられる、そして自分の問題が顔を出すタイミングを待つ。そのタイミングが来なければ、次の機会を期待して黙って去る」[22]。

戦中のサミットでときどき、ホプキンスはあたかも国務長官であるかの如く振舞い、自国の外交官たちを、「御殿女中、にやけ男――おまけに大体は孤立主義者だ」とこきおろした。「ホプキンスがいたときは、良い決定が為され、良い結果が出た」と、評論家のウォルター・リップマンは追悼録に記載した。「かれのいないとき、物事は目茶目茶になってしまった」。さらにかれは、この補佐官は、その天与の才能で、「こまかいことは横に置き、本質をとらえ、……自尊心、既得権、遠慮、混乱などが惹き起こす、真の問題点を直ちに発見した。かれは問題点を裸のまま人目にさらし、冷酷に、そしてほとんど冷笑的に……またみなに現実を直視させてショックを与えようと、無愛想に取り扱った」と、付け加えた。チャーチルは、この米国人が叙爵されるとすれば、「ものごとの本質卿」という称号になるだろう、と言った(23)。

ホプキンスは、「自らを客観視できる人間で、これは玉座に近い人物のすべてに欠けている性格である」と、チャールズ・ボーレンは書いた。ライバルたちは、かれをアメリカを社会主義に変えようとしているラスプーチンだ、と烙印を押した。おまけに、と『シカゴ・トリビューン』は書いた、かれは、頭垢《ふけ》頭だと(24)。

信頼の置ける大統領の相談役、――それに同盟の修理工として、風通しをよくするべく、また不統一きわまるルーズベルトの役人たちに秩序を持ち込むべく、休むことなく働いた、かれの戦時中の実績はまさに決定的なものだった。一九三七年に胃の三分の二を摘出したあと、常に病気がちだったことを考えれば、これは本当に大変なことだったのである。ルーズベルトは、かれのことを「半分人間」

としていた。ホプキンス自身の言葉で薬を「ブッシェル〔一ブッシェル＝三五～六リットル〕単位」で飲み、しばしば入院した。それでもなお、かれはラッキーストライクを一日数箱――ある者は二箱といい、ある者は四箱という――吸い、恒常的に飲酒していた。ときどきホワイトハウスの廊下をグラス片手にふらついていた。政治とルーズベルトに仕えることが一〇〇%の仕事だったが、かれはイギリスの詩、とくにジョン・キーツを愛していた。詩人の故郷、ハムステッドに赴いたとき、「私は気持ちよい空気のなかを散歩した」と、娘に手紙を書いた。

一九四〇年の末、チャーチルの救援を求めるかねてからの要請に、個人的な使いを出してみる気になって、ルーズベルトはかれをロンドンに派遣した。英国に着いたホプキンスは、水上飛行機の旅のあとだったので、非常に具合が悪かった。しかし、かれとチャーチルは、長々しくて贅沢なことで有名な、ダウニング街のランチを囲んだ。アメリカ人《ホプキンス》は、首相の田舎の別荘のいくつかを訪れ、首相と夜遅くまで話し込んだ。ある夜、チャーチルはレコードの箱を持ち出してきて、部屋のなかを回りながら、音楽にあわせて自己流のダンスを踊るような調子で熱弁を振るった。別荘でのある週末、ホプキンスは、客の政治的嗜好に合うよう加工した英国指導者《チャーチル》の演説に耳を傾けた。ルーズベルトはこれをどう思うかね？　チャーチルは質問した。「大統領は別にどうってことないと思いますがね」、とホプキンスが答えた。一瞬、その場が凍りついた。「要は、あのろくでなしのヒトラー野郎をやっつけさえすれば良いのですから」と付言した。[*25]

＊　このあたりは、ホプキンスの伝記を書いたロバート・シャーウッドから借用したが、もともとの出

所は、週末をともにした人物の話によるものである。

クラリッジ・ホテルからルーズベルトに出したかれの手書きのメモは、はっきりしていた。「ここにいるみなは、チャーチルの憔悴ぶり、意気込みだけが必勝の信念を支えていることに驚いている。……チャーチルはあらゆる意味合いで政府そのものである――大きな戦略からはじまって、ほとんどの細かい部分までを仕切っている――労働党も信頼しており――陸、海、空軍も一人残らずかれにしたがっている……あなたが胸襟を開いて話をしなければならない、ただ一人の人物である、と言っても言いすぎではない」。デラックスなホテルに滞在し、チャーチルの別荘を訪れたりしていたが、イギリスの都市が激しく空爆されているのを目撃し、かれなりに欠乏を分かち合った。寝室で、あまりの寒さにかれがオーバーを着たままガスの前で縮こまっていたところを見られた。チェカーズでは、浴室で新聞を読んだ。熱の通るパイプがあるのはそこだけだったからである。かれは、戦争に勝ったらこの英国のリーダーにはセントラル・ヒーティングをプレゼントしよう、と語った。(26)

一九四一年二月の終わり頃、グラスゴーでチャーチルと夕食をともにしながら、ホプキンスは、自分が帰国してルーズベルトにどう報告するか、首相は知りたいでしょう、と言った。そのときかれはルツ記の一節を引用した――「あなたの行かれる所へ私も行き、あなたの住まれる所に私も住みます。あなたの民は私の民、あなたの神は私の神です」。すでに柔らかくなっている声音でホプキンスは加えた。「おしまいまで」。チャーチルは涙ぐんだ。首相の主治医は、それは「溺れるものに投げられたロープのような」ものだった、と日記に記した。(27)

一九四一年の前半、ほかのアメリカ人使節たちがロンドンを訪れた。そのなかのウェンデル・ウィルキーは、ルーズベルトからチャーチルへ、英米の絆の象徴として、ロングフェローの詩の最初の数行を託された。

すすめ、おゝ、国家の船よ！
すすめ、おゝ、強く偉大な連合よ！
すべてを畏敬し、
未来のすべての希望を託する人間性
どんな運命が襲おうとそれは途切れなし(28)

七月に入ってのホプキンスの二回目の訪問時、チャーチルはかれを閣議の席に招くという異例な行動をとった。もっとも、議題の半分は無関係な事柄なので途中で退席させられた。実際、閣僚たちは、かれの耳に入れたくはない、米国の極東政策に関して協議をするつもりだったのだ。

七月十九日、チャーチルはホプキンスをチェカーズに誘った。そして、偶然にも同盟の次の段階の話を始めていた。同じ日、ソ連大使、イワン・マイスキーはスターリンから首相へのメッセージを受け取った。それは、東部戦線からドイツ軍を追い払うため、英国にフランス上陸を促すものだった。マイスキーはこれを伝達するため、チェカーズに車を飛ばした。かれを書斎に迎えて、チャーチルはソビエトの苦境に深い同情を示しながらも、侵入は実際的ではない、と伝えた。かれは人で満杯の応接室に案内され、チャーチルからある人物を紹介された。マイスキーはその人物を「背が高く、細身で……長い顔と生き生きした眼をしている」と、描写した。夏ではあったが、ホプキンスは暖をとるため暖炉に背を向けて立っていた(29)。

チャーチルがほかの客のところに行ったので、マイスキーは書斎で会話を続けた。ホプキンスはいくつかの質問をした。チャーチル夫人がやってきて、お茶をすすめた。

二日後、チャーチルはスターリンに、英国の参謀総長たちは「あなたがたに役に立つような規模で何かすることはできない」と言っている、しかし海軍は北極海で何らかの手伝いはできるし、戦闘機二百機、長靴を三百万足まで、ゴム、錫、ウール、布、ジュート、鉛とシェラック〔ワニス原料〕を提供できる、と返事をした。続く電信で、「貴国要請の緊急性に鑑みて」英国の資源を空にしても良い覚悟のあることを明確にした。かれがお礼を言われるのを期待していたとしたら、落胆することになった。スターリンの返事は九月はじめまで待たされた。チャーチル回顧録によれば、「ソ連政府は、自らの生存のため、自国で戦っていること自体われわれに大いなる恩義を与えている、という印象を持っているようだった。戦いが激しくなればなるほど、われわれの責務が重くなって行くのだ」ということだった(30)。

チェカーズで会った客の重要性を認識したマイスキーは、アメリカ大使のジョン・ウィナントに電話して次の週の昼食のアポイントを取った。かれはこの機会を利用して、ウィナントが支持している第二戦線確立の協議に持って行こうとした。マイスキーによれば、ホプキンスは注意深くかれの言うことを聞き、「ソ連に対する明白な同情を示した」[31]。

「合衆国は目下交戦国ではない、したがって第二戦線に関してあなたがたを助けることは何もできないが」とかれは言った。「物資の供給は別問題です。われわれは武器を英国に多量に供給しています。原料も、船も、それから色々です。あなたがたにもたくさん提供できますよ。何が良いですか？　教えてくれませんか？」

「ホプキンスさん」、マイスキーは答えた、「あなたご自身でモスクワにきていただけませんか、そしてソ連政府から直接あなたの知りたいことをお聞きになられたら？」

その日の午後、ホプキンスは「大統領あて親展」を発信し、そのなかで「直面する戦闘でロシア人がいかに打撃を受けようと、かれらがこの戦線を確実に維持して行けるようできる限りの処置が取られるべきである」と述べた。かれはルーズベルトに、これは「個人的使者を用いて直接連絡を取ることによって」達成されるだろう、と示唆した[32]。

一部の歴史家は、ホプキンスのモスクワ派遣は、前もって作られていた、と推測する。しかし、この昼食は事実であり、その後のワシントンとの交信を見て行くと話は別になる。

大統領はホプキンスがモスクワに行くことを「そんなに大事で、役に立つ」と思うかね？　と訊ねてきた。「利点は大きいです、だから行った方が良いのです。スターリンは間違いなく、われわれが長期の供給計画のビジネスをしていることを理解するでしょう」。何度もホプキンスはルーズベルトに、返事を知りたいと伝えた。ソビエトの抵抗を支援することは、ヒトラーとの戦場を他国の軍隊まかせにする政策を容易にさせる。大統領はすでに、ワシントンと一緒にモスクワが、世界の平和を維持する世界を見ていたようだ。

七月二十六日、ルーズベルトは派遣を承認した。かれはホプキンスにメッセージを持たせ、この訪問者を「あなたが私と話をするのと同じ信頼を以て」処遇してくれるよう依頼した。それは「大変な量の物資」の期待につながるものだった。ワシントンでは、ヘンリー・スティムソンはソビエト大使のことを、ぺてん師と呼び、ジョージ・マーシャルは「われわれの持ち物をみんな持って行ってしまう」と警戒した。しかしルーズベルトは内閣に、ソ連への物資移動は、「のろのろと動け」と命じた。(33)

ホプキンスとの会談の八日後、ウィナントは、マイスキーのもとへ三人のパスポートを持参した。かれは、ホプキンスが二人のアメリカ人とともに、スコットランド行きの寝台車に乗り、そこからアルハンゲリスク行きの水上機による厳しい旅程を取る、と説明した。「危険な困難な旅になります」とアメリカの大使は付言した。「とくにホプキンスのような病人にとっては。しかしほかのことは考えられないのです」。

マイスキーはペンを取ってパスポートに書き込んだ。「ハリー・ホプキンスは、外交官として荷物の検査なしにソ連邦のあらゆる国境を通過することが認められる」。署名をし、大使館のスタンプを押した。そしてほかの二つのパスポートにも同じことをした。ウィナントは駅へ駆けつけた、列車がまさに出発するところだった。窓からホプキンスにパスポートを突っ込んだ。ホプキンスも急いでいたので、クラリッジの精算を忘れてしまっていた。クレムリンに書いたメッセージにチャーチルは、このアメリカ人の訪問者は「あなたの友人で、私の友人です」。そしてその心のなかには「民主主義のための、またヒトラーを倒そうという……炎が燃え盛っています」と、書いた(34)。

カタリナ水上機に乗って、ホプキンスは後部にすわったが、非常に心細そうであった。かれはチャーチルに貰った、帯の裏にWSCと刻印した中折れ帽を被っていた。自身のものはどこかに置き忘れてしまったのである。カンバス地の担架の上で食後少し眠ったり、後部の銃座のガラス越しにナチの飛行機を攻撃する様子を想像したりした。アルハンゲリスクに到着し、かれは休息のための睡眠を楽しみにしていた。しかし招待主は、かれを四時間の、ウォッカ攻めの宴会に連れ込んだ。ホプキンスは、アルコールの一杯一杯に打ち負かされる前にキャビアを塗りつけたパンを「ショック緩衝材」として食べておくのが最良の方法、と考えた。二時間の睡眠を取って、かれは午前四時にモスクワへ出発した。

かれがロシアを飛んでいるころ、百万の赤軍がキエフとスモレンスクに釘付けとなっていた。ミンスクは三十万の犠牲を払った上、陥落した。ドイツ軍はレニングラード〔現サンクトペテルブルク〕に進軍していた。ソ連の秘密警察は、大量逮捕を行って、何千人もの政治犯と同時に、兵役忌避と疑われる者は誰でも処刑された。レーニンの遺体、政府機関、スターリンの文庫は、大使館とともに東へ疎開した。目的地は、食堂車とか飲料水のない列車で四泊五日の行程がかかるウラル山脈のキビシェフであった。アルハンゲリスクからの飛行で広大な森林を見下ろしながら、ホプキンスは基本的な問題点を摑んだ。常勝のドイツ国防軍や空軍といえども、かかる巨大な国を支配することはできまい、とかれは考えた。*

＊　ヒトラーは遺書に書いていた。ロシアの巨大さとは、とんでもない時間を意味するのである、と。

旅に消耗していたが、ホプキンスは眠りにつくには興奮し過ぎていた。大使のローレンス・スタインハートと長いこと話し込み、それから観光のドライブに出た。それからスターリンに会いに、クレムリンへと車を走らせた。襟のボタンを外したカーキ色の制服に身を包んだ独裁者は、各省へつながった六個ほどの色の違った電話機が置かれた大きなデスクのうしろにすわっていた。そのほかには、モロトフと通訳がいただけだった。握手をしてから、ダークスーツ姿のホプキンスは、ルーズベルトがヒトラーは人類の敵と考えており、ソビエトにできうるかぎりの援助を行うことを決意した旨を語った。ポーランドを分割するためベルリンと協定を結び、またバルト諸国を併合した男は、その答として、「すべての国家の間の最小の倫理的基準」が必要である、と強調した。政府同士が条約上の責務を放棄したら国際社会は成り立たなくなる。かれらはその基準を遵守しなかった、したがってナチスは、「現代世界の反社会的勢力」となったのである。かれは補足した、幸いなことに、この点についてのソ連とアメリカの見方は一致したのだ、と。(35)

二時間の会談の間、ホプキンスは主人の手の大きさに驚いた。「かれの心の厳しさと同じように、声音は荒削りである、しかし非常に抑制されている」。かれの「俊敏な、意図的な微笑は……冷たいといえようが友好的である、威厳があるが温かい……ひとの機嫌を取るわけではないが、疑いを持っていないようだ……同時にこちらも相手を疑ってはいない、と思っているようだった」。スターリンは簡潔に話をし、ときどき短く、どちらかといえば皮肉っぽく笑った。ホプキンスは、自分でもきびきびと返事をしていることに気がついた。そして、とりとめのないワシントンとロンドンでの議論と違って、いかに会話がビジネスライクに進むかの思いを新たにした(36)。

アメリカ人写真家、マーガレット・バーク＝ホワイトの撮った二人の写真のなかで、スターリンは寛いで、半分微笑してカメラをみつめている。両手を脇に下げ、腹は制服に突き出ている。ホプキンスは礼儀正しく、視線を外し、ほとんど気をつけの姿勢で、唇を一文字にしている。スターリンの前で、かれは厳しい人間と思わせたかったのかも知れない(37)。

ロシア人たちは、客を見送りに外に出た。ドイツの飛行機が頭上を横切ったとき、かれは防空壕に案内されたが、そこにはキャビア、チョコレート、タバコとウォッカが貯蔵されていた。スタインハートはここまで厚遇されたことがかつてなく、ホプキンスの笑いを誘った。大使は、かれに対する処遇は、「明らかに、かれの訪問目的の大変な重要性を示している」と、記録した。スターリンは「それまでのソ連の歴史に似つかわしくない率直さ」を示したのである(38)。

スターリン＝ホプキンスの第二回会談は四時間を要した。独裁者は訪問者を固い握手と微笑で迎え、早口のいくつかの言葉で挨拶した。かれらはタバコを交換した。ソビエトの独裁者は、一九四二年の春までに、三百五十の武装師団を持つことになるだろう、と予測した。敵に備えるには最大三百師団で良いのである。かれは、できるだけ多くの兵隊を行動に移させたい、なぜなら「軍隊に、ドイツ兵をやっつけることはできるのだ、スーパーマンではないのだ、ということを教えてやりたいからだ」と言った。武器その他の物資を要請し、スターリンは小さな紙切れにメモを書き、アメリカ人《ホプキンス》に渡した。

ホプキンスは、アメリカとイギリスは助けられることは何でもやるつもりです、と述べた。しかし、冬が来る前に生産し、船積みするのは多分無理だった。かれはルーズベルトとスターリンが直接やりとりする必要性を強調した。この点は特別に大事だった。かれはワシントンに報告した。なぜなら「ここにはスターリン自身を除いて、重要な情報を提供しようとするものは、文字通りだれ一人いなかったからである[39]」。

合衆国が参戦するのかどうかという微妙な問題に関して、このジョージア人《スターリン》は、ホワイトハウスに書簡を送ろうとしたが、ホプキンスをチャネルとして利用する方が良いだろうと思い直した。かれは、アメリカがドイツに勝負を挑むことが不可欠であると考えていた。ソ連と英国の力だけでは、勝つことは難しそうに見えたが、ヒトラーの最大の弱点は、かれとその体制を憎む膨大な数の抑圧された人々の存在だった。かれらは勇気と道義の力を唯一の源泉たる――合衆国から貰うことができるだろう。大統領は「巨大な」世界への影響力を持っていた。アメリカの宣戦布告はドイツの士気をかなり阻喪させる筈で、銃口を開かずとも戦闘を終わらせるかも知れない[40]。

スターリンは、ロシア戦線に、アメリカの指揮する部隊を投入する可能性を質問した。ホプキンスは、上層部が軍隊を派遣するかは疑問である、と答えた。介入は、大きく、ヒトラーがアメリカの重大な利権をどれだけ侵害するかによって決められよう。かれは付言した。これは、日本の問題を別とすればの話である。――ホプキンスはスターリンが東京との敵対関係に巻き込まれぬよう警戒していることを知っていたからである。ただ、この段階でかれが知らなかったことがある。それは、ヒトラーの侵入を予言したソビエトの大物スパイ、リヒャルト・ゾルゲが、スターリンに、東京はソ連を攻撃する計画を持っていないと伝えていたことである。

訪問者《ホプキンス》が帰るときスターリンは、ルーズベルトによろしく、と言った。ホプキンスには、来たときにくらべて主人《スターリン》の微笑がより友好的で、もう少々温かくなっていたように思われた。かれは、かれの最後の姿がとくに印象に残っている、――「威厳に満ちた、荒削りの、自信たっぷりの人物、鏡のように磨かれたブーツを履き、丈夫そうなだぶだぶズボン、そしてぴったりとした制服を身に着けている」[41]。

モスクワの滞在は、自分にとって「民主制と独裁制の相違」を痛感させるものだった、と書いている。しかし、八月一日付の、「極秘」と記されたホワイトハウスあての短いリポートで、かれは、ロシア軍の強烈な士気と「必勝の信念」に感動し、東部戦線について「絶大な信頼」を寄せていることを記述した[42]。

それはまた、ルーズベルトが知りたいことだった。悲観的な見通しを乗り越え、モスクワを援助するかどうかの論議に証拠を呈示するものだった。エリオットに向かって、大統領は指を鳴らして、ロシアの継戦能力についてのチャーチルの見方を要約してみせた。息子は、父親が、それよりずっとこちらを信用しているように聞える、と言った。「ハリー・ホプキンスはそれ以上だよ」とルーズベルトは答えた。「かれには私を説き伏せる力がある」[43]。

ホプキンスは仕事を終えた。アルハンゲリスクから飛行機で戻ってきた。酷い天候だったが、すぐスコットランドに飛びたいと言い張った。かれには守らねばならない約束があった。かれの来たあと、『プラウダ』は、その訪問は、ソ米協力が「ヒトラーを永遠に打倒する……無敵、最強の力」を発揮することを誇示した、と書いた[43]。

北極の嵐を衝いて、ホプキンスがスカパ・フローに戻ったとき、波浪は高く、かれを迎えるランチは水上機に横付けできなかった。かれは観測室からはしけに飛び降り、水兵が甲板で滑らぬよう、かぎざおでかれを引っ張った。戦争に関する書類や、スターリンとの会話のメモを入れた荷物は、かれのあとから放り投げられた。スーツケースには独裁者から贈られたキャビアが入っていたが、モスクワに薬を忘れてしまった[45]。

疲れきって、目の下に隈をつくったホプキンスは、鎮静剤を貰い、〈プリンス・オブ・ウェールズ〉で十八時間眠った。翌日チャーチルがやってきた。まだ蒼ざめて、弱々しい様子で、ホプキンスは首相が戦艦に乗船してくるとき、砲塔のかげに立っていた。

「やあ、きみ、具合はどうだい？」チャーチルは聞いた、「それでスターリンはどうだった？」

「お話しましょう」鞍職人の息子は、ゆっくりと、疲れた声で返事をした。腕を組み合わせて、二人は下へ降りて行った[46]。

大西洋を横断しながら、チャーチルは英国の幕僚長たちと協議をし、資料を作成した。かれは、C・S・フォレスターの『ホーンブロワー帝国海軍大佐』を読み、夕食にスコットランドの牛肉と雷鳥を食べた——九十羽の鳥が積み込まれていた。ホプキンスがスターリンから貰ったキャビアを提供すると、チャーチルは、「こいつのためにロシア人と論戦を戦わせたのだとしても」こんなご馳走が食べられるのは素晴らしい、と表現した。

大洋の空気に元気を回復して、ホプキンスは首相と夜更かしをするいつものパターンを取り戻し、話をしたり、ゲームをしたりした。——かれはバックギャモン〔双六遊び原型のボードゲーム〕で七ギニーを稼いだ。毎晩、温かい、きっちりカーテンで閉ざした食堂で映画が上映された。チャーチルは、これで五回目の、〈美女ありき〉のローレンス・オリヴィエ演ずるネルソンの死の場面で、ハンカチを取り出し目頭を押さえた。ある晩、フィルムのリールを取り替える小休止に、かれはノエル・カワードのレコード「気狂い犬とイギリス人」をかけさせて、いっしょに歌い出した。裏面は、「イギリスへ!」の歌だった。これは平和で尊い田園生活の賛歌だった。終わったとき誰もが沈黙した。そして首相が叫んだ、「さて、さて」と。(47)

Ⅲ

憲章騒動

八月九日朝、七時、チャーチルはプラセンシア湾に入る〈プリンス・オブ・ウェールズ〉の艦橋に立っていた。かれは防空服を着ていた。かれの薄茶の髪はもじゃもじゃしていた——前方に何が見えるか急いでいたので、起きてから櫛を入れる暇がなかったのである。横にはガウン姿のホプキンスがいた。「神様に会いに、ウィンストンが天へ昇るように見えたろうね」とかれは友人に語った。

朝もやのなかで、戦艦を誘導するため、水先案内人が乗船してきた。しかし〈プリンス・オブ・ウェールズ〉は突然進路をうしろに向けた。艦長が時計を間違えてセットし、艦が早く到着し過ぎたのである。チャーチルは不満だった。しかしこれで、かれは、英国の灯台の組織である水先案内協会の長老用の、紺の真鍮のボタンのついた制服を着る時間ができた。もやが晴れると、〈プリンス・オブ・ウェールズ〉は後進してホプキンスを下ろした。かれは〈オーガスタ〉の大統領に報告するため、駆逐艦に乗り換えたのだ。

見物人は、新品でぴかぴかのアメリカの艦船群と、海戦でやられた傷跡を見せているイギリスの偽装された軍艦の対象に驚かされた。一方はこれでもう二年近く戦争をしている国からやってきた軍艦で、他方は、ヒトラーが戦争といったものを仕掛けるつもりがほとんどないか、全くない国からやってきたのだった。「われわれは違った時間のサイクルで生きていたのだ」と、ジャーナリストのH・V・モートンは記録した。家に持ち帰るような形態で、ルーズベルトは、オレンジ一個、りんご二個、タバコ二百本、チーズ半ポンドの入った紙箱を千五百箱分、用意して、イギリス人に贈った。それぞれには「アメリカ合衆国大統領より、ご挨拶かたがた、幸運をお祈りしてお贈りします」と書いたカードが添えられていた。(48)

薄茶の「パームビーチ」スーツをまとって、ルーズベルトは〈オーガスタ〉のデッキで待っていた。〈プリンス・オブ・ウェールズ〉は湾のなかに入って錨をおろした。海面を挟んで艦を見つめながら、かれは帽子を胸にあてて敬意を表した。戦艦の後甲板に立ち、チャーチルは海軍帽のてっぺんに指を添えた。甲板長の笛がひびいた。水兵が歓呼の声をあげ、軍楽隊が両国の国歌を吹奏した。

エリオットの腕に手をまわし、脚のための重い鋼鉄製の支柱に支えられて、ルーズベルトは立ち上がり、葉巻を固くくわえたチャーチルが乗船してくると挨拶をした。ルーズベルトは、高貴な人間のするように頭を高く掲げ、トレードマークの陽気な微笑を閃かせた。もう少し背の低いチャーチルは、軽くお辞儀をし、ジョージ六世からのタイプ打ちの手紙を差し出していたが、あたかも嘆願をしている人のように見えた。――首相の胸のうちで、アメリカの大統領は常に一国のトップであり、行政職の首席であった。こういったことをかれは考えたのである。

国王のメッセージは、幸運を祈る、というものだった。国王は、大統領が、この訪問者を「非常に重要な人物」と受け取り、かつ、両者の会談が「二国の共通のゴールに向かって有益な結果を齎すものである」ことに同意してくれる、ことを確信していた(49)。

二人は握手を交わした。ルーズベルトは、英国指導者より短く手を伸ばした。

「とうとう、ごいっしょになりましたね」、ルーズベルトは言った。

「ええ」、チャーチルは答えた。

昼食の席へ二人は降りて行った。ホプキンスだけが伴われた。

二人の会話は最初は順調に始まった。しかしすぐに政策と意図の相違が目立ってきた。チャーチルが日本のいま以上の拡大を妨害するべく、厳しいステートメントを発表するよう迫ったが、大統領は、東京に対し何らかの正式な警告文を出すことを躊躇した。参戦問題については、約束なしの一般論しか聞かされなかった。長いこと待たされて、英国首相としては何か具体的な成果を持ち帰りたかったのである。主人役《ルーズベルト》にとっては、これは単なるミーティングであり、相手がどんな人間か判断する機会であって、それで充分だったのである(50)。

続く三日間、会談は二隻の大きな軍艦の間を往復した。ホプキンスはそのすべてに同席した。ウェルズ、ハリマン、そして外務省高官のアレクサンダー・カドガンが出たり入ったりした。将軍連と提督たちは並行して協議を進めていた。チャーチルの親友、ビーヴァーブルック卿が中ほどからずっと参加した。かれと、調達確保の中心人物だった、ワシントンの英国購買使節のトップ、アーサー・パーヴィスが、スコットランドから別々の飛行機で来ることになった。パーヴィスを乗せた飛行機は、あっという間に墜落し、全員が即死した。無事に北アメリカに到着したビーヴァーブルックは、艦上のサミットにフェリーで行くことのできるぎりぎりのところまで、汽車で行くことにした。

もう一人の出席者は、首相の相談役、リンデマンだった。かれは最近、チャーウェル男爵として叙爵された。通常、「教授」として知られた人物である。かれは、英国の原子力研究の知識を披露しながら、莫大な破壊力を内包する新しい型のエネルギーの話をした。――ルーズベルトはそれに並々ならぬ関心を寄せ、その直後、アメリカのチームから申し出された原子力計画を秘密裡に承認した。ボールを転がそうとセットしたイギリス人は、チャーウェル《チャーチル》のように、純粋に国産の武器を開発したいとするグループと、アメリカの協力が必要と見るグループの間に挟まれて論議を遅らせてしまった。(51)

昼食後の習慣で、チャーチルは、〈プリンス・オブ・ウェールズ〉の先端にある昼寝用の背もたれで午睡を取った。その夜は〈オーガスタ〉へ、ブラック・タイの晩餐会のために戻った。蝶ネクタイをしたディナー・ジャケットの胸には連なった勲章がピンで留められた。テーブルに着く前、両代表は写真におさまった。首相と大統領は前列のまんなかに、ルーズベルトのスコッチ犬、ファラを足元にして座った。テーブルで、主人の右側に座ったチャーチルは、その年の初めにルーズベルトが贈ったロングフェローの詩の最初の数行を写した何枚かの複写を手渡した。言葉は赤い文字で書かれ、最初の「S」の字は、エリザベス朝時代の軍艦を象った流麗な文字で記されていた。ルーズベルトはそれぞれの紙面の上部にサインし、チャーチルは下にサインした。出席者全員がその間のスペースに署名をした。

食事は、ローストチキン、ほうれん草のオムレツ、砂糖漬けのスイートポテト、野菜のピューレ、トマトサラダ、チョコレートのアイスクリームとチーズだった。チャーチルはアメリカ海軍のアルコール厳禁の制度によって、これはちょっとした試練である、と思っていたが、この機会にルーズベルトは自分自身で、ジンとアルゼンチンのヴェルモットをミックスしたマティーニを飲んで良いことにした（対照的に、〈プリンス・オブ・ウェールズ〉のバーでは、リキュールを出し、イギリス人は、タバコ攻めにしてくれた寛容な招待主たちに恩返しをするため、一杯やれる飲み会に招待した）[52]。

食事が終わって、ルーズベルトは、チャーチルを戦況の協議に誘った。首相はこの機会をとことん利用した。かれは目をきらめかせ、口をはさみ、かわるがわる、椅子にもたれかかったり、肩を前に出してかがんだり、葉巻をかじったりした。鼻眼鏡をもてあそびながら、ルーズベルトは、マッチの燃えさしでテーブルクロスに落書きしたりしていた。チャーチルの言い分は簡単だった。――アメリカは参戦すべきだ、と。深夜零時十五分前、ルーズベルトは言質を与えず、話は物別れに終わった[53]。

日曜日の朝、〈プリンス・オブ・ウェールズ〉の主甲板、六基の大砲の下で、陽光に照らされながら礼拝が行われた。青いダブルのスーツを着て、ステッキを持ち、〈オーガスタ〉から、はしけに乗ってルーズベルトがわたって来た。乗艦するときは帽子を胸に抱き、エリオットの腕によりかかってタラップを上った。甲板に着いてしまうと、かれは歩くのに誰の助けも断わった。顔つきはその決意を語っていた。チャーチルの横の自分の席に着くと、かれは勝ち誇ったような笑顔を見せた[54]。

二百五十人のアメリカ水兵と海兵隊員が参列した。ナショナル・カラーが演壇を覆った。両国の従軍牧師が式を司った。首相は、海軍式の制服の一つを身につけ、軍帽を少し斜めに被り、讃美歌として、「クリスチャンの兵士よ、前に進め」と「神よ、過ぎし日の救い」を選んだ。大統領の方は、「永遠の父、救いの力」だった。朗読のなかには、「強くあれ、そして勇気もて」を説くヨシュア記の数節があった。(55)

いつも祈りながら情緒的になるチャーチルは、讃美歌がデッキから聞えてくると涙を流した。かれは閣議で、そのときの礼拝は、「われわれ二国の国民の信念の一致を示す、深く感動的な表明だった」と語った。かれは、それを見たものは誰も「その朝の太陽に輝いた壮大な光景を忘れることは出来ないだろう」、と続けた。ルーズベルトの主治医は、自分は「いままで、かくも霊感的な礼拝に参列したことはなかっただろう」と思った。(56)

のち、水兵たちが写真を撮りに群がるなか、二人のリーダーは微笑を浮かべながら座って、タバコをふかした。二人は会談の第二ラウンドを始め、その後、キャビア、スモーク・サーモン、タートル・スープと雷鳥の昼食を摂った。チャーチルはお客のため、雷鳥の一つがいを提供した。帝国海軍軍楽隊が、アメリカのマーチ、シュトラウスのワルツ、オペレッタのアリアなどを演奏した。食卓では、ホプキンスがメニューをひっくり返して、裏にチャーチルから聞いたジョークを走り書きして、ルーズベルトに見せた。――戦争継続のため、チャーチルが「武器をください」とアメリカに演説しているのを聞いて、亡命中のアビシニアの皇帝、ハイレ・セラシェが首相に電報を打った、兵隊はおります、しかし「武器はどう扱えば良いのでしょうか？」と[57]。

午後になって、ルーズベルトはいま一度、東京に厳しい姿勢を取るべきだと圧力をかけられたが、空振りとなった。かれが〈オーガスタ〉に戻るとき、船の猫がそのあとを追って甲板を横切った。チャーチルはかがみ込んで猫を止めた。アメリカ人一行が出帆するところを眺めながら、チャーチルはまわりの将官たちを振り返って言った。「きみたちは、今日、大変な男に会ったんだよ」。そして、「この素晴らしい日……きみたちも、ぼくも、生命を賭けて戦っているんだと思うのは難しいよなあ」。その後、かれは、カドガン、「教授」、ハリマンと護衛官を伴って上陸した。かれらは岩山をよじ登り、チャーチルはそこから石をいくつか転がして、崖に上がった。かれは絶え間なく喋っていた。スコールが来たが、それでも止めなかった。〈プリンス・オブ・ウェールズ〉に戻ったとき、かれはピンク色をした野花を一束、手にしていた[58]。

チャーチルは、自分が与えた印象を気にしていたが、心配することはなかった。ジョージ六世の書簡に対して、ルーズベルトは、訪問者《チャーチル》が知ることにもなるだろう、と意識して返事を書き、「わたしは、われわれの心が同じ道を歩んでいることを確信しております」と付言した。

「わたしはかれが好きだ――そして昼食が双方の氷を砕いた」と、ルーズベルトは従姉妹のマーガレット・サックリーに書いた。いつも楽天的なチャーチルは、かれの最終目的の達成に望みを抱いていた。H・V・モートンにかれは打ち明けた。「何かびっくりするような事が起こる気がする、本当に大変な事が[59]」。

しかしアメリカの代表たちの間で、言質を与えることがないことは、はっきりしていた。「自分たちが戦争に参加することに、ちょっとでも関心を持つアメリカの官僚は、一人もいなかった」と、戦争内閣のスタッフ、イワン・ジェイコブは記している。「個人個人はみな魅力的な人たちだった。しかしわれわれとは違う世界に住んでいるようだった」。アメリカ人は、とかれは補足する、「鮫のはびこる海岸で、海に入るのを嫌がる海水浴客」によく似ている、かれらの考えは「食われないためには、どうしようか、の域を出ず、鮫を追い払うにはどうすれば良いか、に及んでいないのである」[60]。

英国の軍事チームは、海軍軍令部長のダドリー・パウンドに率いられていた。かれは六十四歳の、第一次大戦、ジュトランド海戦の生き残りであった。チャーチルは、早い時間から海軍本部でこの船乗りとウィスキーを飲むのが好きだった。「パウンド」、チャーチルは言った、「かれは私に必要なんだ」。しかし提督の年齢はかくせなかった。かれは耳が遠く、協議の間、うなずくこともなかった。診断はまだだったが、脳腫瘍だった。アラン・ブルックはかれのことを、「戦艦」といったキーワードだけに反応する、「止まり木で眠る鸚鵡《おうむ》のようだ」と形容した[61]。

アメリカ人たちは、快活で、お気に入りの、ピンク色の頬をした海軍作戦部長のハロルド・スタークを大事にした。「ベティちゃん」というあだ名のかれは、海軍軍人というよりも司教といった感じだった。もう少し怖いのは大西洋艦隊司令長官の、アーネスト・キングだった。――「頑健きわまりなく、いつも堅苦しい表情をしていた」と、あるイギリスの将官は記した。キングの娘の一人は、「海軍で一番心が平静で、いつも怒っている人」と形容した。アメリカの海軍力を擁護し、イギリスに深い不

信の念を持つかれは、チャーチルが、援助要請の話をしはじめると、時計の上に手を置いている自分を発見した。(62)

頑丈な体格をした、ヘンリー・アーノルド将軍は、飛行技術をライト兄弟から教わったのだが、大統領に航空力の重要性を吹き込んだ。陽気な性格で知られる「ハップ」（ハッピーの意味）アーノルドは、米国の上層部司令官として唯一人英国の経験者で、土嚢を積んだドーチェスター・ホテルの屋上から空爆を観察していた。かれは英国の空軍大将のチャールズ・ポータルとうまく行っていた。かれは内気なパイプ喫煙者で、小さな頭と突き出た鼻の持ち主だった。会談についての歴史家、セオドア・ウィルソンは、この二人の空の男は「いつも離れ離れになることなく、言い合いをすることもなかった」と、記録している。(63)

アメリカ陸軍参謀総長、ジョージ・マーシャルは、ジョン・ディル陸軍元帥とうまが合っていたが、ディルのことをチャーチルは不満に思っており、まもなく、帝国参謀長として、アラン・ブルックに交代されてしまった。その後、英国統合参謀ミッションの長として派遣され、ディルはワシントンの上席連絡将官となることになった。かれは、公式のチャネルとは離れて活動し、ホプキンスおよびマーシャルと良い関係を築き、情報の流れを容易にした。また時には、ホプキンスから、ルーズベルトの幕僚たちに対する考え方について警告を受けたりした。アメリカ人たちはかれを信頼した。その点で、かれらはディルがヨーロッパの総司令官に任命されることに前もって賛成していた。ルーズベルトは、かれのことを「英米協力関係の最重要人物」と形容した。「生涯での唯一の友」、とマーシャルは、一九四四年、ディルの死に臨んで発言した。「私の心から去ることはない」。死後、殊勲賞を授与され、ヴァージニアのアーリントン陸軍墓地に葬られた。しかし、チャーチルは「ディリー・ダリー〔愚図ディリー〕」に対する見方を変えず、二度までも貴族に列することを拒絶した。(64)

戦争はマーシャルを、アメリカにとっての重要人物に仕立て上げることになった。かれは将来の国務長官であり、戦後ヨーロッパの復興の設計者であった。六フィート〔約一八三センチ〕に少し欠ける身長で、灰色の髪、鋭い青い眼を持ち、人の名前をよく忘れ、眼鏡をよく置き忘れた。――規則的に買うことになる、替えの眼鏡は安物雑貨店の品物だった。ペンシルヴェニアの田舎の出身で、礼儀にはうるさかった。ペンタゴンへは黒い小型車で通い、職工たちの駐車リフトに駐車した。秘書の一人は、かれは、ほかに見たこともないほど磨かれた靴を履いていた、と回想している。(65)

かれは、すっきりとした指揮のラインの信奉者だった。――ほかの司令官たちと考えが違う点である。ファースト・ネームで呼ぶルーズベルトのやり方を好まず、自身の自立を、大統領のジョークを笑わぬことで示した。しかしかれは、大統領の権威を尊重し、ニューディールに対する保守的な軍人階級の反対論に与《くみ》しなかった。――ホプキンスは、かれの親友の一人となった。一九四一年のかれの主な仕事は、陸軍を拡張し、近代化することだった。そして新人たち、ドワイト・アイゼンハワー、ジョージ・パットンなどを昇進させた。キャピトル・ヒルの合言葉は、「神とジョージ・マーシャルを信ぜよ」となった。チャーチルは、「もっとも高貴なるローマ人」と呼んだ。ルーズベルトは、「きみが国外へ出たら、ぼくは夜、眠れなくなりそうだ」と、かれに言った。

このアメリカの軍事の指導者は、概して、イギリスを良くは思っていなかった。かれらは、古めかしい官僚的な陰謀の専門家で、アメリカの国力を自らの帝国の盾として利用しようとしている、と見ていた。ロンドンがきちんと認識していない要素、すなわち自国の軍隊の準備が、いかにまだ整っていないかをよく承知していたので、マーシャルは、より以上の支援を拒否した。かれがいうには、英国人たちは、「日がな一日、この仕事をしているので」、意見を述べることを遠慮しているが、レンドリースが、米国の資源に与える緊張度について強く主張をした。[66]

英国は、「一般戦略概況」を製作し、勝利のための力点を「封鎖、爆撃、破壊」に置き、アメリカに一万機の航空機の供給を要請した。マーシャルとスタークは、ドイツを空から攻める考えには反対した。「戦闘が、最終的に陸上部隊の使用なくして勝てないことは、不変の真理であり、これを認識しなければならない」、とかれらは述べた。――これは同時に、ヨーロッパへ部隊を送るかわりに、爆撃に傾いていたルーズベルトにも向けられたメッセージだった。

この点が、基本的なロンドンとペンタゴンの意見の分かれ目だった。第一次大戦の大量の犠牲が、イギリスの司令官とチャーチルの脳裡を離れなかった。かれらは、ドイツ国防軍が、侵入軍に与える打撃を恐れていた。――のち、ドイツは、英米軍から蒙る被害の五〇％増しの戦傷死をかれらに与えるだろう、と計算された。これが英国の優先度を、地中海沿岸とノルウェーの攻撃に、より集中させることになった。同時にナチの心臓部を爆撃、破壊し、士気を荒廃させる、そしてベルリンの体制を崩壊させるのだ。チャーチルの悪夢はこうだった。連合軍がフランスに侵入してドイツ軍にたたかれ、敗北する。ヒトラーには二度目の風が吹き、アメリカの欧州戦争についての世論が反転する。[67]
マーシャルは空爆問題にだけ疑問を持っていたわけではなく、近東と地中海方面についても懐疑的だった。かれにとって、ロシア戦線の方がもっと重要で、支援の価値がある、と考えていた。北フランスへの集団的上陸は、より長期の戦略として疑うところはなかった。咽喉を掻き切る以外のことは、余興であり、脱線である。かれは、ジョー・ルイスのノックアウト・パンチを求めていた――ルーズベルトは、「ヒトラーの顎のまんなかをアッパーカットしてやるんだ」と表現した。[68]

〈オーガスタ〉で、大統領と首相が会談したときから、二人は勝利したあと、かれらが望むような世界が来ることを期待していた。しかし、当時の軍事的環境からすればこれはかなり大胆な話だった。ドイツ陸軍はロシアを席捲していた。西欧で、ヒトラーは誰からも挑戦を受けていなかった。アフリカ軍団は近東で、イギリスを脅威にさらしていた。Uボートは、大西洋の海運を相手に暴れまわっていた。日本は東南アジア進出に意欲を見せ、東インドの油田を手中におさめる勢いだった。

こういった手も足も出しにくい状況のなかで、二人の指導者は、戦争に関して、戦場の問題だけにとどまらない、はっきりとした原則を作ってみることにした。これにはかなり偽善的な要素が取り入れられている。かれらの旗印は、枢軸勢力に対する戦いを「善い戦争」にしなければならないからである。光の軍団が、闇の軍団と戦うのだ。この範囲の広がった原則を表す宣言案の作成作業は、二人の先任外交官――アレクサンダー・カドガンとサムナー・ウェルズに委ねられた。英国外務省のカドガンの方は貴族的お役人の典型だった。チャーチルのボディガードからは「会ったなかで最高に冷淡な人物――まことの牡蠣のごとく無口」と評された。ウェルズは、大酒飲みで仕事熱心、高度の事務屋であり、口ひげの下からもぞもぞ言葉が出てくるような話し方をした。かれは学生時代からルーズベルトと知り合っており、その特別な縁故でホワイトハウス入りをし、仲間のいう「ゲリラ最前線」で仕えることになった。国務長官のコーデル・ハルは、かれの舌がもつれるような喋り方から、「アメリカ一の、どくでなし」とかれを呼んだ。たがいにとてつもなく仲が悪く、同じカクテル・パーティーで一緒になることはなかった。七十歳代のハルは体調を崩しがちで、休むことが多かった。そういったときはウェルズが部内を仕切った。大統領のお気に入りではあったが、綱渡りをしているようだった。[69]

前年の九月、アラバマ行きの大統領専用列車のなかで、かれは酒に酔って寝台車の黒人のボーイに金をやるから、と関係を迫った。数週間後にも同じような不品行な事件を起こした。もとフランス大使のウィリアム・ビュリットは、ウェルズを嫌って、ボーイたちの口述書をホワイトハウスに持ち出した。大統領はしばらく耳を傾けていたが、やがてボタンを押して秘書を呼び、「ちょっと私は調子が良くない。今日のあとのアポイントは全部キャンセルしてくれ」と言った。ウェルズは、ビュリットがボーイたちを買収したのだと言い逃れて救われた。しかし、ルーズベルトは、かれを監視下におくよう命じた。[70]

日曜日の夜までに、ウェルズとカドガンは、翌朝指導者たちが議論する、一般原則の草案を作成し終わった。(71) アメリカ人たちは、議会で紛糾のもととなるような、条約めいた形にすることは望んでいなかった。かれらが必要とするものは、孤立主義者たちも反対しないような文案で、単に意図を表明する宣言であった。そこには参戦の約束を暗示するような文言があってはならなかった。

月曜日の朝、ルーズベルトとチャーチルは、〈オーガスタ〉の司令官室で、ウェルズ、カドガン、ビーヴァーブルック、ホプキンスとともに顔を合わせた。ホプキンスは疲労困憊していたが、出席すると言い張った。船窓から輝くような陽光が流れ込んでいた。アメリカ人たちは、チャーチルが戦後の支配領域についての秘密協定を持ち出してくるのではないか、と心配していた。国務省は、ヴェルサイユで、ウッドロウ・ウィルソンが唐突な秘密条約にいかに悩んだか、をルーズベルトに想い出させた。ルーズベルトは、プラセンシア湾へ赴く前、とくべつにチャーチルに対し、自らが返事のできない部分をつたえて、確認を求めていた。(72)

本題へ戻ると、かれは、将来の約束を伴わない宣言をするつもりだった。原則の問題とは別に、かれは、政敵から、イギリスにしてやられたと非難されたとき、反論できるようにしておきたかったのである。チャーチルは、言質なしでは、被占領国のレジスタンス運動を阻害するリスクを冒すことになる、と言った。イギリス国民も、将来が不確実と思えば落胆するにちがいない。

ルーズベルトは妥協した。自分がいままで公言したことに抵触するようなことは何もしていない、と言うことさえできれば充分だったのである。ウェルズは新しい草案を提出した。双方は、取り敢え

ずそれで満足した。しかし、問題は時をまたずに、ロンドン、ワシントン間で再浮上することとなった。(73)

帝国主義的思考の持ち主、ビーヴァーブルックに指摘を受けて、首相は、アメリカ流に表現された草案の部分を見直した。そこには、両国は、「すべての国の国民が、自らの経済的繁栄に必要とする世界の市場と原料に接し得る、分け隔てのない、平等な、自由の享受を促進するべく努力しなければならない」、とあった。これは英帝国の特恵体系にも適用されるのですか？　と、かれは訊ねた。(74)

それは基本的な問題点だった。英国は、自治領、植民地との特恵的貿易システムを、自国とそれら地域にとって至上の命題と認識していた。ワシントンは、自由貿易を戦後世界の表看板とするつもりだった。コーデル・ハルは、アメリカの方針に基づく通商を、世界平和の踏み台と考えていた。またそれは「英帝国という牡蠣の殻をこじあけるナイフ」なのだった。歴史家のウォーレン・キンボールが言うように、「帝国の特恵主義を排除することは、新しい宗教上の教義」でもあった。ルーズベルトはこの論議に同意した。さらに、かれはチャーチルに、こういう文言は、ドイツ人とイタリア人にも「敗戦のあと、経済的には公正で平等な機会が与えられるだろう」という保証になるだろう、と語った。(75)

チャーチルは、自分自身は自由貿易に賛成だ、と答えた。しかしかれは、これを言ってしまえば、国内で大変な政治の嵐が吹くだろうことを知っていた。そこで、かれは、カナダ、オーストラリア、ニュージーランド、南アフリカも加わっているので、独断では決定できない、と時間を稼ぐことにした。かれらの意見が出揃うまでには、少なくとも一週間がかかるだろう。

ウェルズは、文言の修正は、「宣言案のその部分の価値を全くゼロにしてしまうものだ」と、反対した。基本的なところが暗礁に乗りかかっていた。もし合衆国とイギリスが合意できなければ、「かれらは問題を投げ出したと同じことで、現実の悲劇的状況を作り出した大きな要因の一つを……戦後の世界にもそのまま残してしまうことになるだろう」。

チャーチルはこの難しい問題を、自治領に投げ返した――ここには、いささか皮肉な問題がある。なぜなら、かれらの大変な戦争協力にかかわらず、かれは相互の利益になるような方策を齎してはいなかったからである。一つ、言っておきたいのは、オーストラリアの労働党選出の首相、ジョン・カーティンは、自国は、「連合王国との伝統的なつながりよりも」合衆国を頼りにする、と述べていた。第一次大戦時のガリポリでのオーストラリアの犠牲が心を痛ませる。チャーチルは、母国の防衛が必要なときに、また、遠い外地に軍隊を持って行こうとしているのだ。

夕食時に、ルーズベルトが、大規模な可能なかぎりの自由貿易が、平和の大前提だと述べたとき、再度、帝国主義論争が巻き起こった。[76]

頭を低くして、チャーチルはブランデーを断わり、ひじ掛け椅子からルーズベルトをじっと見つめていた。

「人為的な障壁は、やめよう」、とルーズベルトが発言した、と同席したエリオットは記録した。「特別待遇の経済協定はできるだけ、なしにしよう。拡大の機会を与えよう。市場は健全な競争をめざして開放されねばならない」。

「大英帝国の貿易協定は、ですね……」チャーチルが口をはさんだ。

「うん」大統領はさえぎった。「その帝国の協定が問題なのだ。インドとアフリカ、近東と極東の植民地がいつまで経っても遅れているのは、その故なのだ」。

チャーチルは紅潮して前のめりになった。英国を大国にしたその貿易は継続されねばならぬ、と宣言した。――エリオットの回想である――「英国の大臣が指示した条件に基づいて」。

「あのね、」大統領はゆっくりと口を開いた。「ウィンストンとわたしで、意見がちょっと違うみたいだね。平和がたしかなものになったら、後進国の発展を図らなければならない、とわたしは固く信じている。……十八世紀のやり方でやろうとしたって無理なんだよ……いまは……」。

「だれが十八世紀のやり方なんて言いました?」チャーチルが反論した。ホプキンスがにやっとした。

「二十世紀のやり方とは、そういった植民地に工業を持ち込むことなんだ」と、ルーズベルトは言った。「二十世紀のやり方とは、かれらの生活水準を上げる、教育をする、衛生を考える、それでかれらの所得を増やすことなんだ。――かれらの社会の財産である原料の報酬をたしかなものにすることなんだ」。

チャーチルはいまにも倒れそうに見えた。ルーズベルトは、ファシズムに対する戦いは、世界中の植民地から解放された人々と手を携えてやり遂げるのだ、と主張し続けた。

「フィリピンはどうします?」チャーチルは、アメリカの植民地のことで点を稼ごうと、質問した。ルーズベルトは、現地の教育と衛生の状況は改善されている、と答えた。

チャーチルは英帝国の貿易協定の尊重を訴えたが、ルーズベルトは、またもやそれは人為的だ、として取り合わなかった。

「それはわが帝国の偉大さの基盤です」、英国の指導者は不満だった。

「平和とはいかなる専制主義の継続を許すものではない」、ルーズベルトは切って捨てた。

「平和の構造は人々の平等を必要とし、実現する。人々の平等は、究極的な自由貿易競争を包含する」。

午前二時に終わった夕食後、寝室で最後のタバコをふかしながら、ルーズベルトはエリオットにこぼした。「本物の保守党だね、かれは。そう思うだろう？　本当の古い保守党員だ、むかし風の」。チャーチルとやって行けそうには思った。――「一緒にやって成果を挙げよう」。しかしかれはインドの将来について、もっと話をした。――「そしてビルマの、ジャワの、インドシナの、インドネシアの、アフリカの植民地全部の、エジプトとパレスチナの。もう全部の話をした。忘れてならないことが一つある。ウィニーは、人生で唯一つの崇高な使命を与えられた。かれは完璧な戦時の首相である。かれの一番大きな仕事は英国が戦争で生き残ることを見届けることなのだ……戦後の話はどんな話になっても、かれは話題を変えるのだ。かれの精神は、戦争指導者として完全なのだ。しかしウィンストン・チャーチルは戦後も英国を率いるのだろうか？　それはうまく行かないだろう」[*]。

＊　チャーチルは一度言っている。「戦争で上手に勝利をおさめるものは、講和は得手ではない。上手に講和ができるものは、戦いは得手ではない（ロンドン・チャーチル博物館）。

話し合いはチャーチルを苛立たせた。翌晩の夕食後、かれは立ち上がり、身振りをまじえて喋りながら、部屋を歩きまわった。ルーズベルトの正面で、ずんぐりした指をゆり動かした。「ミスター・プレジデント」、エリオットの回想録によれば、チャーチルが叫んだ。「あなたは大英帝国を解体しようとしている。戦後世界の構造についてのあなたの考え方のどれもこれも、それを示している。しかし、にもかかわらず、――にもかかわらず――あなただけがわれわれの希望の星であることはわかっている」。

「そして、われわれがそうわかっていることを、あなたも知っている」。かれは続けた。芝居のセリフのように声が落ちた。「アメリカなくして、帝国が持たないことをわれわれがわかっていることを、あなたは知っている」。

英国が自力ではやって行けぬことを認識して、チャーチルは外交的な解決をはかることにした。そのところ、貿易協定は「既存の責務に正当な配慮を払いつつ」締結される、という文言にしたらどうか、と提案した。これなら宣言の原則をそれほど弱めずに、かれ自身も納得が行く。ルーズベルトは、この言葉遣いを受け入れた。ハルはあまり愉快ではなかった。合衆国は、必要と思えば一方的でも良いから、もっと厳しい宣言をしても良い、とワシントンから警告をした。おどかしのタネは、レンドリースに条件をつけようと思えばつけられることにあった。チャーチルは引き延ばしを狙った。ロンドンの駐在大使は「国民の多くが……［参戦］が遅すぎる、と思い始めており」それが英国のマイナスの反作用を引き出しかねない危険を指摘した[77]。

ほかにも曖昧な箇所があった。「すべての人々の、その下で生活する政体の形を選択する権利」という表現である。チャーチルにすればこれはファシスト国家にあてはめるのであって、英帝国に適用されるものではない筈である。しかしアメリカ人たちは、これは植民地一般を意識した規定である、という解釈をしたようであった。

大統領は、英国の、福祉、労働条件の改善、経済成長に関する提言に喜んだ。しかしそれはチャーチルの考えではなかった。それは、プラセンシア湾から送られた憲章案を審議するため、ロンドン時間で午前三時に閣議を招集した、クレメント・アトリーから受け取ったメッセージだった。

チャーチルは、戦後世界のための「実効性ある国際機関」創設の約束を取りつけたいと思っていた。のちにルーズベルトは、国際連合を、かれの描く戦後世界構造のカギとして作ることとなったが、国際連盟の復活のようなものには合衆国内で反対が広がるので、自分は賛成しない、と言った。今度はチャーチルが何とかしなければならなかった。そこで、侵略の脅威となりそうな国を、武装解除する必要性に言及する箇所の文言を、「一般的安全保障の、広範な、かつ恒久的な制度が創設されるまで」とする提案をした[78]。

この点に、会談のもっとも濃密な議論が展開された。ウェルズとカドガンは、大西洋憲章として知られることになった文章に磨きをかけるために残された。――チャーチルは提出された最終稿に吟味を重ね、六カ所ほど、赤インクで文体を修正した[79]。

サミット最終会談は、八月十二日火曜日、〈オーガスタ〉で昼食会の形で行われ、チャーチル、ルーズベルト、ホプキンス、それに物資供給問題の権威となったビーヴァーブルックが出席した。九月に、英米合同ミッションがモスクワに派遣されるべきことが決まった。ビーヴァーブルックは、二人のリーダーのうちの一人になることになった。ホプキンスの健康状態は旅行には無理だったので、ハリマンが代わることになった。

昼食は終わった。二人の指導者は後甲板へ行き、別れの挨拶をした。二人の息子に支えられて、ルーズベルトはイギリスとアメリカの士官の列を、一人一人に握手をしながら歩いて行った。チャーチルも同じことをした。サインをした写真を交換し、たがいの手を握り締めた。〈オーガスタ〉の楽隊が「ゴッド・セーヴ・ザ・キング」を演奏するなかを、イギリスの一行は船側を下がり、ランチで、〈プリンス・オブ・ウェールズ〉に戻って行った。

米国駆逐艦の護衛をお供に、戦艦は、午後五時、灰色の空の下、霧雨のなかを出発した。楽隊は「オールド・ラング・サイン」を演奏していた。ルーズベルトは〈オーガスタ〉のデッキで見つめていた。海から、チャーチルはメッセージを送った。「神よ、大統領と合衆国の国民を護りたまえ」。答礼は、「諸兄の幸運を祈る」、であった。

帰り道、〈プリンス・オブ・ウェールズ〉は七十二隻からなる船団を通り抜けた。「煙突の林で、まるで街のようだった」、とカドガンは日記に書いた。貨物船は軍需物資と食糧を積んでいた。あるものは航空機をデッキにくくりつけていた。巨大な戦艦がスピードを出して追い抜くとき、乗組員が歓呼し、帽子を振った。チャーチルはうしろを振り向き、指を広げた。かれの最初のVサインの閃きだった。〈プリンス・オブ・ウェールズ〉が船団の先頭に出たとき、かれは、もう一度旋回してから追い抜くよう命令した。貨物船とタンカーの旗は、かれのVサインに答えてくれた。「嬉しい眺めだな」、チャーチルは一息ついた。(80)

サミットは、チャーチルとルーズベルトが、たがいに知り合うことが出来た機会として極めて貴重だった。相違点はあったが、うまは合った。大統領は従姉妹のマーガレット・サックリーに、会談は、「われわれが大事にしている物事にとって、非常に役に立った。国が認めてくれると良いが」と、手紙に書いた。民主党は宣言を歓迎した。『ニューヨーク・タイムズ』は、それが「さらなる宣言と行動で」継続されることが期待される、と書いた。最高裁判事のフェリックス・フランクフルターは、まさに歴史的出来事で、「よく考えられ、みごとに遂行された」と述べ、大統領のスピーチライター、ロバート・シャーウッドは、「共通の法の精神に基づく同盟」と評価した。

人生の終盤に向かって、ルーズベルトは、憲章を素晴らしい思想の結実と言及していた。起草の段階では、かれは、「イギリスは敗北しそうな状況だった。かれらには希望が必要だった、それでこれが出来たのだ」、と言った。しかし介入を望む主要閣僚たちからのプレッシャーにめげず、大統領は慎重姿勢に終始した。かれは、大西洋憲章を発表するとき、何らのコメントも加えないよう、報道官に指示した。幕僚長たちは、陸軍六百万、大西洋、太平洋を支配する海軍、空軍力五万機、の計画を練り上げ、実行を迫っていたが、下院が一票差で議案を更改したときの議会の空気は陰鬱で、警戒すべき状況であった。[81]

会談は、「意見の交換、それだけだ」と大統領はワシントンに戻って記者団に説明した。アメリカは戦争に一歩近づいたのですか？　かれらが聞いた。ノー、が答だった。この二年間、ヨーロッパで起こったことを無視して、ほがらかに、かれは、宣戦布告なんて時代遅れだよ、と付け加えた。サミットが終わるとき、東京を警告することにやっと同意したが、文章にはしなかった。手加減されたものが、日本の大使に伝えられただけだった、――口頭で。[82]

いつもどおり、大統領は世論に足並みを揃えていた。大西洋憲章には、世論調査の強い支持が集まっているものの、ギャラップの調査では、六八％が、いかなる状況であってもアメリカは戦争を回避するべきである、と考えていた。共和党の大立者、ロバート・タフトは、かりに英国が崩壊したとしても、「われわれの生命が欧州大戦に巻き込まれること」よりも、ましである、と述べた。[83]

チャーチルは、無論、サミットで、出来るだけのことをやり遂げた。かれは、サミットを「……世界中の英語国民を動かし、決定的瞬間に一つにまとめる深く根づいた連帯感」を表わすもので、「ヨーロッパ全土と、アジアの広い範囲に残忍な魔力を振るう、……悪の力に対して、世界の善の力を結集させるものだ」と賞賛した。[84]

「悪」の側だが、ヒトラーには影響を与えていなかった。プラセンシア湾の一週間後、かれはムソリーニと会談をしたが、サミットは、重要性なしとして片づけた。チャーチルについても、公衆に対する個人的な評判が上がってきたというわけではなかった。かれは少々新たな約束を獲得した。イギリス輸送船団が、アメリカ海軍に護衛してもらうといったことで、三百マイル〔約四八〇キロ〕離れてはいても、Uボートを撃沈しても良い、という命令付きだった。ワシントンのことを、宣戦布告なくして戦争をしている、と言っても良さそうだった。しかし、かれは一つ教えられた。「大統領は、その暖かい心と善意にかかわらず、支持者の多くからは、世論を導くとか、形成するとかではなく、世論にしたがって動いている、と思われているのだよ」、と、息子のランドルフ・チャーチルに語った。

八月二十九日付の、ホプキンスあてロンドン発の電信で、チャーチルは、「戦争への不介入と距離を置く方針などに関する、大統領のあまたの確約の及ぼす、当地の内閣その他しかるべき筋に与える落胆の波」について記し、「……一九四二年がロシアの瓦解で開け、イギリスが再び孤立するのであれば、あらゆる種類の危険が現われるだろう。……あなたがたが、何か大きな希望を与えてくれれば、大いに感謝するのであるが」、と書いた。[85]

ホプキンスは大統領にこのメッセージを見せた。そして警告した。もしイギリスがアメリカは戦争に参加しない、と結論づけたら、「それは戦争遂行の決定的な変わり目になる。英国の宥和主義者たちが、チャーチルに何らかの影響を及ぼす可能性がある」と。しかし、プラセンシア湾のあと、ワシントンを訪問したビーヴァーブルックは、「アメリカは自国領土が直接攻撃されないかぎり、参戦するというこれっぽちの可能性もない」と言い切った。この新聞界の大物は懸念した、これは、イギリスとソ連が負けるまでは起きないことなのだ。第一回トップ会談をやった、そしてそれは済んだ。しかし完全な同盟関係は、すり抜けて行ってしまったのだ。[86]

3 アンクル・ジョー

モスクワ 一九四一年九月

「そこには、まだまだ長く困難な道程《みちのり》があった」
ルーズベルトとチャーチル

プラセンシア湾サミットの三日後、アメリカとイギリスの大使は、本国の各々のリーダーからのメッセージをスターリンに伝えた。その内容は、ドイツを打ち負かすために「ソビエト連邦の勇敢かつ着実な抵抗」が、いかに決定的なものであるかを、はっきりと認識している、というものであった。「真の意味での最大規模の物資」が供給される——七隻からなる輸送船団が、アルハンゲリスクに向けてアイスランドを出発しようとしていた。これをどのようにルーズベルトが重大視しているかを示すために、かれはホプキンスをソ連向け援助の担当に任命した。しかし注意すべきことがあった。メッセージには、物資がどのように配分されるかが重要です、と書かれていた。東部戦線へ送られた銃砲は、米英軍のものより、もう一つ性能の低いものだった。

物資の有効な配分をはかるため、ルーズベルトとチャーチルは、すでに議論をしたとおり、モスクワへ合同使節団を送ることにした。そのあと、三人のリーダーは、「われわれの努力と犠牲が無駄にならぬための勝利……そこに至るまでには、まだまだ長く困難な道程《みちのり》があるが故に」いっしょになって政策を考えて行かねばならない(1)。

物資援助に謝意を表して、スターリンは大使たちに、遅滞なく三国会談を行う用意がある旨を伝えた。かれはまぎれもなく、得られるあらゆる援助を必要としていた。赤軍は六十五万の犠牲を払ったあと、ウクライナの首都キエフを明け渡そうとしていた。レニングラードは包囲されていた。もう一つのスモレンスクの大敗北では、三十万の人員と三千台の戦車を失った。モスクワ攻撃は準備段階にあった。多くの西側観測者は、ソビエトの崩壊はここ数週間の問題とみていた。それは、一九一七年の瓦解、一九〇五年の日本に対する敗戦、そしてクリミア戦争にまで遡る一連の敗北の歴史の最終段階のものとなる。そして一九三九年から四〇年のフィンランド戦争で、赤軍は人数においてはるかに劣るフィンランド人と極めて不首尾に戦ったのである。

チャーチルがロシアに供与したものは、一冬がやっとしのげるかどうか、といった程度のものであったが、ソビエトが生き残ることは、ワシントン、ロンドン双方にとって致命的に重要なことであった。これは政体上、思想上の相異がどうあろうと、やらねばならぬすべてをやることを意味している。アメリカの幕僚長たちは、ヒトラーの心臓部を陸上から攻略するにあたって、「ロシアだけが、ドイツの国力の中枢に近い絶好の位置におり、充分な兵力を有している」と、結論づけた。ルーズベルトは国防長官に、「アメリカの安全保障のためには」ソ連に武器を送ることが重要である、と語った。別の表現を使えば、ソ連は、英国よりも役に立つ存在になり得る——持ちこたえられる限りは——ということである。それとは別に、ルーズベルトは、ソ連が革命のカーテンから抜け出てきて、戦後世界のパートナーになれるのではないか、とも考えに入れていた[2]。

ルーズベルトが新しい仲間としてソ連を抱き込む狙いは、もしスターリンが持ちこたえれば、チャーチルの、アメリカを戦争に引き入れるという目標の実現をもう少し遅らせることができるのではないか、という観測にあった。そして英国にとっても、ソビエトが生き残ることは、ドイツの矛先を西部戦線から逸らせるという意味で、死活の問題であった。ロンドンとモスクワは、相互の協力、および相互の承認なく、ベルリンと休戦または和平の交渉または締約を行わないとする条約を締結した。これはチャーチルが共産主義者に対する考え方を改めたわけではない。この条約を署名した翌日、チャーチルは、共産主義者を人間性と無関係な野蛮人、と形容した。しかしかれは、自らが嫌悪する信条と、自らが必要とする同盟とを区別することができた。かれはこう書いている。ヒトラーが地獄を侵略するとすれば、かれは、「下院議員の悪魔に好印象を与える」自分を見出すことだろう、と[3]。

協力関係が実際上うまく行っていたわけではない。ロンドンへ赴いたソ連の軍事代表団は、独りよがりで荒っぽい行動を取った。――ディルはかれらを「豚の屠殺人のようだ」と形容した。モスクワの英国軍事使節団は冷遇された[4]。

チャーチルにとって、モスクワが一九三九年にヒトラーと条約を結んだこと、あるいは、赤軍が東側からポーランドに侵入したこと、フィンランドを攻撃したこと、ナチスが西欧を攻略したとき横に座ったままだったこと――一九四〇年、モロトフがベルリンを訪問したとき、英帝国をドイツと切り分けようと持ちかけたこと、などを忘れ去ることは難しかった。スターリンは、チャーチルが首相就任直後に送った協力をよびかけるメッセージを無視した。独裁者は、ときを置かずその新展開をヒトラーに通知していた。国防軍はロシア国内を怒濤のように前進していたので、チャーチルは再度の独ソ締約の悪夢におののいた。これは憶測であるが、スターリンは秘密警察の長官、ラヴレンティ・ベリヤに、二度にわたってベルリンに対して、講和条件を探るよう間接的に働きかけることを指示していたようだ。しかしヒトラーは和平に関心を持っていなかったのである。

首相にとって、一九三九年から四一年にかけての記憶は、クレムリンからの度重なる、西部戦線が存在せぬからヒトラーが東に兵力を動かすことができるのだ、という非難によって一層苦々しいものとなった。チャーチルは、北アフリカと近東における英軍の存在が少なからぬナチスの軍隊を引きつけている、と主張することができた。しかし、これはクレムリンに対し何の役にも立たなかった。スターリンの欲するものは、バルカンか、フランスへの攻撃であり、ここ数週間以内での三万トンのアルミニュームであり、最低、月間四百機の航空機と五百台の戦車であった。「これら二つの形の支援がなければ」とスターリンは警告した、「ソビエト連邦は負けてしまうか、体力が弱まって、実際の作戦に対して長期の支援ができなくなる」(5)。

マイスキーがこのメッセージを手渡したとき、チャーチルは鋭く反応した。「思い起こしてください。たった四カ月前まで、この島に住むわれわれは、あなたがたがドイツの側に立ってわれわれに敵対するのかどうか、わからなかったのですよ」と伝えた。「何事が起ころうと……あなたがた、お国のみなさんは、われわれに文句をいう資格がありませんよ」。モスクワの英国大使、スタフォード・クリップスへの書信のなかで、イギリスが侵略されたとしても、スターリンは、「全く無関心であるに違いない」と書いた。「多少なりとも、心の底に罪悪感か自責の念があれば、われわれのことを気にしてくれても良いわけだ」と、補足した。[6]

閣僚のなかには西部戦線で戦端を開くことに賛成のものもいたが、首相はやる気がなさそうだった。かれはスターリンに、フランスでも、バルカンでも、イギリスの攻勢には機が熟さない、と伝えた。「どんなに善意であっても、犠牲の多い失敗につながる行動は、ヒトラー以外の何者の利益にもならない」――アメリカ人相手でも、クレムリン相手でも、繰り返される議論のあとで、かれはこう付言するのであった。ジョージア人《スターリン》の答は、もし西部で攻撃するつもりがないのであれば、イギリスは、二十五から三十個師団をアルハンゲリスクか、ソ連南方に派遣するべきである、というものだった。――ロンドンはこの考えを「物理的にばかげている」、と扱った。*

* チャーチルの妻は、このロシアの援助要請を八百万ポンドと見積もった。

第二戦線問題は、その後三年間、何回も議論されたテーマで、スターリンは、フランス上陸に踏み切らない米英の怠慢を繰り返しなじった。しかし、かれが一九四二年、または一九四三年に、その作戦を本当に望んでいたかについては疑問なしとしない。西側同盟には兵員と上陸用舟艇が不足していた。そしてヒトラーは、依然海峡の向こう側で優勢な兵力を保持していた。「最初からわたしは、かれらがそれをできるとは思っていなかった」。モロトフはその死の間近、インタビューアーに語った。

「それはかれらにとって全く不可能な作戦だった。……スターリンにしても、それができないことがわかっていたことは間違いない」。テヘランの巨頭会談で、スターリンは、北フランスへ上陸する、という脅かしだけで、ドイツ軍二十五個師団を釘付けにできる、という点を認めてはいた。しかし、とモロトフは付言した。「われわれの要求は政治的に必要だったのだ。われわれは、あらゆる種類の物資のために圧力をかけていたのだ」。それは、西側同盟国が東部戦線に必要物資を供給し続けることで、相殺する、という、本気にはさせない政治的道具として、有益すぎるほど有益だったのである。(7)

イギリスにとっての危険は、必要物資のアメリカへの徹底的な依存と、国内生産への圧迫だった。九月十九日、軍関係閣僚と幕僚長たちが、率直な意見交換のためダウニング街に集まった。チャーチルは、東部戦線の重要性は、公正な援助となって表われる、と述べた。かれはすでにスターリンに、アメリカのトマホーク、二百機に加えて、ハリケーン戦闘機二百四十を提供する話をしていた。

軍部がこの数量を制限しようとしたとき、チャーチルは椅子のなかで背をまるめ、思いきり顔をしかめて、テーブル越しに頭を低く沈めた。しかし、夕食のため休憩となったとき、かれは少し機嫌を直していた。キューバの大統領から贈られた大きな葉巻の飾り函を見せびらかせながら、かれは、それを通関するときの苦労話をした。毒があるから気をつけなさい、と言いながら、出席者の一人一人に葉巻を配った。火をつけて、全員、閣議室に戻った。三十分ほどですべてが終わった。(8)

とはいえ、その三日後、チャーチルはルーズベルトあてに、「ロシアに対し不義理をしなければならないことばかりで、わたしは憂鬱です」と書いた手紙を出した。ソ連が戦争に巻き込まれてから一年以上経っても、「ロシアは救いの神というよりも、重荷となってわれわれの心にのしかかっている」と、かれが回顧録に書くような状況だった。軍の連中は、物資を、「一枚一枚、剥ぎ取るように」持って行ってしまう、とかれは想起している。(9)

スターリンへの使節として二人の男が選ばれた。およそ共産主義とは無縁な人選だった。いつもぶつぶつ言う、小人のようなビーヴァーブルックは、もともとマックス・エトキンという名で、英本国に移る前、生まれたカナダで一財産を築いた。『デイリー』と『サンデー・エクスプレス』のオーナーとなり、政界における枢要な地位を狙った。その政治的野望と豪奢な生活で知られていたが、この六十二歳の航空機生産の責任者たる大臣は、大英帝国の熱烈な賛美者であり、自らの新聞を「利益度外視のプロパガンダ」として利用しているのだ、と公言していた。

ビーヴァーブルックは仲間には評判が悪かった。妻のクレメンタインは、この夫の旧友を嫌っていたが、一九四二年、夫に書いた手紙に、ビーヴァーブルックのことを、「血液に入り込む細菌のように――この飲ん兵衛に空気が汚されていないか、あとで魔よけをしなければ、という具合に」毛嫌いされている、と書き綴った。しかしチャーチルは、一九四〇年の戦闘機生産のすさまじさに見るかれの仕事を、バトル・オブ・ブリテンの勝利の決定要因と見ていた。主治医の言によれば、何事も、「かれの才能に対する首相の信頼を覆すことは」できなかったのである。ビーヴァーブルックに持たせたスターリンあての手紙のなかで、チャーチルは、このカナダ人を「わたしの最も古く、親密な友人の一人」と書いた。(10)

いっしょに旅をすることになったもう一人は、同じくらいに金持ちだったが、金繰りは厳しい状況に置かれていた。五十歳になって六週間後、アヴェレル・ハリマンは、一億ドルにのぼる父親のユニオン・パシフィック鉄道の財産を相続した。ホプキンスの子分になる前は、ウォールストリートの名士であった。一九四一年の春、かれは大使館を素通りして武器貸与《レンドリース》問題を協議するためロンドンに派遣された。スターリンあての手紙で、チャーチルはかれのことを「優秀なアメリカ人、われわれの共通目的である勝利に対し、すべてを捧げる人物」と呼んだ(11)。

このアメリカ人には、あまり知られていない、チャーチルとの個人的つながりがある。ハリマンは、チャーチルの酒飲みで借金漬けの息子、ランドルフの妻と交際していた。魅力的な、とび色の髪をもつパメラは、一九三九年の十月にランドルフと結婚し、一年後男児を産んだ。六カ月後、フレッド・アステアの姉、アデーレを主賓としたドーチェスター・ホテルでの晩餐会のあと空襲があって、そのときパメラとハリマンは、はじめて一緒に寝た。そのとき彼女は二十一歳で、そのすぐあとロンドンにやってきたハリマンの娘より二歳若かった。パメラは、この優男のアメリカ人を「漆黒の髪が素晴らしく……とてもスポーツマンで、とても日焼けしていて、とても健康的」と思い返している。ほかには、中年で、やや猫背、物悲しい茶色の眼、しわくちゃのスーツを着ていて、大きく笑うとき以外は痩せた請負人という感じ、としているものもいた。ソビエト外交官、マキシム・リトヴィノフは、一億ドルの男が何であんなに悲しそうに見えるのかね、と質問を発していた＊(12)。

＊　かれらは三十年後に結婚した。ハリマンが一九八六年死去したのち、彼女は米国のフランス大使と

なった。彼女の恋人には、アリ・カーン、フィアットのジアンニ・アネルリ、放送キャスターのエド・マーロウ、その上司であるCBSのビル・ペイリーがいる。

チャーチルの陸軍補佐官、ヘイスティングス・「パグ」・イズメイ将軍も同行する援助使節団は、二本煙突の巡洋艦〈ロンドン〉に乗り、北極海のアルハンゲリスクに向けて出航した。ドイツ軍の注意を惹かないよう、今回は護衛艦なしだった。一行は一千ポンドの荷物を積み込んだ、外務省は、石鹸を持って行くことをすすめた。チャーチルの壮行の言葉は、かれらは「世界の希望」を携える、というものだった。かれはビーヴァーブルックに、「わが国の情報の特別な源泉」を知らせぬよう注意した——ドイツの軍事情報を傍受するウルトラのことである。(13)

アルハンゲリスクから五時間の飛行ののち、一行は、モスクワのナショナル・ホテルのビーヴァーブルックの部屋に集まった。仕掛けられていると思われる盗聴器を出し抜くためラジオのボリュームを目一杯上げ、話をするときには、フォークでワイングラスを叩きながら、ほとんど読唇術を使うように声を落として会話した。(14)

九月二十八日の夜、ハリマンとビーヴァーブルックは、灯火管制下の街を、第一回の三大国ハイレベル協議のため車を走らせた。同席したのは二人の大使、スタフォード・クリップスとアメリカのローレンス・スタインハートだった。クレムリンの外側には、巨大な覆いがカムフラージュとして張り巡らされていた。重い門扉を開ける前、警護兵が車のなかを照らした。訪問者たちはスターリンの部屋に案内された。レーニン、マルクス、エンゲルスの肖像が睨んでいた。二十人は座れるような巨大なテーブルがあった。[15]

斑紋のある褐色の軍服に身を包んで、この館の主人は礼儀正しいが、打ち解けない挨拶をした。傍らにモロトフが立っていた。通訳のリトヴィノフが入って来た――その安っぽい外見に全員が面喰らった。心配されるほどコスモポリタンである元外務大臣は、英国女性を妻としており、粛清に生き残っていることは幸運とすべきであった。

大使たちは席を外させられた。ホプキンスはハリマンに、スタインハートはスターリンに嫌われている、と注意していた。かれは、ワシントンのソ連に対する楽観論に対し、いささか現実的な話を持ち込んだ最初の大使であったが、ソ連はドイツに屈服するだろう、という信念で、ホワイトハウスと歩調が合わなかった。ビーヴァーブルックは、先入観なしで話を始めるため、クリップスがいないことを望んだ。かれは、高慢で、独りよがりな、左翼的な人間がいると居心地が悪かったのだ。――スターリンも、酒をあまり飲まないか、全然飲まない人間には警戒心を持っていた。

スターリンは、月間千四百の戦車が必要であるが、五百で手を打とう、と言った。かれは、スピットファイア、対戦車砲、装甲車や有刺鉄線を欲しがった。話しながら、かれは来客よりもリトヴィノフの方を見ていた。通訳されている間、かれはナプキンに狼のスケッチを書いていた。[16]

スターリンは、英国がウクライナに派兵しないかと打診してきた。ビーヴァーブルックは、イランの英軍をコーカサスに転進できよう、と言った。「コーカサスでは戦争をしていない」と、スターリンは答えた。「戦争しているのは、ウクライナなのだ」。訪問者が帰ったのは真夜中をまわってからだった。最初の接触は「大成功」と感じられた。ビーヴァーブルックは、ロシア行きとなることになる戦車を製作している故郷《くに》の工場あてに元気の良いメッセージを送った。「きみたちみんな、きみたちのやったことが大騒ぎになった。目を開かせた、それでうまく行ったよ」[17]。

二回目の会談で一行がクレムリンに戻ったとき、スターリンは、血色が悪く、疲労、憔悴していた。ドイツの新たな大攻勢のニュースで極度に緊張し、荒々しく、無愛想な様子であった。部屋のなかを歩きまわり、タバコを間断なく吸い続けた。三回中断して電話を取り、ダイヤルを回した。多分最新の前線の様子を知るためだったのだろう。ビーヴァーブルックがチャーチルの書簡を手渡したとき、かれは封筒を裂いてなかみを取り出し、一瞥もせず、傍らに放り出した。モロトフがそのことを注意すると、かれは紙をもとの封筒に入れなおして事務員に渡した。

「援助の提供が少ないということは、きみたちがソ連の負けを期待している、ということだ」と、かれは言った。ハリマンはすっかり失望した。ビーヴァーブルックは自分の政治的失敗の結果を懸念した。ベルリン放送は、会談が物別れに終わった、と報じた[18]。

疲労困憊していたものの、スターリンは来客からできるだけのものを引き出そうとしていたようだった。その甲斐はあった。会談内容の報告を受けて、ルーズベルトはハリマンに、戦車の提供増加をＯＫする、という「極秘」の電報を打った[19]。

第三回の会談では、スターリンは、友好的ないつもの様子を取り戻していた。ロシアが希望する七十品目の検討は、「事務的に」進行した、とハリマンは回想している。ビーヴァーブルックが、これでご満足ですか、と訊ねたとき、スターリンはパイプをぷっと一吹きし、笑顔でうなずいた。椅子から跳び上がってリトヴィノフが叫んだ、「これで戦争に勝てるぞ！」[20]。

ソ連には、一カ月に、航空機二百、戦車二百五十、一千台のトラック提供が約束された。それに、三億四千万ドルにのぼる、鉄鋼、装甲用アルミ板、有刺鉄線、真鍮、銅管、シリコン鉄、硬合金、切削材、錫板、研磨材、電話機器、電線、ジープ、毛織布、小麦、砂糖及び千五百万ドル相当の医薬品が加わった。「これらの物資で毎日が大変になる」と、ハリマンはワシントンに伝えた[21]。

良い空気をとらえて、かれはスターリンに、ルーズベルトに直接手紙を書いて、個人的な関係を発展されてはいかが、と勧めた。ジョージア人は、喜んでそうする、と答えた。

ビーヴァーブルックは、チャーチルをモスクワに招待することを示唆した。

「かれは来るかね?」、スターリンは質問した。

「あなたが仰れば、来るでしょう」、とカナダ人が答えた[22]。

会談は、この上ない和やかさで終了した、とハリマンは記録している。ビーヴァーブルックも、「完璧な幸せの光景……雨のち快晴」と書いた。大使たちについては面白おかしい人物評すら交わされた。ハリマンは、ワシントンのソ連大使、コンスタンチン・アウマンスキーについて、「おしゃべりで、首都のまわりの雰囲気を、善意が過ぎていらいらさせる」と言った。クリップスについてビーヴァーブルックは、退屈であるほかは、非の打ちどころがない、と述べた。「そこのところ、マイスキーと同じかな？」、スターリンが聞いた。「いいえ、マイスキー夫人については」と、答が返ってきた。――大使の妻は、押しつけがましい話し方で有名だった。スターリンは冗談を楽しんだ。(23)

ハリマンは、ソビエトの指導者は革命家ではなく、ナショナリストだという印象を持った。また、援助と個人的関係が政府同士の不信を払拭するものと考えた。ビーヴァーブルックはスターリンを「情深」く、「信頼のおける友人」である、と記述した。(24)

しかし、並行した軍事協議は膠着していた。ロシア人たちは秘密を守り、ほとんど情報を与えなかった。西側が、ソビエトの師団が対戦車砲を何基保有しているかを訊ねたとき、「それはどういう師団かによる」という答が返ってきた。たとえば歩兵師団で、と続けたら、「どこで戦わねばならないかによる」という答だった。イズメイは、スターリンに、欲しいものだけ取って何も出さないなら、ヒトラーの思いのままにされてしまいますよ、と伝えるべきだと思った。しかし、ワシントンとロンドンは、対決を避けた。(25)

会談の合間に一行はアメリカ大使館でのジプシー音楽のパーティーに出たり、ボリショイ劇場で〈白鳥の湖〉を鑑賞した。二カ月前のホプキンスのときと同じく、ドイツの空襲で、かれらは華麗に飾り立てられた地下鉄の防空壕に避難させられた。ホテルの食事が振舞われ、トランプで遊んだ。ビーヴァーブルックは、ジン・ラミーで大勝した。(26)

最後の夜、かれらはクレムリンのエカテリーナの間に招かれた。緑色の絹の壁紙に、椅子には女帝の頭文字の文様があった。スターリンが、柔らかい皮の長靴を履き、だぶだぶのズボン、身体をはみ出させるような軍服を着て現れた。イズメイは、かれを「エサを探す野獣……刺すような狡猾な眼」とたとえた。[27]

外では高射砲が響いていたが、晩餐の席でビーヴァーブルックとハリマンの間に座り、かれは上機嫌に、ドイツとの条約は、イギリスが反ナチス連合に入ってくれなかったので最後の手段としてやむを得ず締約したのだ、と弁解した。ポーランドの占領は、ドイツ国防軍とできるだけ距離を置くため必要だったのだ、と話した。危険な場所はウクライナだ、とかれは認めた。そこにはソ連体制に対する底深い敵対心がある。第二戦線の話題をまた取り上げ、スターリンは長年繰り返している皮肉で、ビーヴァーブルックを挑発した。「戦わない軍隊を持つにはどうしたら良いのかね?」、とかれは質問した。ハリマンは、「最高に失礼」な質問であると思ったが、取り合わないほうが良いと感じた。[28]

晩餐メニューは、オードブル、キャビア、スープ、魚、養殖豚、チキン、野鳥、アイスクリーム、ケーキと南部から取り寄せた果物、そしてそれらを流し込む赤、白のワインだった。シャンペンはデザートと一緒に出され、アルメニアのブランデーがそれに続いた。ナイフでキャビアを少しずつ取りながら、スターリンは健啖だった。強いウォッカによる乾杯が三十二回繰り返された。しかし、主人はワインを好んでいた。シャンペンのボトルが目の前に置かれると、かれはコップをかぶせて泡が出るのを防いだ。食後、映画が二つ上映され、またシャンペンが出された。独裁者は、来客を午前一時に送り出した。翌日、かれらが飛び去るとき、モスクワから南西二百マイルの街、オレルの赤軍をドイツ軍が包囲していた。「ソビエト・ロシアがいかなる軍事目的を遂行しようと」と、ナチ報道部長のオットー・ディートリッヒは宣言した。「英国の夢である二戦線の戦いは消えた」(29)。

しかし、ビーヴァーブルックとハリマンが、チェカーズに報告に赴いたとき、チャーチルは、スターリンの戦いへの不動の決意を改めて感じたようだった。かれはクレムリンに電信を打ち、定期的にアルハンゲリスクに貨物船団を送ることを約束した。第一弾は、百六十の重戦車、二百九十の戦闘機、それに二百五十の大砲と弾薬だった。かれはメッセージを、ラテン語の章句で始めた。「〈Bis dat qui cito dat〉」(時宜を得た手助けは、二倍の手助け)。それでもまだ、スターリンの希望と、西側の提供できるものとの間にはギャップがあった。十月半ばの、爆撃機百機、戦闘機百機、軽戦車九十四、中型戦車七の船積みは、ハリマン=ビーヴァーブルック使節団の約束したものにはるかに及ばなかった。ルーズベルトは、ソ連の防衛はアメリカの防衛に死活の問題であり、レンドリースが認められてしかるべきである、と宣言することを決めていたが、船積みの遅延には苛立っていた。あるメモの一番下に、「急げ、急げ、急げ!」と殴り書きをしていた。スターリンに、「わたしたちは、あなたの戦場にこれら物資をお届けできるよう、あらゆる努力を傾けています」と、書いた*(30)。

＊ ドイツのUボートと、ノルウェーの基地からの飛行機の脅威を、夏は白夜のなかを、冬は途轍もない寒さのなかで受けながら、一九四一年の終わりまでに、百隻以上の船舶が北極海ルートを通って物資を運んだ。

ロシアのドル準備を強化するため、ルーズベルトは、三千万ドル相当のソビエトの金を購入する許可を与え、続いて無利息の十億ドルの借款を供与した。返済は、終戦後五年目から、という条件であった。物資供与の専門家が、大使としてはもう一つ信用のおけないスタインハートの交代として任命された。——ルーズベルトの古い友人、ウィリアム・スタンドリー海軍少将である。

大統領はモスクワに対するアメリカ人の反対意見を、まだまだ片づけなければならなかった。ホプキンスはチャーチルに書いた手紙のなかで、「こちらには、ロシアを助けるつもりのない、またその戦線の戦略的重要性に全く気がつかない鈍重な頭の持ち主が驚くほど大勢おります」と述べた。上院議員のハリー・トルーマンは、妻に、ソビエト人は、「ヒトラーやアル・カポネと同じくらい信用できない」と書いた。——かれはアメリカは、ドイツが勝ちそうならロシアを助け、ロシアが勝ちそうならドイツを助けるべきだと考えていた。そうすれば、かれらに「殺せるだけ殺させる」ことができる。無神論の共産主義に敵意を持つカソリックに対しては、ルーズベルトはローマ法王に使節を送り、ソ連に対するより宥和的な姿勢を要請した。ヴァチカンは、国家としてのロシアと、共産主義の区別を許容する教義上の声明を出して、いささかこの要望にこたえた。(31)

一方スターリンは、評判の悪いアウマンスキーに代えて、リトヴィノフを合衆国大使として派遣することにした。しかし、かれがワシントンとの円滑な関係に気を遣っていたとしても、イギリスにはあまりウェイトを置いていなかったので、チャーチルとはもう少し厳しいゲームをすることになりそうだった。ロシア攻撃に参加した、フィンランド、ルーマニア、そしてハンガリーに対する宣戦布告について、イギリス中の反対分子の不満が高まった。スターリンは、英国の新聞のすっぱ抜きに対して「我慢できない」と言い、「ロンドンの狙いは、ソ連と英国の連帯の欠如の誇示にあるのか」、と質問した。チャーチルが、わたしはイギリスの軍事情報を、クレムリンに「あなたが、あなたがたのことを教えてくれる以上には」洩らすつもりはない、と答えたとき、かれが「冷え冷えとした」と表現した返事が戻ってきた。マイスキーはダウニング街に持って行く前に、自分でメッセージを翻訳した。かれはアンソニー・イーデンが同席するのかを確認した。メッセージを手渡しながら、大使は首相に、「できるだけ冷静に」それを扱ってくれるよう要請した。[32]

スターリンのメッセージは、次の二点の欠陥により〔ソ英の連帯は〕透明性を欠くと非難するものだった。

(a) 戦争目的と戦後平和の計画について、われわれ二国の間には明確な了解はない。

(b) 欧州におけるヒトラーに対し、ソ連と英国の間に相互軍事援助に関する協定はない。

これら二点において合意なきかぎり、英ソ関係に透明性があるとはいえない。なお、あえて率直にいえば、現状が継続するかぎり、相互の信頼関係の確保は困難と言わざるを得ない。[33]

チャーチルが、ロシア語のできるインド、イラク、イラン方面司令官、ウェイヴェル将軍と、その副官、パジェット将軍をモスクワに派遣する提案をしたとき、スターリンは、自分が概括した二点の基本的問題を討議するのでなければ、時間の無駄なので会う必要はない、と言った。

この話が伝わったとき、チャーチルは椅子から跳び上がり、マイスキーの言葉を借りれば「極度の興奮状態で」、部屋のなかを歩き回った。

「何だって！」チャーチルは怒鳴った。「わたしはスターリンに最適の人間を送るのだ。それを断わるなど。わたしは出来るだけのことをして、かれの要望に沿うようにしている。それをこんな手紙で返事するなんて。スターリンがどうして欲しいのかわからなくなってきた。関係を悪くしたいのかね？　ご破算をご希望かね？　そんなことしてだれが得するんだ？　ほら、いまドイツ軍がモスクワの入り口に来ているんだよ、レニングラードは包囲されているんだよ！」。座りなおして、かれは重々しく呟いた。「それを考えないとね」。

ビーヴァーブルックはソ連大使館に行った。和解をはからねばならなかった。大事なことは、チャーチルに怒りの返事をさせないことだった、とかれは述懐している。

マイスキーはモスクワに何か言うべきだった、スターリンが機嫌を直していたからだ。大使はイーデンに、スターリンのメッセージは、単にビジネスライクにしようとしただけのものだった、と伝えた。チャーチルを怒らせようと思ったわけではない。

冷静になって、チャーチルは返電した。冒頭、かれはルーズベルトに送った個人的な文章を引用し、自分の唯一の望みは、「あなたと全く同じ友情と信頼を以て仕事をして行くことです」と、付け加えた。かれは、フィンランドに戦闘をやめさせるよう努力している、と言った。ヘルシンキから前向きの回答がなかったので、その二週間後、イギリスは、ルーマニア、ハンガリーと同時に宣戦布告をした。(34)

戦後処理について、チャーチルはアメリカの感触をよく承知していたが、単に、ドイツの敗戦後、三同盟国の会議が必要だろう、と述べるにとどまった。その第一の目的は、ドイツがまたもや戦争に走ることをとどめることだった。それ以上のことは、かれは言わなかったが、政体の相違は、「われわれが、相互安全保障と正しい国益のための最良の計画を樹立することの妨げにはならない」と、付言した。

英国外務省は、戦争で非常に弱体化したソ連が、ワシントンとロンドンの仕切る戦後平和の構造から排除されることを、むかしながらの反ボルシェヴィキ勢力が望んでいるのではないか、とスターリンが疑っている、と考えていた。ドイツとイギリスの戦いが泥沼状態になっていることは、自らの体制に有利である、とスターリンが見ている、と考える以上に論理的なことがあろうか？　空気を打開するため、チャーチルはイーデンをモスクワに赴かせることを提案した。スターリンは同意した。

ソ連の早業に翻弄されながら、チャーチルは、プラセンシア湾は、お粗末な結果しか生んでいないことに気づかされた。かれは、中立法が再修正されて、アメリカの商船を武装することが認められたことを喜んだ。しかし、肝心の議会に参戦を諮ることについて、ルーズベルトは相変わらず逃げ回っていた。チャーチルの主治医、チャールズ・ウィルソンは、散歩しているかれの姿を見て驚いてしまった。「頭を前に突き出し、地面を睨みつけている、陰鬱な面持ちだが決然としている。歯の間に何かを噛んでいて逃すまいとするように、顎を引き締めている」。自分の患者がいつまでこんな様子でいるのか、かれは日記のなかで疑問を呈していた。[35]
ドイツ潜水艦がアメリカ海軍船舶を攻撃し、そのうちの一つは百十五名の乗組員を失ったが、ルーズベルトは、自分のレトリックに一つ追加しただけだった。ヒトラーめ、あの「がらがら蛇」と。こんな言い方は的を射る前に砕けてしまうだろう。大統領は、スピーチライターのロバート・シャーウッドを「手品のタネ切れ。あんなに一杯ウサギを出した帽子が空になった」と、批評した。ムソリーニは外務大臣のチアノ伯爵に注釈した。「ルーズベルトは噛みつくことが出来ないので、吠えてばかりいるんだってことがはっきりしたね[36]」。
チャーチルは、日本のさらなる進出に警告する「単純な宣言」を要求したものの、ルーズベルトとハルは、石油禁輸などの経済制裁以上のことはやろうとせず、東京との回りくどい交渉に明け暮れていた。ロンドンの懸念は、アメリカが傍観しているなかで、日本とアジアで戦わなければならなくなる事態に出会うことだった。ワシントンでは、ホプキンスが、ただ「覚書を出しました。話し合いをしました」というだけの印象を与えないか、と警告していた。[37]
十一月二十日頃になって、ルーズベルトはハルに、鉛筆でメモを書き、もし東京がこれ以上の海外派兵をしないと約束し、アメリカを攻撃しないことに同意すれば、石油禁輸の部分的解除を含む交渉を再開したらどうか、と提案した。中国についてのルーズベルトの提案は、「合衆国は日本と中国の話し合いを斡旋する。ただし、その会話のなかには合衆国は入らない」というものだった。これはミュンヘンにおける英国とフランスによるチェコスロバキアの放棄に等しい、国家主義の体制放置を意味するようなものだった。しかし、この案は当初アメリカの軍部の計画に裏づけられていたものだった。かれらは軍事力増強の時間稼ぎをしたかったのである[38]。

しかし、ルーズベルトの構想は、何人かの古手の閣僚に批判された。蔣介石は、中国が戦争四年目の正念場を迎えて警告を発した。日本軍はインドシナに侵入し、いまや中国の雲南省への国境を越える構えであった。イーデンに促されて、チャーチルは、ルーズベルトに、国民党には「微量のエサ」しか与えられていないこと、そして中国崩壊の危険について記したメッセージを送った。大統領は自分の提案を撤回し、フィリピン駐留軍の強化を命じた。しかし、議会に宣戦布告を提案するにはほど遠かった。またもや、歴史を変える行動は、枢軸側からやって来たのである[39]。

4　世界大戦

ワシントン、チェカーズ、モスクワ、重慶、ローマ、ベルリン
一九四一年十二月六―十二日

「われわれは、いまや、みな同じボートに乗った」
ルーズベルト

一九四一年十二月六日の夜、ルーズベルトは、オーヴァル・オフィス〔大統領執務室〕でハリー・ホプキンスとおしゃべりしながら、趣味の切手収集の作業をしていた。一人の海軍士官が、ワシントンの日本大使館へ東京から打電された、長い電文を傍受した最初の十三の部分の翻訳を持って飛び込んで来た。十四番目と最後の部分はまだ解読されていなかった。

「これは戦争だね」、目を通してルーズベルトは言い、電信をホプキンスに手渡した。日本が半世紀前に植民地にした台湾の南沖を、五個師団の日本軍が航行していた。軍団はタイとマレーを攻撃できる位置にいた。「誰も［それを］知らないが、日本と戦争になるな」大統領は続けて言った。[1]

ホプキンスは、アメリカが先制攻撃できない位置にいたことを残念がった。

「いや、それはやっちゃいけないんだ」、と大統領は言った。「われわれは民主主義で平和愛好の国民なんだ」。

そして、声を少し高めて補足した。「しかし良いことが起こったね」(2)。

十二月七日、日曜日、午前十時三十分、かれは東京からの電文の最後の部分を渡された。それには、これ以上の交渉余地はない、なぜなら、「アジアにおける新秩序を通じて平和に貢献する日本の努力を、米国政府は英国ほかの諸国と共謀して阻止しようとしていることが、明らかとなったからである」、とあった。

ホプキンスが、スラックスとセーター姿でふらりと入ってきた。二人がサンドイッチで昼食を摂っていると、海軍長官のフランク・ノックスが電話をかけてきた。ハワイからの一報が真珠湾攻撃を伝えてきたと。目撃者たちは大統領の様子をさまざまに描いている――冷静だった、穏やかだった、緊張していた、興奮していた、身震いしていた――ついにかれにとっての戦争の瞬間がきたのだ、このどれも本当のことだったのだろう＊。午後八時四十分、閣議がひらかれた。かれの言葉によれば、南北戦争以降でもっとも重要な会議だった。あるものは日本と同時に、ドイツ、イタリアに宣戦すべきである、と主張したが、ルーズベルトは拒否した。両議院の議長が報告を聞きにやってきた。外では群衆が、「神よ、アメリカを護りたまえ」、「マイ・カントリー・ティス・オブ・ジー」や「美しき国、アメリカ」を歌っていた(3)。

＊　ルーズベルトとチャーチルが攻撃を知っていて、その発生を待っていた、という陰謀説は、ウォーレン・キンボールの『作られた戦争』一二一頁であっさりと否定されている。

ついでルーズベルトは、予定されていたエドワード・マーロウとの対談に臨んだ。かれのロンドンからのラジオ放送は、英国の戦いに対するアメリカの意見に批判的だった。ホプキンスが同席した。対談が終わって、マーロウは補佐官《ホプキンス》の寝室についていった。ホプキンスはパジャマに着替えて、日本の攻撃は、アメリカを参戦で統一するほかの手段がなかったので、天佑である、と言った。ベッドの横に座って、かれは行く末を思いやった。「神よ——力を与えたまえ」、かれは呟いた。(4)

ルーズベルトは、熟睡したあと、「その日を汚辱で刻印した」として攻撃を酷評した。議会では、共和党の平和主義者の一票の反対を除いて、対日宣戦布告が可決された。「われわれは戦争に勝つ、そしてそのあとの平和にも勝利をおさめる」、とルーズベルトはラジオで演説した。

三千マイル〔四千八百キロ〕離れて、チャーチルは日曜日の夜、アヴェレル・ハリマンとチェカーズで夕食を摂っていた。ウィナント大使がもう一人のお客だった。「ギル」で知られたかれは、チャーチルの娘のサラに熱を上げていたが、彼女は、芸人の夫、ヴィック・オリヴァーと離婚していた。チャーチルは疲労し、意気消沈しており、物思いにふけっているように見えた。ときどき、かれは手のなかに頭を突っ込んでいた。ちょうど午後九時寸前、執事のソーヤーズが、ホプキンスの贈り物であった組立式ラジオを持ち込んだ。食事をしながらBBC放送が聴けるようにしたのである。主なニュースはロシア戦線とリビアの戦闘であった。そのとき、アナウンサーのアルヴァー・リデルに速報が渡された。——ホワイトハウスはたったいま、真珠湾が攻撃されたことを発表した。(5)

最初、チャーチルはよく理解できなかった。ソーヤーズがまた現れて、キッチンのラジオでみながニュースを聞いた、と言った。ウィナントは、確認することを勧めた。

ホワイトハウスに電話がつながり、ルーズベルトは大使に、起こった事柄の説明をした。ウィナントはここに友人がいて、大統領と話をしたいと言っている、と告げた。かれは受話器を渡した。

「日本がどうかしたのですか?」、チャーチルは聞いた。

「みな本当なんだよ」、ルーズベルトが答えた。「やつらは真珠湾を襲った。われわれはいま、みな同じボートに乗ったんだよ」。

　ウィナントが受話器を取って大統領に話しかけた。チャーチルが取り返して言った。

「ことは簡単になりましたね」。「神があなたとともに居られますよう」――のようなことを言った。のち、かれは真珠湾を「天の恵み……英帝国に滅多に起こらぬ、より以上の幸運」と呼んだ。その夜、かれは「救いと感謝の眠りに就いた」と、書き残した。「人は、永遠の眠りとはかくの如きもの、と望む」という文章を、戦史に書き加えたが、公刊されたものからは削除した。翌日、かれは国会で早速対日宣戦布告の決議をかち取った。それはルーズベルトが米議会へ上程するよりも早かった[6]。


　モスクワで、ニュースは西側報道機関から齎された。攻撃は、スターリンに一つ問題を与えた。赤軍はモスクワの外側で国防軍に抵抗していたが、戦況はそれで手一杯だった。

　スターリンは、四月に東京と締結した中立条約を、二方面作戦回避の命綱と見ていたのである。ルーズベルトから共同行動を呼びかけられたとき、スターリンは、太平洋の戦いに巻き込むトリックではないかと疑いを持った。かれはモスクワでの同盟国軍事会議の提案には乗らなかった。そして日本がソ連攻撃の準備をしている、というルーズベルトの忠告を、日本への先制攻撃に駆り立てる手段ではないか、と見ていた。ワシントンがシベリアに基地を設けたい、と提案してきたときも、クレムリンは、そんなことをしても極東での戦争のリスクを増加させるだけで何の役にも立たない、と厳しい回答をした。(7)

ロンドンで、シャルル・ド・ゴールは真珠湾の重大性に疑いを抱いていなかった。「勿論、作戦、戦闘、紛争はあるだろう、しかし、これでその結果ははっきりした。戦争は終わったのだ」、と判断した。「この工業力の戦争では、アメリカの国力に抵抗できるものはいない」(8)。

中国では、蔣介石が、グラモフォンの「アヴェ・マリア」のレコードに続くニュースで挨拶をした。十二月九日、中国は、ドイツ、イタリア、日本に宣戦布告をした。東京の四年にわたる領土侵食は、ここに「事変」であることをやめたのである。総統は、同盟国の戦争努力を、中国はアジアにおいて分担する。日本の戦力は破壊され、閉じ込められるだろうと発言した、――どのようにして、については触れなかった。

真珠湾のニュースが届いたとき、アドルフ・ヒトラーは、東プロシアの林のなかにある寒々とした「狼の巣」で夕食を摂っていた。かれがロシアに侵入するとき、東京に知らせなかったように、日本も、かれに前もって攻撃を通知しなかった。モスクワへの進軍が阻止されていることで、総統の機嫌は良くなかった。かれは老いて陰鬱に見えた。バルバロッサ作戦は、ドイツに約七十五万の戦傷死を与え、うち十六万が戦死した。国内の士気は低下し、かれはベルリンの帝国議会への年末報告を延期した。それは太平洋だけの戦争にとどまっていたが、米国の参戦は、枢軸国側にとっては巨大な敵の出現に直面することとなった。ヨーロッパの同盟国を勘定に入れれば、ドイツの兵力はソ連を上回り、より多くの石炭を持ち、より多くの鉄鋼を産出していた。しかしナチ経済は外見よりも脆弱で、原油資源、石炭、鉄鋼、弾薬、武器に乏しく、外貨が不足しており、経済史家のアダム・トウースが指摘したように農業部門は後進的であった。アメリカの工業資源と人口はバランスを悪化させた――アメリカは、ドイツとオーストリアの合計に対して二倍の鉄鋼を生産していた。アメリカの兵力を上乗せすれば、同盟国は三千万の陸軍を展開することが可能となる、これに対して枢軸国側は、一千七百五十万である。戦争の終わり頃には、同盟国側は航空機において三倍、戦車において二倍の兵力を持つこととなる。(9)

しかしヒトラーは意気軒昂であった。かれの心のなかで、真珠湾は一つのドラマだった。過去、かれは日本人には冷淡な態度を取り、天皇裕仁を「漆塗りの半分お猿」と呼んだこともある。

ここにきて、かれは「東アジア紛争は天の恵み」と考えることにした。以前、かれは東方作戦と称して、ドイツが近東とイランを切りしたがえてインド国境にせまり、日本が東から進軍してくることを夢想したことがある。いまそれが現実になるかも知れない。ドイツは三千年もの間、征服されたことのない味方を持っている、とヒトラーは宣言した。――もっともかれは、自分でも奇妙に思っていた事柄がある。一つは、日本が「東アジアで白人の地位の破壊に手を貸していること、そして、イギ

リスが共産主義の豚どもと一緒になってヨーロッパを攻めている」ことだった。(10)

ヒトラーは「勝利への楽観と確信で再び輝いた」と、ナチ宣伝相のヨゼフ・ゲッベルスは日記に書きとめた。「世界地図を完全に動かす出来事が起こったのだ」。いつもは質素を旨とする総統が、祝いのつもりでシャンペンを手にしている。アメリカの大きさと豊かさに嫉妬はしていたが、かれは、アメリカを「半分ユダヤ人、半分黒人の」国で、「もっとも下品な商業主義に毒された人生観を持ち、人間精神のもっとも崇高な感情をこれっぽちも持ち合わせていない」と、こきおろした。かれの考えでは、その国の指導者は、ユダヤ人に操られた犯罪人で、狂気を齎す梅毒性の麻痺を患っている、ということになる。ベルリンに戻り、ヒトラーはUボートの米国船舶攻撃の強化と、大使館の通信網切断を命じた。(11)

かれは、太平洋の戦闘は、アメリカを泥沼に引き入れ、イギリスとソ連に対する援助を減少させずにはおかないだろう、と推論した。その軍隊はフィリピンから追い払われよう。スターリンとチャーチルについては、何も怖れることはない。前者は「世界史上稀にみる傑出した男の一人」ではあるものの、春の新しい猛攻撃で粉砕され、「スラブの兎」は奴隷状態に貶められるに違いない。後者は、過去からやってきた酔っ払いで、「全く相手にする必要のない厭うべき人間である」。日本によってイギリスが敗北を重ねて行くと、ドイツの軍事圧力がチャーチルの地位を危うくするかも知れない。ロンドンで融通の利く内閣ができる可能性もある。それはしばらくの間、インドを頼っていられるかもしれないが、ナチスの支配するヨーロッパの砦からは放り出されよう。それは極めて自然である、とヒトラーは書き記した。「イギリスは自ら島国を以て任じている。それはヨーロッパではなく、むしろヨーロッパに敵対している。それはヨーロッパでの未来を持っていない」[12]。

だがかれは、二、三日を次の行動を考えることにあてた。十二月四日に、ファシスト三国間で、一国がアメリカと戦端を開いたらほかの国も同じことをする、という秘密条約が起案された。――その三日後、東京は、真珠湾攻撃命令をくだしたのである。しかしその条約は、攻撃開始時点ではまだ署名されていなかった。そのかわり、三国は、相互の承諾がないかぎり、ワシントンと講和を結んではならない、という合意があった。頻繁に起こったことだが、枢軸諸国の協力には混乱があった。――かれらにとって価値のあるものは、行動であった[13]。

十二月十二日の昼食後、ヒトラーはかつて国会の行われたベルリンのクロール・オペラハウスへ車を走らせた。副総統ヘルマン・ゲーリングが式次第を点検しているのを待っていたが、この第三帝国の指導者《ヒトラー》は、突如ローマの中傷を始めたりした。

ヴェネチア広場を見おろすバルコニーで、ベニト・ムソリーニは十五万の観衆に演説をした。かれの言葉はラジオ中継され、イタリア中の都市の広場に集まった聴衆に伝えられた。群衆の中にはプラカードを掲げたものがいて、そこには「ルーズベルトを倒せ」「チャーチルを倒せ」と書かれていた。ドゥーチェ《ムソリーニ》は、大統領のことを、「悪魔的執拗さ」と、「限りない挑発」で戦争を準備した「民主主義的専制者」であると告発した。「イタリア人よ、男も、女も、立ち上がれ」、かれの声がとどろいた。「この偉大な時に誇りを持て、われわれは勝つのだ!」。しかし外務大臣は、群衆はあまり興奮していなかった、と記録した。かれはこれをこの日の寒さと、みながまだ昼食を摂っていなかったことの所為にした。[14]

ベルリンでは、ちょうど午後二時すぎ、ゲーリングが、「総統、お言葉を」と依頼したところだった。いつもの褐色の軍服を着て、ヒトラーは半円形の演壇の高みにのぼった。スポットライトがあたった。撮影機があとを追った。マイクロフォンが中継放送のためにその声を拾った。

かれが東部戦線の状況説明から話をはじめたとき、モスクワの以前の同盟者〔スターリン〕は、モロトフの事務室に通じる緑色の特別電話を取り上げた。通訳がベルリンからのラジオ放送を同時通訳した。スターリンは、ヒトラーがアメリカについて何か言うかを知りたかった。まだです、モロトフは答えた。[15]

まもなくそれが始まった。自ら——「ちっぽけな貧しい家の出身である」——と比較して、ルーズベルトは、「他人が血を流しているときに、商売をして」喜んでいる、と。かれは言う、ニューディールは一人の男が過去に経験した最大の失策であった、と。そしてどこかの法廷に大統領を引っ張り出すことになるだろう。しかし、ユダヤ人たちがかれを庇って、かれが「だんだんと反ユダヤ主義となる」ヨーロッパに対する復讐として、ユダヤ人たちに合衆国を利用するように仕向けているのである。「悪魔のごときユダヤ人の卑劣さ」を心に抱いて、ルーズベルトは、アメリカ船舶をしてドイツ潜水艦を挑発させ、総統への個人攻撃を開始し、日本を戦争へ誘った。[16]

荒々しい拍手を背景として、かれの声は甲高く熱狂して行った。大統領は「ユダヤ資本主義世界とボルシェヴィズム」の代理人として、一九四三年にドイツとイタリアを攻撃する計画を練っている、と言明した。だから枢軸諸国は、新しい世界秩序を建設するために共同して戦うことを決めたのだ。半円形の大会議場一杯の拍手喝采を背に、八十八分のスピーチは終わった。マイクを手に、ゲーリングは述べた。「言葉の真の意味での――建設する力と衰退する力との間の戦い」が世界戦争として始まったのだ、と。[17]

米国大使館では、館員が、暗号書を焼却し、街路に群衆が集まりだしたので一階の窓の金属シャッターを閉ざした。外交官たちは建物に対する嫌がらせを懸念したが、やってきたものは、外務省からの、代理大使を呼び出す一本の電話だけだった。リッベントロップは代理大使に言った。「貴国大統領は戦争を望んだ、いまそれを手に入れたわけだ」。ゲシュタポは外交官たちを、フランクフルト近郊の抑留施設に収容した。かれらはそこで五～六カ月を過ごし、米国にいたドイツのご同役たちと交換された。[18]

クレムリンでは、翻訳官が、ヒトラーがアメリカに宣戦布告したと報告した。モロトフは電話を取り上げ、スターリンに伝えた。日本はソ連を攻撃するかね、スターリンは訊ねた。「ドイツ人がモスクワ郊外で教わっている教訓」に照らして、それはないと思いますよ、との答だった。しかし、古い記憶がまだ残っていた。『プラウダ』は、ヒトラーがソ連とほかの同盟国の離間を画策しないか、と警告した。これは「潰さないと」、と党機関紙は続けた。[19]

ロンドンでは、ベルリンからのニュースが証券取引所に影響を及ぼすことはなかった。チャーチルはジョージ六世に、「色々考え合わせると、この数日間の激動によって、わたしは大いに救われました」と述べた書信を送った。アメリカが欧州に参戦しないまま、太平洋で戦争を始めることの危険はなくなった。戦争局のメモは、北大西洋が主要な作戦地域になることを示していた。それはイギリスにおける米軍の増強を要求していた。アメリカの全面介入は、とチャーチルはイーデンに語った、「いままでのことをみな埋め合わせる、時間をかけて辛抱すれば、必ず勝てる」。あるものがワシントンの扱いは注意した方が良い、と忠告したとき、チャーチルは横目で睨んでこう言った。「うんそれはね！　口説いているときのやり方なんだよ。ハーレムに囲ってしまえば話は別だよ[20]」。

ワシントンでは、二人のドイツ外交官が、宣戦書を手交するため、フランス・ルネサンス様式の灰色の国務省に入って行った。かれらとの面会を嫌って、ハルは二人を欧州局に案内させた。帰りのエレベーターに乗るとき、三人のカメラマンが突進してきた。「あまり格好の良いものではないな」、代理大使は述懐した。

上院は全員一致で、合衆国とドイツ、イタリアが「戦争状態にあることを承認」した。下院では、一人が対日戦争に反対のため欠席した。したがってここでも投票は全員一致ということになった。ホワイトハウスでは、管理人が灯火管制用のカーテンを購入した。『ニューヨーク・タイムズ』は、読者に空襲のときの心構えを解説した。「いまやアメリカ国民は、かつて戦ったことのない規模の大戦争に突入した」と、孤立主義の『シカゴ・トリビューン』が記事にした。「それには勝たねばならないし、国民とその将来を護る平和にも勝利しなければならない」[21]。

ルーズベルトは総力戦の指揮を執ることになった。一国全体がかれの背後にいる、これまでにないことだった。これから何をやって行くか、奮い立った。かれは議会に次のようなメッセージを送った。「長いこと気遣われており、また期待されていた事実が起こった。世界全体を奴隷化せんとする勢力は、いまやこちら側の半球にやってきた。生命、自由、そして文明に対するこれ以上の挑戦は、いまだかつてその例を見なかった。一刻も猶予は許されない。自由を欲する世界中のすべての国民の、敏速かつ統一された努力が、公明正大、正義の力の、極悪非道、不正の力に対する、世界規模の勝利を約束するのである」。重要なことは、かれがアメリカの戦争目的を、一国の国家主義の意味合いで定義づけしようとはしなかったことである。かれは国益と、戦勝への希望を、同盟の手に委ねたのである。連合の維持こそ、かれの決定的な目的となったのであるが、それゆえに、その後の世界から決定的な反撃を受けることになるのである[22]。

5　四人の交渉

モスクワ、ワシントン、ロンドン
一九四一年十二月九日―一九四二年一月十四日

「宣言といったものは代数のように見える。わたしは実用的な算術が好きだ」

スターリン

I

西への航海

真珠湾のあと、チャーチルが最初に考えたのはワシントンへ行くことだった。あるものは、イーデンがモスクワへ行っているとき、かれも国外へ出るのはまずいのではないかと思った。しかしかれは国王に、英国のトップが両首都に赴くのは、「三大同盟国の重大問題解決を容易にすることでしょう」と説得した。(1)

行った先でどれだけ歓迎されるかについては、あまり考えていなかった。ルーズベルトは真珠湾の後始末と、その後、フィリピンも攻撃を受けたので、それらの問題に忙殺されていた。かれには世論を誘導したり、次の計画を樹てて行く仕事があった。チャーチルから大西洋横断の提案があったとき、かれはそういった旅にはリスクがある、と懸念を表明した。チャーチルは、忌憚ない意見交換をしないことによる、より大なる危険を指摘し、簡単な言葉でこれを片づけた。もう一カ月も待ったら大変なことになりかねないと。ルーズベルトは、旅の安全を心配し続けた。――「なぜなら帝国にはあなたの指導が必要だし、われわれもあなたに、そこにいて欲しいからだ」。結局、クリスマス前に会うことになった。

十二月十四日、紺色のダブルの海軍コートを着て、ヨット用の帽子を被ったチャーチルは、スコットランドのグリーノックから大西洋横断のため、新鋭戦艦、〈デューク・オブ・ヨーク〉に乗船した。アトリーを代理の首相に任命した。二十七人の暗号係が、かれを常時ロンドンと結ばせていた。新任の帝国参謀総長、アラン・ブルックは同行しなかったが、降格された前任者、ジョン・ディルが、ハリマンとビーヴァーブルックとともに一行に加わった。

ドイツ人たちは、この旅を、軍事力のバランスから強制された「カノッサの屈辱」と命名した。大に出した電報で、クレメンタインは、「いまは大変な世の中です。ヨーロッパはドイツの豚に侵略され、極東は黄色い日本のしらみに、です」、と嘆いた。しかしチャーチルの調子は良かった。医者のウィルソンも同行していたが、「大戦争を戦う英国の宰相として、内閣、陸軍、海軍、空軍、下院、英国自身を指揮して行く能力について、「チャーチル自身の」想像以上である。かれはそのすべてを愛している……疲れた、物憂い眼の表情は消え去った。船室を訪れるとかれの顔は輝く」と、日記に書いた。全く楽観的になって、チャーチルは、ルーズベルトに電報を打った。「さて、突然に、戦争は勝つことになりました。英国は安全です[2]」。

現実問題として、戦況は悲惨であった。ヨーロッパはファシストに支配されていた。Uボートは引き続き大西洋の海運を血祭りに上げていた。イギリスはリビアのイタリア軍に対して得点を稼いでいたが、ロンメルのアフリカ軍が直ちに進攻してきた。東京の兵力はフィリピン、蘭領東インド、英帝国の拠点たるマレーシア、シンガポール、ビルマ、香港を蹂躙していた。真珠湾の三日後、マレー沖での空爆が、チャーチルをプラセンシア湾に運んだ巨大戦艦、〈プリンス・オブ・ウェールズ〉を撃沈した。「戦争のすべての過程で、あれほどショックを受けたことはない」と、かれは回想している。「いまや日本は太平洋とインド洋の支配者だ。われわれはどこへ行こうと弱者であり、丸裸だ[3]」。

ワシントン到着を性急に望んで、かれは速度の遅い護衛艦を追い抜いて先に行こうと言いだした。漆黒の闇のなかを、ドイツ潜水艦の大通りを横切るとき、ハッチを密閉し、甲板を大波に洗わせながら、〈デューク・オブ・ヨーク〉は自らの進路を守り続けた。

その日一日、チャーチルは将官たちと、いかにして戦いに勝つか、配置表の作業をした。かれらはいまだ英国の大戦略の核心であり、アメリカ人と折り合いを悪くする根本の原因となっていた。北アフリカ上陸が目下最優先であり、そのあと一九四三年に入って、ドイツを空爆で叩きのめしたあと、ヨーロッパで攻勢を開始する。太平洋では、一九四二年に支配権を確立する。全面勝利は、一九四三年か一九四四年、「戦線の輪を閉ざす、抑圧国民を解放する、ドイツの都市を最終的に攻撃する」ことによって達成できるであろう(4)。

チャーチルはその回顧録のなかで、「大陸での大規模作戦に対する、持論の嫌悪感……」とたたかった、と記している。この点、ドイツ攻撃の前奏曲として北フランス侵入に集中しようとするアメリカの意見と、イギリスの考え方が分かれた大事なポイントを、わざとそらしている。かれは、地中海に焦点をあてて、周辺地区の攻撃や爆撃が有効である、と考えていた。ルーズベルトがよく言っていたように、首相はそこを「英国の支配範囲だと見ていたからだ(5)」。

別の計画は、「強力な英米軍が、西部ないし南部ヨーロッパの適切なところに上陸して、被占領国を解放し……それら国民の反抗を促す」ことを想定していた。しかし、イギリス人を悩ませる一つの不確実な問題があった。「日本の敗戦はヒトラーの挫折を意味しない、しかしヒトラーの敗北は、単に時間と手数の問題で日本の終わりになるだろう」ということをだれか、ルーズベルトに言ってきかせることができるだろうか?、ということである。戦艦が疾風と怒濤を越えて海路を進んでいる。チャーチルはハリマンに、戦争が長くなるか、短くなるかはアメリカさん次第だね、と言った。「もしもあなたがたが、太平洋沿岸都市を戦闘機で守ろうとしたら、長くなるな――五年位」。「もしもあなたがたが勇敢で、兵隊を寄越す気になったら、どうなるかね? 二年で終えてしまえるだろう(6)」。

II 地図の書き直し

チャーチルが西へ航海しているとき、イーデンは酷寒の天候を衝いて、巡洋艦〈ケント〉に乗りムルマンスクへ向かっていた。かれはインフルエンザ性の胃炎を患っていた。戦時中を通じてかかった唯一の病気だった。チャーチルがワシントン行きを固執したため、自分のモスクワの仕事の影が薄くなりかねないので、かれはあまり良い気分ではなかった。かれはまた、自分が提案できることはあまりないと認識していた。日記のなかでブルックは、イーデンのことを「大したおみやげも持たせて貰えず、スターリン伯父さんにお使いに出された不平だらけの駄々っ子」にたとえている。[7]

このハンサムで魅力的な四十四歳には、たしかに駄々っ子的なところがある。下級貴族の生まれで、第一次大戦では塹壕戦を経験し、政治家として急速に成長し保守党の寵児となった。次の七年間、政府内ですごし、一九三八年、ネヴィル・チェンバレンと繰り返し衝突したあと、とくにイーデンの大嫌いな〈ベート・ノワール〉〔苦手〕、ムソリーニに対する政策をめぐって、かれは外務省を去った。枢軸国独裁者たちに対し最も強硬な反対論者ではなかったが、かれの辞任は、宥和派と一線を画するものとなった。一九四〇年、チャーチルはかれを軍事担当国務大臣に任命した。かれは一九四一年初め、ハリファックスがワシントンの大使に転じたあと外務大臣に就任したが、それまでこのポストに就いていた。

チャーチルは、かれを「政府部内で、もっとも決断力に富み、勇気ある人物」、と形容した。しかしかれは自惚れが強く、神経質で、とくに自分が軽視されていると思うと、怒りをあらわにした。一緒に仕事したなかで一番の駆け引き上手、と評したアレクサンダー・カドガンは、かれが外務省に戻ってきて一週間くらいで、「アンソニーは興奮しているな……あまりいつもの調子で張り切らない方が良いんじゃないかな」と言った。ルーズベルトは、かれを「英国人の良さの典型、非常に賢い」と描写した。モロトフは、「背骨がない、デリケートすぎる、全くどうしようもない」と見た(8)。

チャーチルは回顧録のなかで、たがいの親密さを強調しているが、イーデンは、首相の「独善的な」態度にブレーキをかけた。その点でとくに重要だったのは、大西洋をはさむ関係であった。自身で手入れができる、自分の庭園を持ちたかったかれは、ロシアに目をつけた。かれは、一九三五年にモスクワを訪問してスターリンと面会した。個人秘書のオリヴァー・ハーヴェイは、チャーチルの共産主義に対する感情と、内閣の労働党メンバーの「断固たる反ソビエト」の態度を前にして、かれは英国でただ一人、ソビエト問題を説明できる人間である、と考えていた(9)。

一九四一年の終わり頃、イーデンは、ロンドンとモスクワは、「共通の敵と、共通の国益を抱える」のであれば、英国は、軍事的にというよりも政治的に、フランスで第二戦線を開始するべきではないか、と感じはじめてきた。もしソビエトが、ロンドンとワシントンが結託して、長期的にはモスクワを蚊帳の外においてしまうのではないか、と懸念しているとすれば、その払拭のため、戦後の協力を約束する宣言を英国が行えば良い、と思っていた。スターリンが大西洋憲章を堅持して、これに応える、つまり、他国の内政に干渉しないこと、また戦後、脆弱となった諸国を支援して行く共同体制に参加して行くことも期待した。しかしこのやり方は、注意しないとかなり危険があった――ソ連の指導者に対してよりも、すべてをルーズベルト頼みにしてしまう、チャーチルに対してであった(10)。

氷点下二〇度のムルマンスクに着陸し、イーデンは大ぶりの羊皮のコートと毛皮の帽子で寒さをしのいだ。かれと一行は、モスクワ行き、六十時間の旅を過ごす列車に乗り込んだ。コンパートメントにはフラシ天の絹のカーテンがかかっていた。客車と客車の間には、無蓋貨車がはさまれていて、高射砲が構えられていた。列車が出発するとすぐに、キャビア、スモークサーモン、ハム、ソーセージ、パン、バター、チーズが、紅茶、ワインといっしょに出てきた。同行していたマイスキーが、イーデンに、ルーブル紙幣が一杯詰まった黒い小さな鞄を差し出した。受け取りを拒まれると、マイスキーは落胆の面持ちだったが、鍵を閉め、鞄を横へどけた(11)。

モスクワに入ってイーデンは、古風なフランス様式のナショナル・ホテルに落ち着いた。クレムリンの壁、赤の広場、聖ワシリー聖堂、レーニン廟が一望のもとに見渡せた。続き部屋にはグランド・ピアノがあった。浴室の蛇口はあらゆる方向に水を振りまいた。モスクワ近郊の戦場の砲撃音がこだましていた。あるときの昼食時に空襲警報が鳴った、お客は豪奢な地下鉄の駅のシェルターに案内されたが、そこにはベッドと電話を備えた小部屋がいくつかあった。

モスクワ攻撃を退けた赤軍の成功のあと、スターリンは自信に満ちていると、イーデンは見た。

――一つかれは思い出した、過去ロシア軍はベルリンを二回攻めたことがある、今度同じことが起こったら、それは三回目となるのだ*。「スターリンは独裁者としては態度が穏やかだ」、と訪問者は記録した。「絶叫も、身振りもない」(13)。

* 以前の二回とは、ナポレオン戦争と、七年戦争のことである。

ソビエトの指導者は、二つの条約案を手渡した。一つは軍事同盟に関するものであり、もう一つは欧州の戦後処理に関するもので、国境地区に関する秘密議定書を含んでいた。これは西側の人間が、スターリンが戦後の問題をどう考えているか、直接聞いた始めてのことだった。そしてそのときのかれは、無愛想そのものだった。ちょうどルーズベルトとチャーチルが、戦争の問題を超えて大西洋憲章を起案したように、スターリンは戦後の領土確定問題については、戦況の帰趨を無視したのである。ドイツでは、プロシアとラインラントは切り離されるだろう、そしてバイエルンが一国として創設されよう。ポーランドは東プロシアを獲得するだろう。ドイツ領のズデーテンラントの大部分はチェコスロバキアに戻される。オーストリア併合は解消される。ユーゴスラビアは、イタリアから領土を得るだろう。ギリシャとトルコの国境は、いささか変更されることになろう。ブルガリアは枢軸側に従った懲罰として、近隣国に土地を譲ることになる。ハンガリーは、チェコスロバキアとルーマニアに国境地帯をそれぞれ渡すことになるだろう(14)。

ソビエト連邦は、バルト諸国、ベッサラビアとブコヴィナの支配権を回復する。同時に一九四〇年の冬戦争でフィンランドに取られた領土を回復する。ルーマニアはモスクワに基地を提供する。ソビエトとポーランドの国境線は、第一次大戦後、イギリスの政治家カーゾンによって引かれたカーゾン・ラインで仕切られることになろう。これが当時実施されることはなかったが、ソ連に七万平方キロ、最新の人口統計で一千万が居住する地域を提供することになる。ポーランド問題については、モスクワは特別に敏感であった。なぜなら、ポーランドはドイツとの往復の通路にある、そしてポーランド人は一九一七年の革命後、ボルシェヴィキに対し叛旗を翻したのである。

帝政ロシアの版図をしのばせる、ロシア国境をはるかにこえる大規模な領土の獲得、安全保障地域の確保は、ソ連も署名した大西洋憲章〔ソ連は一九四二年一月の、大西洋憲章を指導原理とする連合国共同宣言に署名している〕に明白に違反する。ルーズベルトとチャーチルが広汎な原則論を展開しているとき、スターリンは終始具体的であった。現実政治の観点から、かれは、フランス、ベルギー、オランダ、デンマーク及びノルウェーにイギリスが基地を設けることを支持した。四時間後、かれは渡したものを検討するよう要請し、会談を終わらせた。

翌日の会談で、スターリンはポケットから小さな紙切れを取り出したが、イーデンの言い方によれば、指ではさみを作ってみせるような仕種で――領土問題を持ち出すような手付きではなかった(15)。「みなさんは、わたしが戦後の建設計画に関する合意にちょっとした提案を加えても、反対はされないと思いますが」と、かれの戦後のヨーロッパの構想に、英国がすでに賛同しているかのように言った。その紙は、スターリンがヒトラーと協定したときの国境を保証するものだった。かれは、ワシントンもこれに同意してくれれば幸いだ、と言った。

「いや、わかりませんよ」、イーデンは、イギリスが一九四一年の国境を認めていない立場で答えた。かれは、自分の与えられている権限は一般的宣言の作業だけである、と説明した。「宣言文といったものは代数みたいなものです」と、スターリンは答えた。「わたしは実用的な算術の方が好きですね」。

イーデンは、イギリスは領土問題を決定することはできない、と言った。

「そいつは残念」、という答えだった。ポーランドはまだ手つかずである、とスターリンは外務大臣《イーデン》に言い聞かせた。「いま決めたいと思っているわけではありません」、とかれは続けた。「わたしが一番関心を持っているのは、フィンランド、バルト諸国とルーマニアでどうなるか、ということです。西の国境をめぐって、講和会議で論戦となるかどうか、それを知っておくことは、われわれにとり大変重要なのです」。

イーデンは、領土問題は三巨頭が戦後問題を協議する会談まで待とう、と提案した。しかし、かれはバルト諸国に言及し、それがロシアにとってそれほど重要であれば、良い回答が出るよう頑張ってみたい、と言った。また、チャーチルは、イギリスは戦争中の領土の変更を認めないという原則を作っている、と注釈した。しかし、「そこだけの変更は例外的なケースと認められるかも知れないので、その観点で英国政府と協議してあとでご返事しましょう」。——かれは、大西洋憲章に言及することも忘れなかった。それは自決原則と矛盾するような勝手な行動を排除するものであった。

スターリンは、訪問客がなかなか頑張るのに驚いていたようだった。「われわれは、同盟国として英国と連携して、何十万という生命を失いながら、厳しい戦争を戦い抜いています」、と言った。「わたしは、バルト諸国の地位の問題など全く自明で、判断なども必要ない話だと思い込んでいました……われわれが望んでいるのは、むかしの国境を戻して貰いたいということだけです。われわれの安全保障のためにはそれが必要なのです」。

たしかに、かれはイギリスの立場に「吃驚仰天」したので、戦前の英国政府の行動と比較せざるを得なかった。ロンドンがワシントンと相談しなければならないことについて、かれは、傷つけられた面持ちで、自分は「こういった件では、貴国政府はもっと裁量権があると思っていました。こんなことでは多分合意は難しいでしょうね」と、付言した。

「わたしがルーズベルト大統領との協定の線に立ち戻るとすれば、あなたはわたしを褒めるわけには行かないでしょう」、イーデンは答えた。

大西洋憲章に触れて、スターリンは、それは「世界制覇を目論む国民に向けられて作られたもの」、と信じていたが「いまや憲章はソ連邦に向けられているよう」だ、と言った。

「いいえ、そうじゃありませんよ」、とイーデンは答えた。「それは単にあなたが国境問題をいくつか持ち出し、わたしは即答できないので、少し時間が欲しいと申しているだけの話ですよ」。

「どうしてわが国の国境の回復が、大西洋憲章とぶつかるのかな?」ソ連指導者は執拗だった。

「そうだとは一切言っていませんよ」、イーデンは答えるのに精一杯だった。

ホテルの部屋に戻って、イーデンは、スターリンがアナウンス効果を期待して話していたことに憤慨して叫んだ。「ロシアの考えはもう決まっていたのだ」、後日、イーデンは書いている。「かれらの考えは、これから三年は変わるまい、かれらの目的は、具体的、現実的なロシアの今後の安全保障なのだから」[16]。

翌朝、マイスキーがホテルまでやって来て、スターリンが、どんなコミュニケができようと一九四一年の国境についての記述にこだわっている、と述べた。イギリス人はそれを「観測気球」と受け取った。オリヴァー・ハーヴェイは、バルト諸国が「さきのことを考えずに、協定により譲渡された」というわけではなかった以上、戦後も赤軍の占領下にあるとすれば、誰もその回復の戦いをするものはいないだろう、と思った。ここ一カ月で世界に拡大した戦争の過程で、西側は、ドイツ敗戦のあとにまで続くジレンマに直面することになった[17]。


イーデンの報告を受け取ったとき、チャーチルは海の上だった。かれはアトリーに電報を打ち、スターリンが大西洋憲章の最初の三カ条に、いかに違反しているかを指摘した。しかし、チャーチルの主治医はかれの発言を記録している。バルト諸国に関する要求は、「憲章の精神を汚すもの」ではあろう、しかし、そういった道徳的立場は現実問題として維持できるものではない。なぜなら、「死活を賭けて戦っているものに対して、勝つということの責務を超えて倫理上の負担まで負わせるわけには行かないからである[18]」。

一九四〇年、英国は、スターリンをヒトラーから切り離すため、その代償として、バルト諸国とポーランドの一部に対するモスクワの既得権益を認めることとした。しかし、いま情勢は変化している。

英国はもう孤立してはいない。チャーチルは、プラセンシア湾でルーズベルトが、終戦以前において領土問題を約束することについて、反対を表明したことを想起しなければならなかった。イーデンがロンドンを出発する直前、コーデル・ハルは、三大国のうちの一国でも「戦後の線引きに……なんらかの約定をしてしまう」とすれば問題である、と釘を刺した。イギリスは、スターリンとの論議の内容を、モスクワの米国大使館には提供し続けてきた。ソビエトの提案がワシントンに伝わるとすれば、そこで「猛反対」に会うだろう、と首相は予測した。(19)

チャーチルはアトリーに、ワシントンの事前了解がなければモスクワと話がまとまる筈はない、と語った。かれはイーデンに発電した、「当然スターリンに失礼があってはならない。わが国はアメリカに対して、秘密な、特殊な協約をするわけには行かない。それら提案をルーズベルトに示せば、単なる拒絶を招き、今後双方に永続するトラブルのもとになるだろう。……いまの時点で、非公式といえどもルーズベルト大統領に伝わることは、わたしの意見では、不適切と言わざるを得ない」。共同声明を出すために秘密協定を締結するよりも、モスクワ会談は不成功に終わらせた方が良い、とかれは付け加えた。

一日、前線視察を行ったのち、イーデンは最終会談に臨み、ロシア国境について議論となるような文言は一切ない宣言案を提示した。スターリンは、西側の援助が継続されているかぎり、時節を待つつもりであった。また、もし赤軍が国防軍を敗北させれば、ヒトラーから獲得したものより以上の領土が手に入ることを知っていた。「無理やりそれを思いとどまらせようとしても、米英にその力はないだろう」、とサムナー・ウェルズはハリファックスに語った。[20]

モスクワとの関係維持のため、イーデンは、ソビエトのねらいに役立つ、何か譲歩できる余地がないか、チャーチル及びその戦時内閣と協議してみることにした。かれは回想録で、ヨーロッパではドイツが敗れ、フランスが弱体化し、ロシアが難攻不落の地位につき、ほかに多くの国々が共産主義の政府を持つような状況が現われかねなかった、と記している。できるだけ早く、モスクワを取り込んでしまうことが得策であった。[21]

最後の会談がおわって、クレムリンの宴会の時間となった。いつものように、それは大盤振る舞いとなって、三十六回の乾杯とともに、キャビア、ちょうざめ、ボルシチ、肉、子豚などが供された。スコッチに似た黄色がかった液体を見て、イーデンはそれが何かを訊ねた。[22]

「これはわが国の、ロシア・ウィスキーです」、とスターリンは悪戯っぽく目配せして答えた。

「ちょっとやってみたいですね」、客《イーデン》は言った。

スターリンは大きなグラスに注いだ。イーデンは口いっぱいに飲み込んだ。顔が真っ赤になり、目をむき出して咳き込んだ。

「こういう酒は強い人間だけが飲めるんです」、とスターリンはペパー・ブランデーのことを言った。

「ヒトラーが、いま、味わいはじめたところなんですよ」。

真夜中のチャイムが鳴った。イーデンは居住まいを正して、その日、六十二回目となった独裁者の誕生日に乾杯をした。スターリンはチャーチルの健康のために杯をあげ、首相のことを温かい言葉で話した。北西戦線の総司令官、ヴォロシーロフ元帥が酩酊状態になって倒れこむと、スターリンは外相に、イギリスの将軍たちは酒を飲むか、と聞いた。[23]

「かれらには、あんまりその機会がありません」、イーデンは答えた。

「うちの将軍たちは良いね」、とスターリンは言った。「もっともっと飲むんだよ*」。

＊ この辺の会話については、ブルックによる別の記録がある。イーデンの答は、イギリスの将軍たちは酒を飲む能力はあるが、戦闘に勝利する能力ほどではありません、というものである。

英国人たちは、それから映画が二本上映されたあと、午前五時にクレムリンを退出した。イーデンはチャーチルに報告を送り、スターリンの疑念のいくつかをなだめたと思う、と伝えた。かれはロシア人は真剣に軍事同盟を望んでいるが、国境問題で言い分が通らぬかぎり署名はしないだろう、と信じていた。宴会疲れの回復のため、かれは午後三時まで眠った。その夜、かれは別れの挨拶のため、スターリンを短時間訪問し、一行とともにムルマンスク行きの列車に乗った。クリスマス当日、故国行きの船が出発した。イーデンは、チャーチルのアメリカ訪問が、自分の旅よりも受けが良いのではないか、との心配をあらわにした。「みな、役者なんだ」、カドガンは自分の日記に書き留めた。[24]

III

ワシントンのクリスマス

スターリンがイーデンにさよならを言ったころ、〈デューク・オブ・ヨーク〉は合衆国に近づいていた。トップ会談の広報はされなかった。ルーズベルトは、妻に、「お客」が来る、と伝えただけだった。だれ、とは言わなかったが、「家のなかに良いシャンペンとブランデー、それにたくさんのウィスキー」を用意しておくように命じた。(25)

チャーチルは、夜の曇り空を衝いてワシントンまで四十五分の空路を取った。ルーズベルトは飛行場で出迎えた。二人は握手を交わし、アル・カポネから没収した黒いリムジンに乗って、ホワイトハウスへ向かった。会談がうまく行くよう、チャーチルとしては早めに——就寝した。しかし、真夜中に主治医が部屋に呼ばれた。寝具がうしろに投げやられ、床には新聞が散乱していた。チャーチルは睡眠薬を頼んだ。ウィルソンは二錠の「赤い薬」——バルビツールの服用を許した。

ルーズベルトは、二回目のサミットが友好的に進むよう、できるだけのことをした。この二人は、難しい決定を避けたので、それだけに将来の不協和音のタネを蒔くことになった。会談は、楽観的に、「アルカディア〔理想郷〕」というコードネームをつけられ、ときに休みをはさみながら三週間続いた。そのうち二週間を、チャーチルはホワイトハウスで過ごした。大統領室から廊下を下がったところに寝室があった。――ホプキンスと同じフロアだった。首相は気に入った部屋に落ち着く前、いくつか寝室を見てまわった。そしてスタッフに、朝食にはシェリー二杯、昼食時はウィスキー二杯、夕食は良いフランス・ワインと食後にはブランデーを持ってくるよう指示を与えた。また自分は、自分のいるところで口笛を吹かれることに耐えられないと念を押した。(26)

チャーチルは、ホプキンスの部屋の隣に移動作戦室を設営し、戦況の経過を追うことにした。ルーズベルトは、いっしょに作業ができるよう、同じような部屋の開設を命じた。その部屋には三つの巨大な世界地図、軍部の事務官用のデスク二つ、ロンドン直通の暗号機が置かれることになった。(27)

二人は頻繁に、たがいの部屋を行ったりきたりした。夕食のあと、チャーチルは友を気遣う友人の役割で、大統領の車椅子を押し、一階上の寝室へ上がるエレベーターに乗せた。ちょっとした出来事をホプキンスが記録している。ルーズベルトが車椅子で入ってきたとき、ちょうどお客《チャーチル》が「素っ裸でピンク色の身体」でバスルームから出てきたところにぶつかった。かれが謝って出て行こうとしたとき、チャーチルが言った。「大英帝国首相は、合衆国大統領に何も隠すところはありません」。その話についてのちに質問を受けたとき、チャーチルは否定した。そして、大統領を迎えるのに身体にバスタオルなし、ということはあり得ない、と付け加えた。色々なヴァージョンがあって、ルーズベルトが部屋に入ってきたとき、タオルを取り落とした、というのもある。真相がどうあれ、この話は二人の個人的関係の象徴ではある。(28)

チャーチルは北アフリカからの朗報に舞い上がった。これで、英軍が国防軍を敗走させる実力を持つことをアメリカ人が認識する筈だ、とかれは信じた。しかし老練な指導者として、かれは引き続き依頼人の立場に徹していた。「ウィンストンが満足してニュースを聞くところを初めて見た」、と主治医は記す。「かれが大統領を自分に引き込もうとすることの重要性を、みな感じ取ることができるだろう……かれは抑制と自己規律のお手本となった……そしてかれは何を言っても、それが大統領の耳に心地よくひびくよう神経をつかっていた」。滞在の終わり頃、クレメンタイン・チャーチルにあてた手紙でホプキンスは、「この旅でのご主人のことを、あなたは誇りに思われるに相違ありません。第一に、ご主人はこの上なくお行儀が良かったのです。他人をやっつけるところは見ませんでしたし、いつもどおりの食欲で食事をし、お酒を飲まれました。そしていつもどおり同じ国の人たちを嫌っておられました。ホワイトハウスで大統領の過ごす時間の半分を気持ちよく過ごされたので、ご主人にとってこの三週間は楽しい思い出となったことは間違いありません」と綴った[29]。

チャーチルが到着した翌朝、ルーズベルトは、かれをホワイトハウス記者団に紹介した。首相は全部で二百人の記者がよく見えるように、椅子の上に立ち上がった。かれの如才ない雰囲気は気持ちよく受け入れられ、アメリカのメディアと恋愛関係に陥ったようになった。「(戦争が)うまくやって行けたとしても、まずいところがあれば、まだ半分しか行っていないことになる」。米国の参戦が、一つの「大きな転換点」となるかとの質問を受けたとき、かれは南部のゆっくりした口調を真似て、「わ・た・し・が、そおさせるよ――」と言った。

サミット正式会談の冒頭、アメリカ人たちは、「ヨーロッパにおける第一の戦略」について確認した。

「ドイツは引き続き勝利の鍵となる」と幕僚長たちは述べた。「ドイツが敗れれば、イタリアの崩壊と日本の敗戦がそれに続く」。大統領は、フィリピン防衛に全力が注がれよう、そしてシンガポールが保持されねばならない、と発言した。アーチボルド・ウェイヴェルが極東最高司令官に任命された――日本の進出は地理的な見通しを大きく失って行くだろう。そして米国が太平洋でしかるべく報復に転じることを認識する筈だ。イギリス人はこれを単なるジェスチャーと見た。ルーズベルトは、米、英、ソ連と中国で構成する最高戦争会議の提案をしたが、これが陽の目をみることはなかった。権限委譲に対するスターリンと蔣介石の不同意がその原因である。チャーチルの構想である、大西洋をはさむ特別な関係だけが前進した。これはその後NATOの同盟に結びつくこととなった。しかしまた、会談は、ルーズベルトが、思いのままに、スターリンと蔣介石との関係を築いて行くことができるようにしてしまった[30]。

イギリス人は、ワシントンに英米共同軍事計画機構、及び付随する情報委員会を設ける案に検討を重ねた。これはジョージ・マーシャルの存在感を一層高めるものとなった。チャールズ・ウィルソンによれば、「首相も大統領も、マーシャルなくして前へ進むことはできなくなった」。しかし米国の作戦能力はまだまだ初歩的で、チャーチルが大西洋横断中書き上げた計画を披露したとき、ペンタゴンはそれを咀嚼するのにイギリス人の熟練度には及んでいないことがはっきりした。

北アフリカへの攻撃は、フランス侵攻の兵力を大幅に削減するので、幕僚長たちからは愚策という批判を浴びていたが、ルーズベルトは、このアイディアを支持すると述べた。かれらは大統領がチャーチルの術中に嵌ったことを憂慮した。実際、北アフリカはすでにかれの胸のうちにあった――真珠湾の以前、アトリーを迎えたとき、かれは地図の上でアルジェを指し、「ここにアメリカ兵を上陸させたいのだよ」、と言ったことがある。[31]

クリスマス・イブに、マーシャルと幕僚たちの、最高司令官に対する不安が劇的に深まった。ルーズベルトは、極東問題を論議するイギリス人たちの会議に参加した。フィリピンに対する日本の攻撃は、アメリカの増強が間に合わないことを意味する。その場合、イギリス側の、つまり、チャーチルの懸念は、かれらがシンガポールにまで来るかどうか、ということだった。大統領はこの件を討議することを了承した。[32]

訪問者《チャーチル》が、マーシャルとアメリカの幕僚長たちに自らの作戦計画を提示したとき、アメリカ人たちは仰天してしまった。かれらの案とは反対に、米国の兵力を英帝国の防衛に利用しようとする部分が含まれていた。

マーシャルに警告されて、スティムソンはホプキンスに電話した。もしこれがルーズベルトの戦争のやり方だったら、わたしは辞めます、陸軍長官はそう言った。一九四〇年、党派を超えて内閣にこの練達の共和党員〔スティムソン〕を招きいれたことは、ルーズベルトにとって大成功であった。戦争勃発のいま、かれを失うことは大打撃となる。ホプキンスは話を整理するため、大統領と首相に会いに行った。

ルーズベルトは、兵力を分散するといった議論はしたことがない、と否定した。スティムソンはイギリス側が作った議事録の原文についてのメモをかれに送った。大統領は、フィリピンから兵力を引き上げる意志はない、と答えた。ホプキンスはスティムソンに、ルーズベルトはきみと同じ意見だ、と保証した。大統領は数時間おいて、ホプキンスほかを呼びいれて、イギリスのメモは忘れよ、と伝えた。「この事件は、国際問題を野放図に論ずることの危険性を示した……大統領が、陸、海軍の相談相手の同席なしに」、とスティムソンは日記に書いている。(33)

カナダ沖合いにあるサン・ピエール・エ・ミクロン諸島を、自由フランスが対独協力者の軍から奪回した、というニュースで、トラブルが発生した。月の初めにワシントンは、そこは攻撃されるべきでないと主張していた――ヴィシー政権を承認し続けていたのである。立腹したコーデル・ハルは、「いわゆる自由フランス」という言い方をした。かれはカナダ人に島を奪回させ、ヴィシーに戻すことを勧めた。しかしルーズベルトはそれに取り合わず、国務長官に苛立ち、机の上のちり紙を取って紙屑かごに投げ入れ、出て行く素振りを見せた。(34)

ワシントンのロンドン在住のフランス人に対する敵意は、その数日後、アルカディア・サミットの特筆すべき出来事の一つ――米英及び中国、ソ連を含む世界の二十六カ国が参加した連合国宣言の調印式でも、またあらわになった。* 加盟国はすべて大西洋憲章の原則を遵守すること、自らの資源のすべてを交戦状態にある枢軸勢力に対して使用することを約した。――その言葉遣いについては、日本に対するモスクワの中立条約に抵触しないよう注意が払われた。加盟国は協力を旨とし、単独での講和ないし平和条約を締結することが禁止された。自由フランスは、政府を構成していない、という理由で排除された。

＊　ほかの諸国は、オーストラリア、ベルギー、カナダ、コスタリカ、キューバ、チェコスロバキア、ドミニカ共和国、エルサルバドル、ギリシャ、グアテマラ、ハイチ、ホンデュラス、インド、ルクセンブルク、オランダ、ニュージーランド、ニカラグワ、ノルウェー、パナマ、ポーランド、南アフリカ、ユーゴスラビアである。

チャーチルが、自由フランスを参加させるため、「政府〔ガバメント〕」という言葉を、「支配当局〔オーソリティ〕」という言葉に代えたらどうか、と提案したが、リトヴィノフは、モスクワから、承認する権限が与えられていない、という理由で反対した。度を失って、首相は、「大使ともあろうものが、こんな言葉の修正すら出来ないのか」、と言った。ハルは、自由フランスには適格性がない、と言い張り、チャーチルも後退した。ド・ゴールは、「アメリカが参戦すると間もなく、自由フランスはその戦争努力にかかわらず連合国の会談から追い出されてしまった」、何と奇妙なことだろうか、と回想している[35]。

クリスマス・イブの夜、ルーズベルトはチャーチルを案内して戸外に出て、ホワイトハウスの庭にあるツリーの点火式に列席した。三万人が異常に暖かい気温のなかで集まった。チャーチルはスピーチで、故国と家族から離れてはいるが、遠いところにいる気がしない、と述べた。「合衆国の中心かつ頂上にいて、わたしは自分がここで外国人であるとは全く感じておりません」。そして「あなたがたの温かい歓迎に、一体感と友情を感じます。わたしもあなたがたの炉辺に座って、クリスマスの喜びを分け合うことが出来るものと心から信じております」、と続けた。(36)

「世界のほとんどが、大変な闘争のなかに閉じ込められてしまいました」、かれは回想している。「しかし、激動のうちにも、今夜はそれぞれの家庭で、それぞれの豊かな気持ちのなかで、心の平穏を保つことができます。……一晩だけ、英語世界の各々の家庭は、幸福と平和の輝く小島でなければなりません。子どもたちには楽しい笑顔の夜を贈りましょう。サンタ・クロースのプレゼントで遊ばせましょう。われわれ大人たちも、これからの厳しい役目と大変な何年かを前にして、楽しみを徹底的に分かち合おうではありませんか。この子どもたちから、受け継ぐべきものが奪われないよう、自由で、公正な社会に住む権利が拒否されないよう、われわれの犠牲と勇気を以て邁進して行きましょう。そして、神の慈悲を信じつつ、みなさんすべてに、クリスマスおめでとうを申し上げます」。

テラスから降りて、ヴァージニア・ハムの晩餐に臨んだチャーチルは、医者に心悸高進を訴えた。ウィルソンは脈をとった。――一〇五であった。興奮で舌をもつれさせながら、チャーチルは、「世の中動き出したぞ。これはロシアが勝つ戦争だ、日本も、アメリカも首までどっぷり浸かったぞ」、と言った。翌朝、大統領はお客をメソジスト教会に案内し、賛美歌をうたった。チャーチルは、心が休まると口にした。かれには慰めが必要だった。日本軍が香港を陥したばかりだった。その夜、ルーズベルトが作ったカクテルをイギリス参謀長たちが啜っている間、かれは聖詩一一二番を音読した。――「わるい知らせを怖れるなかれ、主を信じ、心穏やかに保て」。(37)

晩餐でルーズベルトは、「学生のように陽気で無頓着だった。この人物が国民を大戦争に導いて行くなどとは、とても思えなかった」と、ウィルソンは日記に書いている。チャーチルは、いつもに似合わず寡黙だった、翌日の議会での演説に心が一杯の様子に見えた。食後、戦争のニュース映画が上映されたが、そのあと、かれはスピーチの草稿の準備のため失礼することにした。かれの不在のまま、クリスマス・キャロルをみなで歌った、最初は、「つどえ、信仰深き友よ」だった。

朝になって、ホワイトハウスの裏口から車に乗ったチャーチルは、まだスピーチの最後のところを考えていた。車はサイレンを鳴り響かせ、両側に護衛を一人ずつ乗せていた。何人かが歓呼し、手を振った。ウィルソンが同乗した。

議事堂で、エレベーターに乗り、小さな待合室に入った。チャーチルは腰掛けに座り、深い物思いに沈んだ。やがて立ち上がり、部屋のなかをゆっくりと歩いた。

「わたしたちは歴史を作っている、それがわかるかね?」とかれは言った、目がまたたいていた。[38]

議場に呼ばれ、かれは三十五分の演説原稿を読むため、べっ甲ぶちの眼鏡をかけた。ルーズベルトは、ラジオの中継放送に耳を傾けた。

チャーチルは、自分の父親がアメリカ人で、母親がイギリス人だったとしたら、アメリカ議会を自分のものにしていただろう、と言って話を始めた。これは笑いを誘った。戦争の話を始めて、それは長く、辛いものになる、と予告したものの拍手が巻き起こった。日本について、かれは喝采に応えて述べた、「われわれが如何なる存在か、考えたことがあるのでしょうか?」と。最後にかれはVサインを見せた。最高裁長官のハーラン・F・ストーンは腕を上げてこれに答礼した。議員たちは歓呼し、紙を振った。大汗をかきながら、チャーチルはウィルソンに、かなり体重が減ったよ、と喋った。新聞論評は恍惚としたものだった。『タイム』は、かつて議会がこれほど感動的なスピーチを聞いたことがあっただろうか、と書いた。『ニューヨーク・タイムズ』は、お客を「新しいヒーロー」と描写した。『ライフ』は、かれは「ワシントンをイギリスに、アメリカをかれ自身に売り渡し」た、と書いた。しかし、ヒーローはいささか個人的な痛みを感じていた。(39)

十二月二十七日の夜、ウィルソンはホワイトハウスに呼ばれた。かれのもっとも著名な患者は憔悴しているようだった。チャーチルは、窓を開けようと起き上がったんだよ、と言った。それがとても硬かったので、「かなりの力」を入れたところ息切れがした、と言うのだ。そして続けた、「心臓に鈍痛がする。左腕が下がってしまった。短時間のことだったが、こんなことは初めてだ。何なのだろう？　わたしの心臓は大丈夫かね？」。(40)

略式検査でウィルソンは、冠状動脈不全の徴候を認めた。しかし、ほかの医者は、チャーチルの病歴を詳しく調べたあと、筋肉の緊張によるものではないかと結論づけた。処置は六週間の入院ということになる、とウィルソンは考えた。これは考えられない。また、チャーチルが心臓疾患あり、と伝えられると、かれに対する信頼が激減する。時間を稼ぐため、ウィルソンは聴診器で二回、診察した。(41)

「どうかね？」首相が訊ねた、「心臓は？」。

「心配は不要です」、医者は手短かに言った。「あなたは働きすぎなんです」。

「ね、チャールズ、わたしに休めというわけではないよね」、チャーチルは答えた。「休めないし、休もうとも思わない。誰もわたしの仕事はできないんだ。やらなきゃならない。窓を開けたとき一体何が起こったんだ？　胸の筋肉を突っ張らしたんだよ。力一杯やりすぎた。心臓なんかじゃないんだよ」。

「血行がちょっとゆっくりですね」と、ウィルソンは言った、本当のことは言うまいと決めた。「深刻な問題はありません。休みを取るという意味での休養は必要ではありません。しかし、しばらくの間は、これ以上頑張らない方が良いと思います」。このときホプキンスがドアをノックしたので、ウィルソンは退出した。(42)

その後も心臓について、医者に様子を質問し続けていたが、チャーチルは、オタワ訪問に発った。かれは地元産のビーヴァーの毛皮の帽子を被ってカナダ人たちを喜ばせ、一九四〇年六月に、フランスのマキシム・ウェイガン元帥の予言、英国はヒトラーに首を絞められる鶏だ、という言葉に批判を浴びせた。「鶏だってさ、首だってさ」、チャーチルは大笑いをした。ワシントンへの帰りの汽車のなかで、かれは記者団に、「さあ一九四二年だ！　しんどい年だぞ、闘争と危険の年、勝利への長いみちのりの年だ！　みなが無事で、栄光に包まれますように！」、と語った。(43)

ロンドンでは、イーデンが、モスクワでの妥協点を説明しながら、戦時内閣と戦後のソ連の国境問題を協議していた。反対に会ってかれは、チャーチルに電報を打ち、「厳然たる事実」として、一九四一年の国境を認めるよう、首相がルーズベルトと協議することを提案した。これはモスクワに対し

「われわれの誠意のほろ苦いテスト」となるだろう。

「きみの電報には驚いた」、とチャーチルは返事をした。「すべての国境問題は、ドイツ敗北のあとの平和会議に委ねられている」。かれは、戦後の欧州をモスクワが支配するというイーデンの考えを拒絶した。逆に、かれは、「ソ連が、われわれが求める以上の復興援助を必要とするだろう」と思われ、多分戦後世界の力関係では、合衆国と英帝国が主導権を握るだろう、と考えていた。(44)

一息つくため、チャーチルはマーシャルの飛行機でフロリダへ飛び、ルーズベルトは、ハイドパークへ行った。首相は、レンドリースの元締め、エドワード・ステティニアス所有の家に滞在した。かれは、「静養が必要な傷痍軍人、ミスター・ロブ*」という名で旅をしたが、誰もそのことを疑わなかった。(45)

＊　ジョン・ロブ商会は、ロンドンでのチャーチルのご用達靴屋である。

パームビーチの空気は快く、海は穏やかだった。水着なしで、チャーチルは私的護衛のウォルター・トンプソンに、このビーチは本当にプライベートなので、素っ裸で泳げるな、と言った。「双眼鏡で見られますよ、サー」、とトンプソンは答えた。

「そんなに見たがったとしても」、とチャーチルは言った、「見た方が間違った、と思うよ(46)」。

大きなタオルで身体を包んで岸辺に行き、かれはそれを取って水の中に入り、半身を浸した。――「まるで沼のなかの河馬だ」、と主治医は記した。一つの注意は、鮫が出たと報告されたことだった。

トンプソンに見張りを頼み、お客は浅瀬を離れなかった。

海と太陽に恵まれてはいたものの、ウィルソンによれば、チャーチルは過労状態で、「矢鱈に当り散らし、子どものように駄々をこねた」。原因は、連続して入る戦線の悪いニュースだった。地中海のイギリスの立場は悪化していた。マレーの飛行場を失ったあと、かれはシンガポールのことを心配した。兵器生産も頭痛の種だった。同行していたビーヴァーブルック〔戦時内閣の航空機生産大臣〕は、ルーズベルトに率直に打ち明けた。これはかれの航空機生産の合理化につながった。

やっと一月十二日、ホワイトハウスでの最終会談で、チャーチルは、北アフリカ上陸についてのルーズベルトの支持を取りつけることができた。各国は、「しかるべき」空軍の支援のもと、それぞれ九万の兵力を拠出することになった。チャーチルの見込みでは、フランス軍がヴィシーを見限り、連合国につくと予想された[47]。

ルーズベルトは、英国部隊がほかの場所で展開できるよう、北アイルランドに三万の米軍を、オーストラリアの防衛に五万、ニューカレドニアに二万五千、派兵することを提案した。しかし、対独作戦から切り離されるべき、ほかの戦線に投入される兵力は必要最低限でなければならない、という協定によって、マーシャルはフランス作戦に焦点を当てていた。この曖昧さはルーズベルト流であって、——必要なことであった。大統領がマーシャルに語ったように、「わたしは、大同盟の結束に責任がある。戦争のより活力ある遂行のためには、同盟を崩壊させてはならない」のであった。しかしながら、明確な決定の回避は、合衆国と英国の間に論争を生じさせ、大きな緊張の原因となったのである[48]。

一九四二年一月十四日、主人役に別れを告げ、チャーチルはかれに、四十三年前に南アフリカについて著した『ザ・リバー・ウォー』〔川の戦争〕の寄贈本を手渡した。献呈文に、「困難な時節に、一九四二年一月」とあった。

「最後の最後のわたしを信じてください」、とルーズベルトは返事をした。(49)

6 結論未定《アンディサイデッド》

ロンドン、ワシントン　一九四二年一—四月

「スターリンは、あなたがた上層部の肚を嫌っている」
ルーズベルトからチャーチルへ

モスクワとワシントンで、年の変わり目に行われた会談では頭上に舞っていただけの考え方の違いは、その後の八カ月に姿を現わし、反枢軸の戦線を揺るがしかねない緊張感を齎してきた。チャーチルの大西洋両岸の協調努力にかかわらず、米英は、第二戦線とソ連の国境要求を封じ込めてしまった。双方の問題の背後にはスターリンの存在がある。そして独裁者《スターリン》は、他の二人の指導者に対する圧力を緩めることはせず、三巨頭のなかでもっとも堅忍不抜の立場を固守していた。

戦線には大きな変化があった。日本はシンガポールを占領して、チャーチルに「わが国の歴史で最大の災厄」と言わせる打撃を与えた。北アフリカではロンメルが前進する。ロシアでは、国防軍が大規模な新しい攻撃を仕掛けてきた。大西洋の海上の損失は驚くべきものになった。アルカディア・サミットは西側の二人の指導者に、心の満足を与えただけに終わった。よく整備された水上機で帰国したチャーチルは、医者に、「大統領と良い仕事をした」ように思う、と語った。一月の末日、誕生日

を迎えたルーズベルトは、簡潔にかれにメッセージを送った。「あなたと同じ時代に生きられて楽しい」と。

戻ってから、チャーチルは、一般の点数はかなり高いものの、ワンマンで物事を決めすぎるとか、組織人として軽薄だとかの批判にさらされていることに気づかされた。兼務していた国防相を辞任すべきだという意見も聞えてきた。多くの古いトーリー党員にしてみれば、かれはまだ信用できないところがあり、若い連中の眼から見れば、かれは過去からやってきた人間であり、国家が侵略される危険のある今は、引っ込んでいて欲しい、と思われていたようだった。

「かれは、物事の簡単なポイントさえ聞こうとしたり、把握したりする能力がない。かと思えば、ちょっとした言葉で急に方針を変えたり、継続性なく朝令暮改をしている」と、昔からの政敵、保守党のインド国務長官のレオ・アメリーが日記に書いている。イーデンは、親友に「いまの戦争指導の方法をめぐって」、また権限がチャーチルの一手に集中されていることについて「かなり悩まされているよ」、と打ち明けた。しかしかれがストライキをするわけにも行かないし、クーデターをしようにも支持者がいなかった。下院で不信任案上程に賛成したのは一票だけだった。(1)

二月のなかば、チャーチルは戦時内閣の七名を労働党の代表と入れ替えた。クリップスはモスクワから呼び戻され、王璽尚書兼、下院院内総務に就任した。世論調査で七〇％の支持を獲得したこの社会主義者は、チャーチルが去れば、イーデンの次にダウニング街を狙う二番目の有力候補だった。かれは、チャーチルより十四歳若い、五十二歳であった。首相の能力に批判的であったかれも、ソ連と密接な関係を築くことの熱心な支持者だった。
アトリーは、ある新聞の描いた「自分自身は大スターではないが、超一流クリケット・チームの超一流主将」、というプロフィールが極めて適切である。かれには、公式に副首相のタイトルが与えられた。前労働組合委員長で、労働党としては三番目の閣僚であるアーネスト・ベヴィンは労働相となった。その権限をめぐって散々議論されたあと、ビーヴァーブルックは辞任した。かれの悪化した喘息がその公式説明だった。このカナダ人は、チャーチル自身と同じくらい扱いにくかったが、首相はただちにこの新聞界の帝王をワシントンの大使に転出させる提案をしたが、外務省の猛反対に会って潰されてしまった。[2]
戦況は士気を阻喪させていた。「いたるところで、へまと無駄ばかりしている」、とカドガンは自分の新聞に書いた。「わたしはウィスキーとほかのアルコールを断つ。しかし物事が成るようにしかならないとするならば、それは仕方がない」。チャーチルすら元気をなくしていた。「パパは調子が悪く、重荷となる出来事ばかりが続いて疲れ切っていた」と、娘のメアリが両親と昼食を摂ったあと記録している。首相は皮肉に思ったことだろう。「米国の参戦を自分がいかに望み、祈っていたかを思い出すにつけ」、とルーズベルトへの手紙に書いた。「十二月七日以降起こった事柄で、イギリスの状況がいかに大きく傷ついたか、は認識し難いところです。ほかの不幸がたくさん、重なりあってどんどんわれわれにのしかかってきそうです。あなたの偉大な力だけが、遠い距離と船舶の不足はありますが、徐々に効果を現わしてくるでしょう[3]」。

マッカーサーがフィリピン撤退を余儀なくされるという悪いニュースはあったが、大統領は、元気づけの返信をすることにした。「わたしたちは、つねに敵を撃退する次の行動を期待しましょう。この苦難の日々、あなたのお心持ちが快調であることをお祈りしております。……いつもいつもあなたのことを思いながら」。しかし、これを書いていながらも、イギリス＝アメリカ兄弟の不協和音が炸裂することとなった。

ワシントンからチャーチルが厳しい言葉で伝えた、ソ連の領土要求に関する報告は、この問題が、スターリンとの関係をつなぎ止める材料になり得るというイーデンの信念を棄てさせることにはならなかった。カドガンは、この反宥和主義の使徒のごとき人物が、「道徳律を超えた現実主義」を採用し、「自らが立案したあらゆる原則を、風にのせようと」している、と記した。イーデンには、二方面のたがいに全く異なる味方がいた。クリップスは、バルト三国、ベッサラビア、モルダヴィア、それにフィンランドの軍事基地に関するモスクワの要求を認めていた。ワシントンで、ハリファックスはチャーチルに、英国はバルト諸国の問題でソ連を擁護する、とスターリンに伝えるよう要望していた。カードゲームで切り札を使うようなつもりで、大使《ハリファックス》はサムナー・ウェルズに、ルーズベルトが会話のなかで自分自身の考えとして同じことを言っていた、と伝えた(4)。

このニュースがロンドンに流れると、――カドガンは賛成していなかったが――外務省は、米国務省に対し、ロシアの要求を断わると「ソ連政府との実りある協力関係の見通しが終わりになってしまう」、と警告した。その拒絶は、「ソ連の純粋な一国主義を助長させ、戦後世界に、はかり知れない結果を齎す」。カドガンは、国境承認のための三国会談を提唱した。イーデンと、ロシア、アメリカの大使が、作業グループを作り、――ワシントンではこれをチェックする共同の幕僚長グループを作って、検討して行こうとするものであった(5)。

これは、ハルが病欠していた間、国務省をみていたウェルズの意見には全く合わなかった。かれは大西洋憲章の履行を望んだ。ルーズベルトの周囲にいるほかの人間と同じように、大西洋の向かい側の古臭いものの考え方には疑念を持っていた。アメリカの立場を防衛する原理主義的主張が最優先であり、国務省を預かるかれにとって、これが害になるわけでもなかったろう。

ルーズベルトから何を引き出そうと、ハリファックスは物事を額面どおり受け取ることの危険を思い知らされることだろう。また、チャーチルが描く、大西洋を隔てる提携という幻想とは全く異なる、アメリカ外交を司るものたちの、戦後の新世界のあり方に関する考え方を理解することもできないだろう。合衆国は日本とドイツによって戦争に追いやられたのではあるが、大統領とその周辺のものたちにとっては、この全体戦争は、アメリカの価値を世界に拡げる機会なのである。かれらの考えでは、アメリカは世界の導き手なのである。

たとえばホプキンスは、ヒトラーの打倒は、ニューディールを拡大した形での、民主主義の新しい秩序を地球全体に拡大することによってのみ達成させることができる、と考えていた。ハルは、平和の鍵は、自由貿易と、帝国主義システムの終焉にあると見ていた。春に行った演説で、ウェルズは、「帝国主義の時代は終わった」、また、世界中の人々の解放と、主権の平等のための戦いがいま行われている、と宣言した。――大統領は、ウェルズの言葉は絶対的である、と述べた。国務長官補のアドルフ・バールは、戦争を「人民の戦い」と呼び、中国人、ロシア人、アメリカ人、そして「そのように動機づけられるのであれば」インド人によって勝利が得られよう、と描いてみせた。「この見方にしたがえば」、とかれはその日記に付け加えた、「英国はこのまま沈み込む、いずれにしてもそれは支配的な立場ではない。〔英語世界の理想郷〕は去ってしまった。どう考えても英米共同作業の時代は短いものに終わるだろう(6)」。

こういう考え方は自然に、新世界建設のパートナーとして、ソ連に近づく姿勢に結びつく。これこそ、ルーズベルトの次第に取る道筋となってきた。これがロンドンとの同盟関係についてのいささかの疑念となるのであれば、それも致し方あるまい。作家のイアン・ブラーマが書いたように、かれは単純に、アメリカの理想主義に潜む変革の衝動を摑んでいたのだ(7)。

ニューディール信奉者のあるものは、すでにモスクワの信頼を得る特別の行動を起こしていた。モスクワ・スパイ養成所のもとメンバー、ワシリー・ミトロキンによれば、ホプキンスは、「モスクワで、ロシア人の信認を得たことで有名」だった。多分ワシントンの大使館で、ウラ情報をとるため、ソ連のエージェントを使っていたからだろう。かれは、スターリンに、アメリカ人を信頼させるため、英米トップ会談の内容を提供していたのだと思われる。かれは、ソビエト大使館に、FBIがソ連の大物スパイとアメリカ共産党員の接触を盗聴していることを注意し、アメリカの反ソビエト官僚を転出させることに努力した。しかしミトロキンは、ソ連情報機関が、ホプキンスが自らのエージェントの一人だった、とする主張は否定した。――性格的に、この側近の動機は、裏切りということではなく、理想主義とずる賢さの混ざったものだったのである。(8)

ほかにもっとスパイに近いものたちがいた。国際金融政策担当の財務長官補、ハリー・デクスター・ホワイトは、どこから見てもソ連のスパイだった。ワシントンの大使館の接触先に情報を流し、モスクワから、少なくとも三つのコードネームで呼ばれていた。――弁護士、法律家、リチャードである。ほかの高官の助力者は、ホワイトハウスでは、ロークリン・キュリー、国務省では、アルジャー・ヒスだった。アドルフ・バールがソ連のエージェントと疑われるもののリストを作ったとき、この三人の名前が含まれていた。ルーズベルトは関心を示さず、メモはそのままお蔵入りとなった。

二月十八日、ハリファックスに会ったウェルズは無愛想だった。「われわれ二国政府はどうやら分かれ道にきたみたいですね」、とのウェルズの発言が公式に記録されている。国境問題承認のイギリス提案は、「われわれが採用した原則の完全な放棄です。わたしは、この戦いの目的が、ヨーロッパ諸国が一九一九年から一九三九年にかけて建設しようとした、まやかしの、本来的に欠点だらけのパッチワークの世界をもう一回作ろうとすることにあるとは思っていません。独立、自由、自己決定の原則を全く無視して、健全な、永続的な世界秩序が出来上がると考えられますか?……わたしは合衆国の国民がこれに組することを望む、と信じることはできません」。

ハリファックスは、現実政治の回答をした。――「わたしたちは、戦後のドイツとバランスを取るため、ロシアを必要とするのです」。これについて、ウェルズは、「ミュンヘン精神の最悪局面」の抜粋である、と、後日記録した。

「将来の希望は、きちんとした原則に基づいた新しい世界の秩序のみに求められます」、かれは大使《ハリファックス》に話しかけた。「一体どういう平和がくることになりますかね……もし英国政府とわれわれを未来の希望の星とみている数百万の国民を売り渡したり、あまりその庇護を受けたくない国による、やる気がなく、短慮な、しかし強力な少数支配を、新しい世界秩序の基盤としたりしたら？」。

ハリファックスが出て行ったあと、ウェルズはイギリスの考えについて、大統領と九十分の議論をした。ルーズベルトは、かれに、スターリンの希望に賛成する提案は、ただ一言「視野が狭い」、とハリファックスに伝えたらどうか、と言った。これを聞かされたとき、ハリファックスはショックを受けた。ルーズベルトの敵意は、ワシントンが拒否した要求の源泉であるモスクワではなく、全くロンドンに向けられていたのだ。将来の物事は、米ソの合意で決められるに違いない、と判断したかれは、スターリンと争うのは止めよう、と思った。それよりも、問題は戦争が終わるまで凍結しておき、その間、イギリスが脅されたり、国内政局がおかしくなったりしたら、大統領がその権威で、チャーチルを何とか動かすだろう。

とにかく、とルーズベルトは財務長官のモーゲンソーに言った、「イギリス人がロシア人にした約束がみな守られなければ」、スターリンは、首相を信用しないということの言い訳がうまくできるというものだ。一方、「ロシア人とうまくやって行けることの唯一の理由は、われわれが今まで約束を破ったことはない、という点にある」。それがロンドンにどういう影響を与えようと、この状態を維持して行くことが、ルーズベルトの主な関心となった(9)。

イギリスにとって、事態をもっと悪くさせたのは、と、ウェルズがハリファックスに語ったところによれば、ルーズベルトが国境問題について、スターリンと直接話をするつもりであることだ。明らかに会話を楽しみながら、ウェルズは警告した。もし、イギリスがモスクワとの秘密の領土協定を提案したことをアメリカ人が知ったら、「合衆国と英国との間に最悪の危機的状況が訪れるだろうこと……疑いない。そんな協定は、アメリカ国民が信じている戦争目的からの恥ずべき逸脱である」。かれは、十一月の中間選挙で投票することになる、何百万にものぼるポーランド、バルト諸国、や東欧系の有権者と仲たがいしたくない、ルーズベルトの立場については触れなかった(10)。

ロンドンではカドガンが大きな危険を感じていた。日記の中で「アメリカ人に原則を外すよう押しつけるのは誤りだし、かれらの頭越しに、われわれがそれをやるのも大間違いだ……ルーズベルトは厄介だし、好きにはなれないが。目的は何なのだ?」、と書いている。しかし、イーデンの主張は、西側がもたついていると、ドイツを含むヨーロッパの運営に対して、本人を縛る何らの取り決めもない、敵対的なスターリンの出現を許すことになる、というものだった。この裂け目を認識してモスクワは、イギリスに「アメリカの介入」を無視せよ、とせまってきた(11)。

決定的なところで、チャーチルはイーデンの執拗な意見により、方向を転じた。三月六日、外相との夕食時、かれは、ロシアがモロトフ=リッベントロップ協定〔一九三九年八月の独ソ不可侵条約〕で得た領土を、大西洋憲章が否定的に解釈するものではない、という意見をルーズベルトに伝えることに同意した。戦局の重大性がそれを許容するだろう、とかれは付言した。もっと驚くべきことは、首相が何をしようとしていたか、スターリンに知らせたことだった。「戦後のロシアの国境問題についてあなたを加えて、われわれが協定を締結することを認めるよう、ルーズベルトにメッセージを送りました」、とかれはクレムリンに伝えたのである。(12)

チャーチルもそちらに乗っかってしまったので、ワシントンでは、ロンドンとの政略の距離が如何に離れてしまったか、深刻な議論に発展した。ルーズベルトはイギリスに対して、自分との協議なしに結論を出してはいけない、と正当に要求できるだろうが、同盟関係に足枷をはめてしまっても良いのだろうか？「かれはわれわれの外交政策を無視したり、全否定することができる、と主張できるわけはない」、とオリヴァー・ハーヴェイは日記に記した。それは単に戦争だけの問題ではなく、その後の数十年の問題なのだ。(13)

俎上には、国内政局も上がっている。ソビエト問題は英国内でも周知されており、チャーチルはイーデン、クリップスなどの動きを排除することができなかった。保守党は、このところ補充選挙で、連続三回敗れていた。一度は三五％減という揺り戻しを受けた。ビーヴァーブルックは大運動を展開し、購読者ナンバーワンの自分の新聞を利用して、「第二戦線を直ちに！」と呼びかけていた。もしチャーチルが、スターリンと話をつけられたら、かれは、イーデンとかクリップスといった短絡的な親ソ・ロビーを黙らせることができるだろう。またモスクワに、自分がルーズベルトのプードルではないことを見せつけることもできよう。

ダウニング街の支持に勇気づけられ、イーデンはワシントンに、イギリスはモスクワとの関係を密にするあらゆる機会を大事にしたい、と伝えた。かれのメッセージは、「スターリンの大西洋憲章への加盟は、ソ連は一九四〇年の国境が容認される、すなわちバルト諸国はロシア領土の一部であることの了解のもとに行われている」という見解に沿うものであった。バルバロッサ作戦以前の国境を認めない、ということを理由に、クレムリンがロンドンに敵対する態度をとるとすれば、破滅的な状況になるだろう、とイーデンは付け加えた。ハリファックスはウェルズに、これは、戦争が引き続き悪い方向に進展し、万一ロシアがヒトラーと個別の和平交渉を始めたりしたとき、何が起こるか、ということの暗示なのだ、と説明した。多分そうなるとチャーチルは、「あからさまな共産主義者であり、親モスクワ政策」をとるクリップスに取って代わられるだろう(14)。

ルーズベルトは動かなかった。スターリンの要求の承認は、「インクの乾かないうちに大西洋憲章をわたしが破り捨てることと同じだ。わたしはそれをしない」、とウェルズに語った。かれは、モスクワの望みどおりにはさせない、とポーランドの亡命政府に保証した。ハリファックスが大統領に面会を求めたとき、ルーズベルトは、国境問題であればすでに自分の見解を述べたので、議論しても意味はない、と言った。完璧な肘鉄だった(15)。

カドガンはずっと認めていなかったが、戦時内閣は、モスクワと新しい協定の交渉に入ることを承認した。ハリファックスは、スターリンとの率直な取引の道筋に国境問題があるので、イギリスは少し先に進む、と大統領に伝えるよう訓令された。もしこれが認められない場合、ロンドンは、ルーズベルトがその見解を公表しないことを望んだ。

ハルとウェルズにしっかりと支えられて、ルーズベルトは微動だにしなかった。国務長官は、英ソの協定は、同盟関係に「恐るべき打撃」となるだろうと信じていた。かれはリトヴィノフに、アメリカはソビエト連邦に「しかるべき安全保障の手段」を提供するが、世論は、バルト諸国に何らか影響を及ぼす問題は認めないだろう、と伝えた。戦闘が終わるまでは国境問題は決まらないだろう。大統領は、自分を除外して、スターリンとイギリスが話し合いをしている状況を不快に思っていた。ホプキンスたちがこの問題を持ち出したとき、ルーズベルトは不機嫌になり、話を聞くことも拒絶した。(16)

チャーチルは、思い切って危険な道に入り込んだ。かれは徐々にルーズベルトに植えつけた自らへの信頼感を破壊する賭けに出た。そしてスターリンには、西側のリーダーが分裂していることを知らしめようとした。また、被占領地域のレジスタンス活動に対し、イギリスはかれらを売り渡すことをほのめかすような一連の行動を取ることにより、亡命ポーランドの指導者を驚かせることとなった。とくに、同盟がその最大の強さを発揮すべきときに、かれはその弱みを見せてしまった――そして、それはワシントンとロンドンがほかにもさまざまな問題を抱えているときでもあったのである。

金融経済と貿易にも影響を及ぼした。真珠湾の次の週、財務省でハリー・デクスター・ホワイトは、戦後の通貨協定の基礎となる連合国安定基金の作業をしていた。イギリス側も同様の考えを持っていたが、とくに前年、ジョン・メイナード・ケインズがワシントンにきて、国際金融問題で合意を取りつけることに失敗したあと、アメリカ側の計画も問題視されていた。そして貿易と英帝国の特恵制度について、新たな論争が巻き起こった。――チャーチルはウィナントに、自分は広く議論したいと思っているのだが、閣僚の四分の三は、「債務に見合う支払いと、帝国の主権を交換条件にするべきではない」という意見だと伝えた。ウェルズは敢えて、それは「大変に深刻な問題に発展する」と忠告した。ワシントンの一部には、英帝国が、戦後、主要なライバルとして生き延びるのではないか、と懸念する声もあった。大統領は、そのうち、ワシントンが世界平和に門戸を開放することに貢献する、貿易の構想が実現できるよう、「大胆な、率直な、幅広い議論」が必要となってくる筈だ、と発言した。(17)

同時に、また国境要求には反対であるにもかかわらず、ルーズベルトはスターリンと接触をはかるべく動き出した。こうして、モスクワとの関係で主役を演じようとしたチャーチルの望みが挫折した。大統領は首相に、独裁者とは容易に合意に達するだろう、と語った。なぜなら、われわれ二人とも現実主義者だから、と。そして、「わたしが個人的には、おたくの外務省や、うちの国務省よりもスターリンを操縦することができる、と率直すぎる話をしても、あなたは気にしないよね」、とも言った。「スターリンは、あなたがた上層部の肚を嫌っている。かれは、わたしの方が好きだと思っているし、ずっとそうであって欲しいね(18)」。

ここでの問題は、ルーズベルトの国境問題に対する態度との基本的な矛盾である。絶大な自信をもって、かれは二つの問題を操って行けると思っていた。そしてその先に、第二戦線問題が控える――これはジョージ・マーシャルの戦略を満足させる追加のアトラクションなのだ。アメリカの幕僚長たちは、フランスの攻撃計画の速やかな提出を指示されていた。大統領は、リトヴィノフに、イギリス人説得に努めていることを明らかにした。大使のモスクワへの報告には、イギリス人との交渉は骨が折れるが、スターリンとはもっと容易に合意に達するだろう、なぜなら「われわれ両人は、同じ一つの言葉で話し合えるから」とのルーズベルトの発言を引用した。

これは、アルカディアで到達した和解の放棄を意味する。「われわれは欧州へ出て行って戦わねばならない。——全世界の資源の無駄遣いを止めねばならない——もっと悪いのは——時間の無駄遣いである」と、陸軍戦争計画主任のドワイト・アイゼンハワーは、綱領に記載した。「中東、インド、ビルマを別として、ロシアを閉じ込めておきたいなら、われわれは西ヨーロッパの空からの攻撃を始めなければならない。そしてできるだけ早く上陸攻撃につなげなければならない」。マーシャルとスティムソンは、西ヨーロッパは唯一、同盟軍が大規模攻撃ができるところで、制空権確保のもとに、米英軍が共同して作戦行動ができる場所である、と主張し続けた。上陸は今年中でなくとも、計画はただちに樹立すべきである、そして、もしロシアが負けそうであれば、この秋にでも小規模の攻撃を考えるべきである。(19)

四月一日の会議のあと、ルーズベルトは、マーシャルとホプキンスに、ロンドンにアメリカ側の事情を伝えるよう指示した。ボルティモアから空路を取る前、ホプキンスはチャーチルに電報を打った。「撃ち方始めをお願いします」と。前回訪問のときの身震いした日々のことを思い出したのか、先行きの戦闘行動を思いやって興奮していたのかはよくわからない。しかし明らかに、大統領は、この使節の重要性に関する判断を、チャーチルに委ねていた。「ハリーとジョー・マーシャルの言うことは、すべてわたしの心と胸のうちにあるのです」と、かれは電信で伝えた。「貴国とわが国の国民は、ロシア人からの圧力を減ずるために、一つの戦線を開始することを望んでいます。そしてこれら国民は非常に賢く、ロシア人が、こうしている間も、より多くのドイツ人を殺し、あなたとわたしが送ったものよりも多くの装備を破壊していることを知っています。大成功とは言えないにしても、大きな目的は達せられようとしています[20]」。

ルーズベルトが、引き続き国境問題を固く拒否していたとすれば、同じように、チャーチルは、ワシントンで提示した周辺地域の戦略に固執していた。第二戦線のキャンペーンは、英国で好意的に受けとめられてはいたものの、世論のかなりの部分が、スターリンは要求し過ぎである、と考えていた。とくに、過去、ヒトラーと協定を締結したことを前提とすれば尚更であった。作家のH・P・ハーバートは「ジョーの友だちからの、ちょっとまじめな話」という詩を書いてアッピールした。もしヒトラーが攻撃していなかったら、ロシアはいま戦争をしていただろうか、と詩は疑問を投げかけている。チャーチルはモスクワのイギリス人旅行者についてのジョークを作った。「これがウィンストン・チャーチル広場です。もとのアドルフ・ヒトラー広場です、とガイドが説明する。そして「これがイーデン・ホテルです、もとのゲーリング元帥ホテルです」。そして「これはビーヴァーブルック・ストリートです、もとのヒムラー・ストリートです」。ガイドがタバコを差し出すと、旅行者は、「ありがとう同志〔コムラード〕、もとのお馬鹿さん[21]〔バスタード〕」、と答える。

ノルマンディ上陸のアメリカの作戦計画には、強硬な反対者が現われた。鷹のような顔つきで、猫背の新任の帝国参謀総長、アラン・ブルックである。実戦から抜け出して双眼鏡を握ることになった将軍は、北アイルランドの生まれだが、母親に、南西フランスで育てられた。梃子でも動かぬ頑固者で、「弾丸」という綽名がつけられた。賛成できない提案があると、かれは単に、「全く不同意です」、と言って手の中で鉛筆をぱちんと鳴らした。かれの日記には、間投符だらけで、一緒に働くもの、とくにアメリカの戦略についての辛辣な批判で一杯だった。日記は、仕事の重圧でしばしば押しひしがれ、緊張を余儀なくされた将軍の、憂さの捨てどころだったのである。[22]

小説家のアンソニー・パウエルは、ホワイトホールにかれがやって来るときの「ハリケーン襲来」の様子を観察している。かれは公用車から飛び出し、「職場のビルの階段を蹴りつけるように上がり、なかのドアをばたんと開けてホールに入るのである。電流のような、すさまじい物理的エネルギーの流れがビルのなかに充満するのである」。鋼鉄のような外見の内側には、かれが滅多に表わさない人間的な感情が潜んでいた――かれの日記には、ハンプシャーの自宅で、週末を妻と過ごしたい、という気持ちがしばしば残されている。[23]

五十八歳の将軍は、特有のアクセントで早口に喋るので、アメリカ人たちは、ときについて行けなかった。かれは、チャーチルがディルの更迭を決意したとき、一九四一年の末に、CIGS〔帝国参謀総長〕となった。首相は、ブルックがその前の国内防衛担当のとき、どういう仕事振りだったかよく知っていた。チェカーズでの晩餐会で、客の二人がテーブルを離れたとき、かれはブルックにこの最高のポストを打診した。ブルックは、自分が尊敬していた前任者のこと、そしていまの戦争局面での新しい仕事のことに思いをはせた。チャーチルは再考を促し、ほかのお客のところに行った。ブルックは跪いて、加護を祈った。チャーチルはかれの寝室に来て、手を取り、眼を見つめて言った。「全き幸運を祈る」。仕事を引き継いでみて、ブルックは、「その日ぐらし、一時しのぎの毎日……吹いてくる風に、われわれが風見鶏のように振り回されている」ことに吃驚させられた[24]。

軍隊の論理は、政治家の移り気と短気に折り合わず、かれとチャーチルは始終争いをしていた。首相がテーブルを叩くと、たがいに睨み合いながら、ブルックは叩き返した。チャーチルのやり方に常に腹を立てていたかれは、意見をできるだけ言わないことにした。なぜなら、「戦争問題で意見を言えば言うほど、勝てなくなりそうな気がしたから」である。「軍人と政治家がいっしょになって満足できる仕事は出来ない」、かれは結論づけた。「いまも、将来も、北極と南極なんだ」。

一九四二年、チャーチルはイズメイに語った。「わたしはかれと仕事ができないよ。かれはわたしを嫌っている」。パグは答えた、ブルックは正当な理由があるかぎりは、反対するのが義務だと思っているのですよ、しかし本当は首相のことが好きなんです。「デイア、ブルック」、チャーチルは呟いた、眼に涙が浮かんでいた[25]。

一九四二年四月八日、ロンドンにアメリカ・チームが新鮮な農作物の木箱二つを持ってやってきた。

不幸にして軍事顧問団は、その頃イギリスでも容易に手に入れられる野菜も詰め込んでいた。——芽キャベツである。ホプキンスはまた体調を崩していた。ルーズベルトはマーシャルに、「お願いだからホプキンスを、陸軍か海兵隊病院に入院させて二十四時間看護をしてくれないか。そして国王に、まだほかにやることがあるのか、聞いてくれないか」、と指示をした。しかし本人はまだ、クラリッジ・ホテルで夜を過ごすのに、ジン・ラミーの相手がいないか、など気晴らしの方法を探していた。かれはまた、春を楽しんでいた。——このシーズンに田舎を歩くと、「なぜ世界中で、イギリス人があれほど素晴らしい詩を作るのかがわかるよ」、とかれは娘に手紙を出した。(26)

ホプキンスは、下院でスピーチをするよう依頼を受けた。爆撃の被害で、下院は筋向かいのウェストミンスターのチャーチ・ハウスに移っていた。かれは、アメリカの工業力に重点をおいて話をしたが、列席のあるものにとって、どちらかと言えばかなり際どい話もあった。かれはまた、チャーチルと同じように寝坊をする癖を直した。ルーズベルトが、チャーチルにインドの国家主義者と協議をするよう促したメッセージを出したとき、かれの早起きが、うまく問題の機先を制することになった。立腹した首相は、辞任を口にした。ホプキンスはかれをなだめた。翌日、チャーチルは、「純粋に個人的な」メッセージをホワイトハウスに送り、戦時内閣にこの件を持ち出すようなことはしない、と伝えた。「あなたとわたしの間で、何か深刻な意見の相違とみられるようなものがあると、わたしの心は大きく痛み、またこの重大な戦局にあって、二国の関係が深く傷つくことになります」、と付け加えた。(27)

アメリカ・チームにつけられた「モディカム」というコードネームは、慎ましやか、という意味ではあるが、チームがチャーチルとブルックに提案した作戦は、四十八個師団、七千の上陸用舟艇、五千八百の戦闘機による、フランス侵攻であった。事前の「攪乱戦術と空襲」が敵を浮き足立たせることだろう。第一波は、ブーローニュとル・アーブルの間で、海と空からの上陸をはかり、次の週、十万の兵力がそれに続く。(28)

この実現を、この年一杯待つようだったら、アメリカ人は気が抜けてしまう。ルーズベルトはできるだけ早く、ドイツとの戦闘に派兵したいと考えていた。世論はドラマティックな展開を期待していた――十一月初めの中間選挙は苦戦が予想されていたので、政府は十月末までにはドイツとの実戦開始を望んでいた。そして、より小規模な、ブレスト港か、コタンタン半島への攻撃が計画された。スレッジハンマーと名付けられたこの計画は、ドイツかロシアのどちらかが敗北の兆しを見せたときに、展開される予定だった。しかしこれは数週間経つうちに自壊してしまい、ラウンドアップ*というコードネームをつけられた、翌春の大攻勢に先立つ、大統領の要請に沿う秋の作戦行動に道を譲ることになった。マーシャルにとって、一つはっきりしたことは、一九四三年に全面攻勢を行うとすれば、北アフリカなどほかの戦線へ兵力を裂くことはできない、ということだった。(29)

* これについては、戦時中の交信で色々な書き方がされている。ラウンドアップ、ラウンド=アップ、ラウンダップ、など。ここで引用したのは、ルーズベルトが最初にチャーチルに書いたときのメッセージにあるものである。

ブルックは、まずいことになると思った。スレッジハンマー作戦の発動一回あたり、舟艇の不足で、四千の兵しか海峡を渡らせることが出来なかった。これはドイツ空軍の脅威にさらされながら、およそ七〇マイル〔一一二キロ〕の海面を渡らなければならないのである。ドイツは西部戦線に三十六個の戦闘師団を擁し、なお増強することが可能だった。スレッジハンマーは、最初に位置づけられたイギリスとしての作戦だったが、ロンドンの戦略の考え方を前提にすると、明らかにその動機には問題があった。

ブルックとマーシャルの間の雰囲気にはよそよそしいものがあった。アメリカ人《マーシャル》はこのアルスター人《ブルック》にはディルの脳味噌が不足している、と思い、帝国参謀総長《ブルック》は、お客《マーシャル》の賢さに感心することもなく、「自分が重要人物と、自分で思い込んでいるよう」に見受けられた。四日間の会談を終えて、ブルックは少し和らいだ表現で日記に記した。「会えば会うほど、好きになる人間だ」。しかし好きになるということと、意見を同じくするということは別である。「会えば会うほど、かれの戦略的資質がお粗末だということがはっきりして来る」、とブルックはあとで書いている。「たしかに色々な局面で、かれは非常に魅力的ではあるが、非常に危険なところがある！」(30)。

早きに過ぎた上陸が、敗北に終わって、アメリカの世論を損なわせる危険もあった。そこでルーズベルトは、焦点を太平洋に切り替えることにした。英国、蒋介石側と、米国の軍事顧問、ジョセフ・スティルウェルとが反目しているなかで、日本軍はビルマを占領していた。スティルウェルは秩序のない中国軍を見限って、インドへのジャングルの道を模索していた。ルーズベルトと同じく、チャーチルも同盟国の連帯について幅広い考えを持つ必要があった――そして大西洋をはさんで不和が生じないよう努力していた。どんなに弱点があろうと、アメリカの計画はヨーロッパへの介入を約束するものであった、――実際、マーシャルは、イギリスの要望以上のことを考えていた。チャーチルは、後日、「合意された協調行動を確保するため、方針に沿った外交的な仕事をする必要があった」、と記録している。かれは、反対者の説得をブルックに委ね、かれ自身は、物事を自らの思う方向に動かすため、「戦略的な自然の選択」と名づけた、機会を待つ方針とした。(31)

したがって、四月十四日に、ラウンドアップ＝スレッジハンマー作戦が共同防衛委員会に上程されたとき、チャーチルは、「謹んでお受けすることに何らの異議はありません」、と答えた。しかし、秋の上陸、といった具体的な言葉は使わなかった。ブルックは、シェルブール周辺の突出部が冬の間に確保できる、ということには疑問を表明し、日記のなかの「計画」という言葉に、皮肉っぽく、さかさにカンマを打った。マーシャルと個別協議をしたあと、アメリカ人はラウンドアップのあとのことを何も考えていないと書いた。「ル・トゥケで、バカラをするのか〈シュマン・ド・フェール〉をするのか〔いずれもトランプのゲーム〕、それとも、パリ＝プラージュ*で海水浴をするのか何も書いてないいんだよ」と付言した。(32)

＊　快適なビーチ・リゾートのこと。最近出来たパリのセーヌ河畔の夏用施設のことではない。

7　人民委員の訪問

モスクワ、ロンドン、ワシントン
一九四二年五―六月

「ロシア人をイコール・パートナーとして仲間に入れずに、イギリス人とわれわれだけで世界をまとめて行くのは無理である」

ホプキンス

ホプキンス、ハリマン、ビーヴァーブルック、そしてイーデン、みなモスクワへ行った。今度はスターリンが西側に使節を出す番だ。一九四二年五月二十日、モロトフが雨の中、スコットランドに到着した。四つエンジンのソ連爆撃機は、スカンディナヴィア半島を横切ってきた。この外務担当人民委員の訪問は、ルーズベルトの勧めによるもので、本人は「ミスター・ブラウン」という暗号名で旅を続けていたが、ワシントンも訪問しなければならなかった。英国と、国境要求問題を含む新協定を結ぶことを望んで、スターリンはかれをロンドン経由で行かせることにした。カルコフの戦闘で、赤軍はもう一つ大きな後退を余儀なくされていたが、お客は、イーデンによれば、「格好良く、褐色のスーツで、満面に笑みを浮かべながら」現われた。十年後に、秘密警察が、このスコットランドからロン

ドンへの汽車のなかで、かれが英国のスパイとして抱き込まれたということを認めたこともあった、——スターリンが死んだことでかれは救われたのだ(1)。

モロトフはこのとき五十一歳、ボルシェヴィキ革命の戦士であり、ソビエト官僚の権化となった。交渉事では疲れを知らず、その仮借のなさで、レーニンに、「石頭」とか「鉄人」という綽名をつけられた。一九二四年以来の政治局メンバーで、名前をスクリアビンからハンマーを意味するモロトフに変えた。かれに対する皮肉をこめて、一九三九年から四〇年のソビエト侵入に対する抵抗戦で、フィンランド人たちは、赤軍の戦車に投げつける触発性火炎爆弾を「モロトフ・カクテル」と名付けた。一九四一年まで首相を努め、富農層抑圧についてスターリンの右腕であり、不動の忠節を誓っていた。——香料の仕事をしていた彼の妻のポリーナを糾弾するため、中央委員会が投票したとき、かれは棄権した。スターリンの指示によって離婚したが、その後、彼女は逮捕され流刑された。死の間際、かれは「スターリン、ポリーナ、そして共産主義」のために乾杯をした。同盟国側の重要人物のなかで、唯一人、ヒトラーと面会した。一九三九年、リトヴィノフに変えてかれを任用したことは、政策の硬化を意味した。「赤軍社会主義」——軍事力による共産主義社会の拡大——の信奉者として、自分の仕事は、「祖国の国境を拡大することである」と言い、ナチスと分けあった諸国の国内治安にモスクワの権力を確立した。これら諸国には個別の政府があったが、モスクワの伝統的な帝国主義支配が永続することとなる(2)。

モロトフは政権の仲間に比べて高い教育を受けていたが、いささかどもりで、顔は無表情、冷たい眼をしていた。あまり知られていない個人的嗜好の一つに、胡桃が好きだったことがあげられる。一九四一年、クレムリンでかれと会ったハリマンは、「エネルギーのかたまり、ユーモアの全くない、融通が利かない、杓子定規の、スターリンその人よりも協調精神のない人物」、と評した。部下に対しては、馬鹿丁寧で、声を高めたことがなく、悪い言葉を使ったこともなかった。しかし、ソ連のある通訳の回想では、かれの叱責で、その相手たちが失神したこともあった。モロトフは、水差しの冷水を顔に浴びせて甦らせ、そして護衛がかれらを連れ去った。(3)

モスクワとロンドンの間の空気は、モロトフ来訪の数カ月前からいくらか好転していた。国境問題の方針転換とは別に、チャーチルはスターリンに、物資供給が遅延も中断もしないことを保証した。独裁者は、英国の行動のスピードと効率に感謝している、と伝えた。大使のマイスキーが、昼食時、ドイツがこの春の攻勢に毒ガスを使用するのではないか、と懸念したとき、チャーチルは、イギリスも、ドイツにガス爆弾を投下して報復する、と答えた。(4)

モスクワの新しい大使、アーチボルド・クラーク・カーは、クリップスよりもスターリンとうまくやっていた。一つには、かれは禁酒主義者ではなかったのである。クレムリン内の防空壕で二時間半、かれとスターリンは、おたがいの趣味であるパイプタバコと、女の話で過ごした。スターリンは、奥方を黙らせるには「ステッキを使うのが一番」と喋ったが、離婚した大使にはややデリケートな話題だった。話の間、ソ連指導者の声音は上がったり、下がったり、お腹の揺れを隠すような具合だった。そして、自分用のタバコを取り寄せるため、使いを出した。クラーク・カーは、独裁者が、「われわれの共同作業が、完全な相互信頼のもとに進行することを信じている」、と報告した。[5]

しかし、ロンドンの風向きはまた変わりつつあった。チャーチルは、スターリンの国境要求に応じないアメリカの反対の強さを認識した。イーデンすら、英国はポーランドを売り渡すべきではない、との認識で、次善の策を考えるようになった。五月七日の戦時閣議で、チャーチルは、倫理の立場を取った。ロシアの要求は良くない、と言い、「われわれはそれをやってはいけないし、それを謝る必要もない」、と付け加えた。外務省は、国境問題なしの、別の条約案を作成した。[6]

モロトフ一行を迎えて、チャーチルは辛いことになった。チェカーズに宿を提供し、ヨーク・ハムとケジャリー〔インド風米料理〕の朝食でもてなした。しかし、人民委員は、邸と庭に格別の興味を示さず、浴室のシャワーが出ないことに文句を言った。一行は、寝室の鍵を要求し、ロックした。一行のうちの女性のメンバー二人は、居室の掃除をした。なかに入ることのできた、チェカーズの職員は、いくつかの枕の下に回転拳銃が隠されているのを見た。夜間、モロトフのガウンと書類鞄の脇には、ピストルが置かれていた。[7]

チャーチルは、作戦室にお客を招び、英国の行動上の限界について説明した。かれは、現実に戦闘配置にあるRAF〔英国空軍〕基地に案内し、昼食時に「万国の労働者よ、団結せよ！　ヒトラーが新たな鎖を鍛えている」、と乾杯の音頭を取った。ある昼食で、かれはオートミールと、大麦で作った代用コーヒーによるこの国の非常食の話を強調した。——戻ってこの話をモロトフはしたが、スターリンは、そ

の食事は「安っぽい民主主義のショーにすぎない、……お前の足を掬おうとしただけだよ」、と片付けた。(8)

外相《モロトフ》は、カドガンの記録によれば、「トーテムポール〔階級組織〕のあらゆる美点を示しつつ」、すぐに本来の形式主義を発揮した。かれは即刻の第二戦線開始を、きびしく要求し、これは英ソ協定以上の重要問題である、と主張した。正直に、しかしあまり誠実でもなく、チャーチルは、年の終わりには上陸する準備が出来る、と答えたが、モスクワの希望するような効果は期待できないだろう、と釘を刺した。戦後問題について、訪問者《モロトフ》は、バルバロッサ作戦以前の国境と、フィンランドとルーマニアへのソ連軍駐留基地に関する秘密協定の確認を要請した。(9)

「それは認められません」、チャーチルは答えた。かれはスターリンに電報を打ったが、以前のかれの言説からすれば、それはスターリンを驚愕させるだろう。かれは説明した、「ポーランドについては、わたしたちは、以前の合意に立ち戻ることは出来ません。そしてわが国とアメリカの世論を考慮に入れる必要があります」。イーデンは、ロシア人たちが「あんぐりと口を開けた」、と記した。オリヴァー・ハーヴェイは、日記に、フィンランドとルーマニアについての提案は「悪臭を放った」、と書いた。

モロトフは、ポーランド問題は、モスクワと戦後のワルシャワ政府との間で解決されるべきだ、と固執した。ポーランドがドイツから、一万五千平方マイル〔約三・九万平方キロ〕の東プロシアを獲得するならば、モスクワがバルト諸国を併合することをイギリスが承認するべきだ、と。かれは、イーデンが示唆した、バルト人の移住の権利を否認した。

ワシントンは関心を以て見守った。ウィナントは外務省に、国境協定がアメリカに与える悪い影響は誇張ではない、と伝えた。ハルは、「国際連合の大義名分のすべてに甚大なショック」を与える、と警告した。国務省は、万一イギリスがお手上げとなったら、反対声明を出そう、と準備していた。ルーズベルトはこれを承認した。かれは、この声明が出されると、その半年以内に同盟関係は分裂するだろう、と予測していた。[10]

硬化した英国の方針と米国感情の認識が、組み合わさってモロトフに届いた。五月二十四日、日曜日午後六時、かれはウィナントに、翌日のアポイントを取るべく電話した。大使は早い方が良いだろうと言った。アポイントは午前十時と決まった。マイスキーも同席することになった。[11]

ウィナントが国境協定に反対の強硬路線を譲らないので、モロトフは、ルーズベルトの考えが「熟慮の結果であること」を認めた。ウィナントが去ると、マイスキーはイーデンに電話し、翌日モロトフに会って貰えないか、依頼した。イーデンは承諾し、チャーチルに電話した。かれは「大変に喜んだ」、と日記に書いている。その夜一杯、モロトフはスターリンと協議した。ドイツの大規模攻勢を受け、あらゆる救援を必要とした独裁者は、国境と秘密協定には一言も触れなくても良いので、協議をまとめるよう指示をした。赤軍に西側から恒常的に物資が供給されるのであれば、事前の協定があろうがなかろうが、ロシア領土を超えて進出することが出来る、スターリンはこのことを知っていた。[12]

モロトフは再び元気を取り戻した様子で、イーデンに、イギリスの協定案を受け入れると伝えた。その二日後、協定は調印された。第五条に、両締約国は、「自らの領土拡張を図らない、相互の国内問題に干渉しない、という二つの原則のもとに行動する」、という表現があった。これはこの同盟の偽善の第一歩を示すものだった。ソ連大使館での昼食会では、乾杯が繰り返された。「ともかくも」、ブルックは日記に書き残した、「一連の出来事にはぞっとさせられる。世界全体の平和が来るまで、まだまだ何世紀もかかるだろう(13)」。

イーデンは、自ら名づけた「最高の日」、ハーヴェイをともなって、リッツの祝宴に臨んだ。雰囲気は申し分なく、ポーランド代表のシコルスキー将軍も、ソ連大使館の公式行事に出席するほどだった。ポーランド人は、アメリカの介入が決まったことだと見ていた。ワシントンのポーランド大使は、ウェルズを訪問して祝辞を述べた。――ハルは後日、イギリス人についてウェルズに語った、「かれらに仕返ししないとね」。「われわれは、二国間の障害の多くを取り除きました」、とチャーチルはスターリンに電報を打った。独裁者は、次の獲物に舌なめずりする虎のように、「のどを鳴らしていた」――と、チャーチルは回想している(14)。

五月の末、ルーズベルトは、従姉妹のマーガレット・サックリーをからかった。これから「消防士のお客がくるよ」と言った。英語は喋れない、「シャングリ＝ラからくるんだ。モンゴル語しか話さないのだよ」。かれは、お客《モロトフ》が「あまり楽しい人物ではなく、滅多に笑わない」と聞いていた(15)。

モロトフの乗機、製造七年目の爆撃機は、車輪を軋ませてワシントンに着陸した。ハルに出迎えられ、外相はきちんとたたまれたコートを腕に、滑走路に直立して国歌吹奏を受けた。ルーズベルトに面会して、モロトフは、一行のなかの軍事責任者が、交通事故で膝頭を骨折してロンドンを離れられないので、自分が、政治問題に加えて軍事問題も協議することになった、と説明した(16)。

大統領は第一回の会合で、訪問者をどう扱って良いかわからず、頭が痛かった。通訳の言葉がはさまれるので、いつもの会話の調子が途切れてしまう。雰囲気は良好だったが、ホプキンスの記録によれば、「打ち解けるのは、なかなか難しかった」のである。会話が弾んで来ないので、補佐官は休憩を提案した。これがモロトフとリトヴィノフの言い合いにつながった。ソビエト大使《リトヴィノフ》は、上司《モロトフ》のため、外交官の宿泊施設、ブレアハウスの滞在を勧めた。しかし後任の外相《モロトフ》は、ホプキンスの筋向かいの部屋でのホワイトハウスにおける一泊が忘れられなかった。ソビエト一行の若い女性が一人、かれにしたがった。チェカーズのときと同じように、ピストルを含む荷物が、ソーセージ、黒パンといっしょに持ち込まれた。

その夜、晩餐会の前のカクテルを調合しながら、大統領はモロトフに、米、英、ソ連、それに中国で世界を管理する、という構想について話をした。かれは、国際連合を補強し、経済問題から起こる戦争を根絶するため、地球規模の経済の枠組みを、ワシントン、ロンドン、モスクワで作って行く必要があると考え、アメリカの政策担当者が、その作業をしていることを伝えた。ドイツ、日本、フランス、スペイン、ベルギー、オランダ、スカンディナヴィア、トルコ、及び東欧諸国は非武装となろう、しかし、フランスは十年ないし二十年後は大国の地位を取り戻せる。ルーズベルトが、国境問題が協定から外されたことを喜んでいる、と話したとき、モロトフは、英国に敬意を表したことと、大統領の立場を充分理解したからだ、と答えた。[17]

食後、ルーズベルトはお客を書斎に招き、ソファに寛いだ。モロトフは、アメリカにおけるソビエト連邦のイメージについて質問した。

多分、一般大衆は、議会よりも友好的でしょう、とルーズベルトは答えた。ホプキンスが口をはさんだ。アメリカ共産党は、ほとんど「不平の多い、欲求不満な、そのくせやる気のない、声ばかり大きい人たちの集まりです。それにはっきりと協調的でないユダヤ人のかなりの割合が含まれています」。これがソ連共産党の本質について、普通のアメリカ人に誤解を与えています、と言い足した。

「この問題に」、と通訳が記録している。「大統領が、みなが知っているようにわたしはおよそ反ユダヤ主義ではない、しかし、その観点は大事なところだと思う、とコメントをした」。

モロトフは、「〔ユダヤ社会は〕共産主義者ばかりですな」、と言ってその場の空気に合わせた。[18]

その夜、ホプキンスはモロトフの寝室に入り込み、色々とアドバイスをした。かれは、フランス上陸の重要性を説明する、戦局の予想図を描かなければならなかった。しかし、ルーズベルトは、イギリスの同意なしには動けないことを付言した。金曜日の午前、会談が再開され、マーシャルと、真珠湾のあと、米国海軍司令長官となったキング提督が加わった。モロトフは、リトヴィノフを外した。「かれは信用出来なくなった」、後日、かれは説明している。「かれは賢い、第一級だ、しかし信用出来ない。……リトヴィノフは、たまたま生き残ったのだ」。大使は情報の輪から疎外され、口出しすることも禁じられた。[19]

第二戦線が必要である理由を示しつつ、お客は、フランスで行動を起こさないと、ヒトラーは東部に致命的な打撃を加える危険がある、と言った。――みながまだ知らないことだったが、総統《ヒトラー》は、ちょうどその頃、地方長官《ガウライター》たちに、戦争に勝利した、と伝えていた。(20)

「決定が遅れるようだったら」、とモロトフは続けた。「あなたが戦いの矢面に立たされることになりかねませんよ。もしヒトラーが、公然と大陸の盟主になってしまったら、来年は、疑いもなく、もっともっと厳しくなりますぞ」。一方、国防軍四十個師団が東から引き抜かれれば、ドイツは敗北し、一九四二年中にも降伏するかも知れない。

それに答えるように、大統領が役者のような身ぶりで割り込んで来た。

マーシャルの方を向いて、きみたちとして、スターリンに第二戦線の準備が出来ていると伝えることができるか、と聞いた。かれが知るかぎり、前月のロンドンでの会合で、話は前向きにまとまっている筈だった。

「イエス」、将軍はおうむ返しに答えた。

決まったことを承知している、という調子ではなく、あたかも新しい戦略をご披露する、というように、ルーズベルトは、スターリンは、一九四二年の後半に第二戦線が「開設」されることを期待してよい、と知らされるだろう、と述べた。昼食のとき、かれは、フランス侵入が二段階に分けて行われることを説明した。モロトフには嬉しい驚きだった。

大統領は、このロシア人が、同盟国側では誰よりも最近、ヒトラーと話をした人物であることを話題にし、総統についての印象を訊ねた。少し考えて、モロトフは、ほかのだれかと同じように、かれと共通理解に達することは難しくありません、と言った。しかしかれは一緒に仕事したなかで、ヒトラーとリッベントロップの二人以上に不愉快な人間に会ったことはなかった。ルーズベルトが、ドイツの外務大臣は、むかしシャンペンを売っていたのだ、と話をしたとき、モロトフは、リッベントロップは、間違いなくそっちの方に向いています、と応答した。[21]

週末、モロトフはニューヨークを訪れ、ラジオシティ・ミュージックホールを見物する行列に並んだ。アメリカ人は金の亡者だ、と非難はしたが、この国のスピードと効率には印象づけられた。チェカーズと違って、ワシントンの居室ではシャワーが出た。[22]

コーデル・ハルは、お客が「静かで、（それに）とても愛想が良い」と思っていたが、月曜日、レンドリース問題に移り、ルーズベルトが、フランスの第二戦線に船舶をまわすので物資供給が削減される、という話を持ち出したとき、モロトフは不機嫌になり、断定的なものの言い方をしはじめた。会談は、大統領がウィンザー公夫妻の昼餐を主宰しなければならなかったので、一旦打ち切られた。モロトフは退出するとき、第二戦線に関して、三日前に聞かされた内容の確認を求めた。

ルーズベルトは、西側同盟国は、上陸用舟艇、兵員の食糧その他の問題を詰めているところである、と返事をした。かれは、この問題について「完全な合意」に達した趣旨の共同声明を出し、そこに一九四二年という日付を記載すべきだ、と主張した。チャーチルにあてた電報のなかで、ルーズベルトはモロトフの訪問は、「率直で……友好的、かつ通訳を通じて適切な」効果を齎した、と記載し、また次のように続けた。「とくに、わたしはモロトフが、その訪問の真の成果を持ち帰り、スターリンに好意的な報告を行うことを期待しております」。

モロトフとの会談の記録に、ホプキンスは、「かれと大統領は全くうまく行った、……まだ先は長いとしても、世界の本当の平和のためには、それはやらねばならないことなのだ。ロシア人をイコール・パートナーとしないで、われわれとイギリス人だけで世界を構築することは、単純に言って出来ないことなのだ。……わたしは本気で中国人も仲間に入れる。［白人の足かせ］政策の日々はもう終わったのだ。巨大な人口が、端的に、そういったことを容赦しなくなったのだ。わたしも生命を賭けて容赦させない。われわれは、われわれわれに虐げられた人々に対して、困苦欠乏、貧困しか残していなかったのだ」、と書いている。(23)

モロトフは、ワシントンからロンドンに戻った。夕食後の長い会話で、チャーチルは、フランス上陸の問題点の話を始めた。しかし第二戦線について、ルーズベルトが保証したということは、かれの方針に従わなければならない、ということを意味した。六月十一日付の、英ソ声明は、「完全な合意」という文句と、一九四二年という記載がされた点で米ソのものを踏襲した形となった。

「この一片の紙は、途方もない政治的重要性を示した」、とモロトフは回想する。「それはわれわれの精神を昂揚させせた。その頃、それは大変なことだったのだ」。かれは西側は多分、約束を守らないだろう、と思っていた。しかし、それはかれらに対する「偉大なる勝利」を齎すことだろう。「われわれはこう出る、［え、出来ないんですか？　だって約束したじゃないですか」……この手である。

これで帝国主義者の信用はがた落ちになる。この方法はわれわれにとって非常に大事なのである」[24]。チャーチルは、この声明で、ヒトラーが大軍をフランスにとどめておくことにすれば、ロシアの士気は大いに上がるだろうし、――ロンドンがワシントンと歩調を合わせて行けることになる、と考えていた。しかし、四月以降かれはこの二兎を追ってはいたが、それでもなお、少なくとも、密かに自らの選択肢を保持できると考えていた。閣議室で、モロトフと単独に会い、かれは、コミュニケに記載された「完全な合意」と、現実の行動との相異を率直に示す覚書を手渡した[25]。

それは、秋の準備行動と、一九四三年の、百五十万を動員するフランス上陸作戦について書かれたものだった。しかし、そこには、上陸用舟艇の動員問題の難しさが指摘され、さらに、行動のための行動が失敗に終わることとの懸念の論議が繰り返されていた。「そのときの状況が、作戦を成功させるものになっているかどうか、予断しがたい」、とも付言されていた。「だから、われわれは約束できないのだ」[26]。

最後のシャンペンで乾杯して、モロトフがダウニング街に別れを告げるとき、チャーチルは、かれと庭園の入口まで歩いた。かれの方からロシア人の腕を取り、たがいに顔を見合わせた。「突然、かれは深い感動に襲われたようだった」、とチャーチルは回想している。「外観のなかから人間が現われた。かれには同じプレッシャーがかかっていたのだ。沈黙のまま、たがいに手を握って大きく振った。われわれは一緒だった。生きるか死ぬか、運次第だったのである」。

モロトフの爆撃機は危険な帰路についた――ドイツ戦闘機に撃墜されることもあり得た。ニュース映画のアナウンサーが叫んだ、「またいらっしゃい、今度は同志スターリンとご一緒に!」[27]

8 たいまつの歌《トーチ・ソング》

ハイドパーク、重慶、ワシントン、ロンドン 一九四二年六—七月

「戦略のちょっとした行き違い」

マーシャル

一九四二年六月十二日、ルーズベルトは、ハイドパークの別荘の図書室に車椅子で入り、マーガレット・サックリーに、いま「ミスター・ワインシュタイン」が大西洋横断中である、と告げた。その日、問題の人物はスコットランドのストランレイヤーの海軍基地の埠頭を、鼻歌を口ずさみながら歩いていた——「ぼくたちは、ここにいるから、ここにいる」。かれはランチに乗り込み、寝台と肘掛椅子付きの王室郵便飛行艇に向かった。飛行艇は、赤い太陽が水平線に輝く、魔法をかけられたような空を衝いて飛んだ。その主たる乗客は、ふたたび、大統領に会えると、小学生のように幸せだった。六月十八日、乗機は、巨大な白鳥のようにポトマック河畔に着水した。(1)

ワシントンは汗ばむような陽気だった。「ミスター・ワインシュタイン」は、エア・コンディションをつけて大使館で一夜を過ごし、翌日、ハイドパークへ飛んだ。ルーズベルトは、最寄りの飛行場で、特別仕様の濃紺の幌つきフォード・フェイトンのなかで待ち受けていた。車はペダルを使う必要

のない、ハンド・ギアのもので——ハンドルの脇には、火のついたタバコを処理する仕掛けもついていた。飛行機は、がたごとと着陸し、チャーチルは、家への道で、ハドソン河に向かって険しく傾斜している草道のへりを大統領が方向転換するとき、またもや心配することになった(2)。

ドライブは、二人だけで、興味ある話題について話を交わせる機会になった。チャーチルは、大統領が自身で来てくれたことを喜んだ。「運転から目を離されるのはまずいと思ったのだが、」とかれは回想する、「公式会談ではとても得られない進展があった(3)」。

三階建ての邸は、ここで生涯の大半を過ごした大統領の母親の死後、広大で、空虚な様子に見えた。訪問客は、ピンク・ルームと呼ばれた小さいスイート・ルームを提供された。バラ模様の大きな英国製プリントの壁紙が貼られていた。ベッドは紫檀でできており、寝椅子、デスク、揺り椅子があった。廊下沿いに、ハリー・ホプキンスの簡素な寝室があった。

二人のリーダーは、船の絵で飾られた書斎や、ルーズベルトの息抜き場所である、あずま屋で話し合いをした。サックリーは、そこに真の友情と相互理解を見た。一度、お客は水泳プールを使わせてもらうことにした。大きな海水パンツが見つかった。両耳に綿を詰め、かれは飛び込んだ、ゴム毬が弾むようだった。水からあがって幅広の麦わら帽を被り、日陰に寝そべった。ブランデーが一瓶差し入れられた。しばらくして、かれは蝶々を捕まえたくなったが、網が用意されていなかった(4)。

チャーチルによれば、かれとルーズベルトは、原子爆弾の共同開発を合意した。この計画の暗号名は「合金チューブ」とされた。討議の記録はない。歴史学者のデイヴィッド・レイノルズは、戦争回顧録の分析に定評あるその著作のなかで、この話は、一九四四年のもう一つのハイドパークの会談のことではないか、としている。この問題の議論は、一九四二年の後半に始まっているが、相互の疑惑で暗礁に乗り上げていた――アメリカ人はロンドンが、ただ乗りをするのではないか、と。イギリス人は、ワシントンが原子兵器を独占するのではないか、と。[5]

第二戦線に関しては、チャーチルは、遠回しに言うこともあるまい、と感じていた。五月の末に英国の司令官たちに会ったとき、スレッジハンマーは上陸用舟艇の不足でうまく行きそうもない、というブルックの意見を受け入れていた。二つの原則が確認された。「（a）大陸に居座る気がないかぎり、大規模な上陸作戦はしない。（b）ドイツがロシアに苦戦し、その士気が阻喪されていないかぎり、大規模な上陸作戦はしない」。チャーチルは、ワシントンに、イギリス特殊作戦の豪傑、海軍司令長官、ルイス・マウントバッテン提督を派遣していた。かれは、ルーズベルトにスレッジハンマーの問題点を指摘し、了解を得たという報告をしていた。米軍の幕僚部は会談に招ばれず、何が起こっていたかも知らされなかった。

ハイドパークでチャーチルは、大統領に、「イギリスの権威ある軍事責任者は、ドイツの士気が低下せぬかぎり成功は覚束ないと、一九四二年の作戦計画を樹立し得ないでいます。そして現状、かれらの士気は旺盛のように見られます」、と伝えた。アメリカ側としては、計画を作られましたか、とかれは訊ねた。「だとしたら、どうですかね？　どういった兵力を使うのですか？　どこを攻めるのですか？　上陸用舟艇と輸送船は大丈夫ですか？　イギリス側兵力と援護については、どのようにご

希望ですか?」。大統領は無言だった。(6)

ワシントンへ列車で戻って、二人は軍司令官たちを交えて、三回目のサミット、暗号名アルゴノート、を行った。マーシャルと幕僚たちは、ロンドンで結論が出たと思っており、その決定を、依然保持していた。ホプキンスは、「ドイツを自分たちの攻撃の、鋼鉄の輪のなかに囲い込むべき、第二、第三、第四戦線」の話をした。手強い七十四歳のヘンリー・スティムソンは、かれら側の同盟の弱点を衝く意味からも、できるだけ早く米軍をドイツとの戦闘に投入すべきだと圧力をかけた。「この戦いに勝たねばならぬとすれば、結論は決まっている」、と陸軍長官は日記に記す、「それは精力的な、やる気のある、創造性豊かなアメリカ人の全力を以て勝利するのだ、イギリス人はまことに退廃してきた――素晴らしい国民であるが、自発性を失ってしまった(7)」。

訪問客に印象づけようと、マーシャルは、チャーチルとブルックをサウス・カロライナの陸軍演習に招いた。出発する飛行場にイギリス人一行が到着すると、一人の私服警官がピストルをちらつかせ、チャーチルを「殺す」と言った。男は逮捕された。

眩しさに目を細めながら、イギリス人たちは六百人の兵士による、装甲模擬戦と、パラシュート降下訓練を見学した。ブルックは、かれらは「上手に動いている」が、アメリカ人がどれほどの訓練が必要なのか、きちんと理解しているかどうか、疑問に思った。イズメイは、ドイツ人の前でこれをやったら殺人沙汰になる、と言った。首相は、かれらは覚えが早かろうと思ったが、真にプロフェッショナルな兵士になるには、あと二年やそこら必要だろう、と言い足した。[8]

チャーチルは、淡い色のスーツを身につけていた。ボタンがきつく嵌められていたので、上衣はしわだらけになっていた。パナマ帽のへりが、そっくり返ったままだったので、ブルックは、「ロンパースの幼児が、海岸で砂遊びをするようだった」と形容した。帰路の飛行機から降りようとしたとき、執事のソーヤーズが、かなりきこし召していたのだが、主人の前にたちはだかった。[9]

「何だい、どうかしたのか、ソーヤーズ？」、チャーチルが聞いた。「どうして道をふさぐのかね？」。重々しく、手を振りながら、執事は答えた。「帽子のへりが上がっていますよ、よくありません、下げてください」。

怒りで顔を紅潮させながら、首相は言われたとおりにした。「その方が良いです。良いです、ずっと良くなりました」、執事は傍らに立って呟いた。ホワイトハウスで、チャーチルは、午前三時四十五分まで仕事をした。[10]

二人の指導者は、将軍たちとホプキンスとともに軍事計画を練った。一九四二年に攻勢をかける必要性について一致した。フランス作戦は、可能な限り最大の速度、エネルギー、技法で行われるべきであるが、細部の分析で失敗が予測されるのであれば、ほかの計画も考えられなければならなかった。イズメイが起案した、サミット協定の最終案は、政治的条件が有利に展開すれば、攻勢は北アフリカに対して行われる、そして「計画はあらゆる側面で、可及的速やかに樹立されねばならない」と書かれていた。文章には、マーシャルが異論をはさむ余地がなかった。スレッジハンマー＝ラウンドアップ作戦は依然、優位にあった——それが成功する、と、かれがルーズベルトを説得しきれるかぎり。しかし大統領は、チャーチルの、同盟軍は一九四二年中ドイツ軍に対して「手を拱いている」べきではない、ラウンドアップの前に、北アフリカに上陸すべきだ、という主張に乗った。アメリカの作戦担当は、そんなことをしても、ドイツ軍は、一兵たりとも、戦車、飛行機含めてロシア戦線から引き抜かないだろう、と反論したが、風向きはチャーチルに有利に展開した。(11)

マーシャルとその仲間は、チャーチルと英国側の軍事要員がその戦略を押しつけようと頑張っているのとは明らかに対照的に、ルーズベルトがあまりにも寡黙であるので、不利な立場にあることを認識していた。相手の戦術に疑わしいところもあったので、陸軍の作戦担当、アルバート・ウェデマイヤーは、部屋に録音機を持ち込むことが許可され、かれにとってはプレッシャーであったが、イギリス側の発言を録音した。ある会話をマーシャルに聞かせたが、そのなかで、かれらはとんでもない要求を考えていて、ルーズベルトとホプキンスの名前を引き合いに出しており、まるでマーシャルをおどそうとしているようだった。ディルが記録したように、米軍幕僚部は、かれらが「地中海の庭先を袋小路に」してしまうのではないか、と懸念した。その辺を考えれば、北アフリカ作戦は、チャーチルの大いなる賭けであった。——失敗すれば、国内で声望を失墜し、ルーズベルトからの信頼も落とす可能性がある。ルーズベルトは、マーシャルから責任をなすりつけられるだろう。(12)

朝食後、首相は、ルーズベルト、ホプキンス、イズメイと、オーヴァル・オフィスに座っていた。一人の海軍補佐官が入ってきて、大統領にピンク色の紙片を手渡した。

一読して、かれは静かに、「これをウィンストンに見せなさい」と言った。

補佐官はそれを受け取り、ソファのチャーチルに渡した。

目を通した首相は、たじろぎを見せた。頬から血の気が引いていた。紙片は、リビアのトブルクで、英軍がロンメルに降伏したことを知らせていた。二万五千の兵員が捕虜となった。*

＊　この数は、三万三千であることが判明した。

チャーチルは肝を冷やした。「降伏は降伏、不名誉は別物だ」、と後日書くこととなる。シンガポールを失ったあと、母国の評判は崖っぷちだった。西方砂漠地帯は、イギリスの重要な部隊が敵と対峙しているところだった。今や、ロンメルがエジプトを進軍し、国防軍がコーカサスを縦断するという事態の狭間で、悪夢が実現しようとしている。

疑いもなく、チャーチルは自らを、アメリカ独立戦争で降伏した司令官、バーゴイン将軍以来の、アメリカの土地にいる、もっとも不幸なイギリス人になぞらえているに違いない。しかし、ルーズベルトの反応は、いかにかれらの関係が、敏速な前向きの決定に結びつくかを示していた。

「何か出来ることがあるかな?」、かれは訊ねた。[13]

「できるだけ多くのシャーマン戦車を、できるだけ早く中東に運んでください」、チャーチルが答えた。

ルーズベルトはマーシャルを呼んで、要請されたことを伝えた。

シャーマンはやっと生産に入ったところです、とマーシャルは言った。「兵隊から取り上げるのはひどいと思います」、かれは付言した。「しかし、イギリス軍がそれほど必要ならば、そうしなければなりませんね。それに、一〇五ミリ自走砲を百台ばかりつけてあげましょう」。

三百台の、まだエンジンが搭載されていないシャーマンが、自走砲といっしょに高速船に積み込まれた。――バーミューダ沖で、エンジンを運ぶ船がUボートに撃沈されたとき、ルーズベルトは、新しいものを送るように命じた。その後の会議で、大統領はさらなる支援を考えて行くことになった。マーシャルは退席した。(14)

＊　＊　＊

トブルクの悲劇のため、チャーチルは滞在を切り上げた。かれを待っていたのは、エセックス州モードンの補欠選挙で保守党敗北、という政治上の悪いニュースだった。二万の投票中、六千二百二十六票しか取れなかったのだ。議席を獲得したのは、二二%の浮動票を集めた、ビーヴァーブルックの新聞の記者、トム・ドリバーグで、内閣改造とロシアへの援助増大を主張していた。下院での不信任決議には二十五名の議員が賛成した、まだ少数ではあるが、一月にはこれがたった一名だったことを思えば、大変な増加である。――王室のなかで、もっとも愚鈍と見られていたグロスター公を、最高司令官に任命すべき、という意見が、批判の形で足元に跳ね返ってきていた。「おめでとう」、不信任否決の投票結果を聞いたルーズベルトが電報を寄越した。しかし、戦争のやり方について英国世論の支持は、五〇%を割り込んだ。クリップスは、「有権者の広汎な不安感と信認の欠如」について報告している。[15]

ドイツの潜水艦と航空機が、ロシア支援の貨物船団、三十四隻のうち二十三隻を沈めたとき、もう一つ陰鬱な空気に包まれた。この悪いニュースは、ドイツの戦艦ティルピッツが船団攻撃のためノルウェーを離れたという偽の情報で、海軍本部が巡洋艦の護衛を解き、ＰＱ―17の船団の離散を命じたという事実が知れるに及んで、その悲劇性を増幅させた。チャーチルが、秋まで北極航路の船団を中止したことは、スターリンを怒らせた。首相就任以来はじめての、陸上、海上と連続した逆回転に遭遇して、チャーチルはどうしても勝たなければならなかった。選択肢のほとんどない状態で、かれは北アフリカ侵攻には、ルーズベルトの支持があるものと信じていた。これは転換点になる筈だった。でないとすると。かれはイーデンに言った、「わたしはやるよ[16]」。

北アフリカ侵攻にルーズベルトが関心を示すと、マーシャル、ホプキンス、アイゼンハワーは、あからさまに嫌な顔をした。スティムソンは、それは大統領の「隠し子」だと思っていた。マーシャルは、それは「ヨーロッパ大陸前線での防衛ラインを狭めるもの」である、と記した。[17]

七月八日、チャーチルは、戦時内閣がスレッジハンマーを否決した、と伝えた。マーシャルはそのニュースを大統領からではなく、ディルから聞いた。かれはスティムソンに、そいつは、「どちらかというと戦略として危なっかしいね」と語った。ルーズベルトは「心が大いに揺れ動き」、「常に定まるところのない決定の数々」に疲れ切っていた。いまや極東の脅威に立ち向かうべきときだった。[18]

六月のミッドウェイの海軍の勝利で、アメリカの太平洋における自信は大いに深まった。「あちこちで勝つのを見るのは嬉しいことだ」、とホプキンスは書いた。「思いがけないところではとくに」。キング提督は、アメリカはイギリスの「砦と兵器庫」であることを保持すべきと、その重要性を充分認識していたものの、太平洋側の支援に、より多くの資源を投入することを主張し続けた。島伝いに日本を攻めて行く戦略の皮切りに、ソロモン群島のガダルカナルを攻撃することが承認された。この背景には、マーシャルがルーズベルトに、ヨーロッパの上陸作戦が見送られるならば、焦点を対日作戦に切り替えるべきだ、と提案したことがある。ルーズベルトがこの作戦をハイドパークで研究しているとき、ディルはロンドンに、イギリスが何をさておいても北アフリカが先だ、と固執すると、ワシントンは、前線の矛先を変えるかも知れない、と警告を発した。——これを聞いたものは、マーシャルもこの案に乗っているということを知らなかった。

これが幕僚長《ディル》の駆け引きだったことはたしかである。かれは引き続き、ヨーロッパ第一、という考え方を支持していた。しかし、スレッジハンマーとラウンドアップには危険が多い、と見ていた。かれは、太平洋への資源投入に賛成と見せかけながら、大統領に既定路線を守ってもらい、チャーチルをそれに同調させて行くことを望んでいた。

ルーズベルトは、「太平洋へ切り替える別路線」を、簡潔な自らの全体ビジョンを示しつつ拒絶した。「わたしの最初の、これに対する印象は、これぞまさしく真珠湾以後のドイツの狙い通りになる、ということだ」と、正確に一九四一年十二月のヒトラーの胸のうちを読んで、記した。「二番目にそれは、今年、来年の世界情勢を動かすに足りない、たくさんの島々に兵力を動かすことになってしまう。三番目、それはロシア、近東の援護にはならない。したがって、現状、否決ということになる」。書類の末尾に、「ルーズベルト、C-in-C〔最高司令官〕」と署名し、かれは、マーシャルに、ホプキンスとキングを同行させてロンドンに赴き、この同盟関係を揺るがしかねない問題を解決してくるよう、指示をした。

ハリー・ホプキンスは、いつも海外出張を楽しんでいた。今回、かれはあまり深刻ではなかった。三回目の結婚が間近だった。結婚式は七月三十日の予定だった。ロンドンに発つとき未来の花嫁は、「その日、大丈夫よね」とかれに言った(19)。

明日空路で出発という前の晩、かれ一人、大統領と夕食をとった。大統領は、「一九四二年を諦める姿勢に入っている」イギリスの態度で「かなりご機嫌斜め」だった。スレッジハンマーが発動されないとすると、「一九四二年、アメリカの陸海軍がドイツと戦端を開くべき、どこか」別の場所を考えなければならなかった。マーシャルは、北アフリカ作戦は米軍にとって、ドイツ軍と対峙すること、また「地中海完全支配の糸口となる」ことの二点で「極めて有利」である、という報告書を、あえて作成した。

使節団への指示のなかで、ルーズベルトは三つの基本原則を示した。――「計画決定は敏速であること。計画は統一性があること。防御を伴う攻撃を考えること、防御のみの計画であってはならない」。

加えて、ロシアに対する物資援助の約束は、誠意を以て履行する。使節チームは、「本年一杯、確固としてロシアを支え、（また）ロシアを守る転換点となるような」動きを模索することとなった。[20]

一九四二年にドイツとの戦いに米軍を投入することは、「成功させなければならぬさまざまの理由があって、非常に重要である」、とかれは、ホプキンス、マーシャルとキングに述べた。「ロシアの敗北が切迫していようといまいと、きみたちは全力を挙げて、徹底的な準備に即刻とりかかって欲しい」。その敗北が実現されそうだとすると、ドイツ空軍を東部前線から引き離すことが絶対に必要なのだ。「きみたちが、スレッジハンマーの実現は難しいが、その意図するところについてはチャンスがある、という風に、本当に考えたときは、わたしに教えてくれないか」、とルーズベルトは続けた。「もし最終的に、明確に、スレッジハンマーが放棄されるとすれば、そのときの世界の情勢をじっくりと見て、一九四二年における米軍のどこかほかの戦闘地域をきみたちに決めてもらいたい」。最高司令官は、タイプ打ちされた命令書に、手書きでこの最後の部分を挿入した。[21]

米国一行の飛行機がスコットランドに着陸したあと、ちょっとした騒ぎが起こった。空路をとるには天候が悪すぎ、チャーチルは、一行に、チェカーズの最寄駅に停車する特別列車を手配した。しかし、マーシャル、ホプキンス、キングは、アイゼンハワーと協議するため、直接ロンドンに行きたかった。アイゼンハワーは、イギリスにおけるアメリカの軍事顧問団のトップで、クラリッジ・ホテルの四階の十六の部屋とセント・ジェームズ広場の煉瓦造りの建物で仕事をしていた。[22]

チャーチルは、お客が外交儀礼を著しく損なっているとして立腹した。ホプキンスとの電話で、かれは言い分を理解させるため、戦時規則を読み上げた。一ページ終わるとそのページを引き裂いた。かれは「英国憲法をわたしに向かって投げつけた」、とホプキンスはルーズベルトに報告した。「ご存知のとおり、英国憲法は成文化されていません、だからそれは大した問題ではありません」。チャーチルは、「頑固老人で、喧嘩っ早いのです[23]」。

七月二十日と二十一日の会談では、両者とも自説を曲げなかった。マーシャルは、チャーチルの持ち出す「つけたりの話に全部」ルーズベルトが乗ってしまわないか、と心配だった。ブルックは梃子でも動かなかった。スレッジハンマーは、成果なく、六個師団を失うだけの結果となるだろう。橋頭堡は冬中持ちこたえられまい。スフィンクスに似た顔つきのキングは、そのため焦点を太平洋に移した。帝国参謀総長《ブルック》は、厚い眼鏡の底からあらぬ方へ眼をやっていた。ホプキンスは、ダウニング街の用箋に手を伸ばし、「がっくりきたよ」と殴り書きして仲間に渡した。ほかの点で、「ブル公はダメだというが、こちらは賛成だ」と書いた。チャーチルは、閣議に諮らねばならない、と言った。二時間後閣議が開かれ、ブルックが説明をしたが、閣僚は全員一致で米国案を否決した。アイゼンハワーは、「史上最悪の暗黒日」と呼んだ[24]。

マーシャル、ホプキンスとキングは、ルーズベルトへ報告を送らねばならなかった。返事を待つ間、クラリッジで、イギリス側から晩餐の招待を受けた。「概してうまく行った」、とブルックは日記に記した。ワシントンでは、スティムソンが書面、電話でホワイトハウスに攻勢をかけていた。日記のなかで、かれは再び、英国、「まだ本気になって底力を出したことのない、若く活力に満ちた国民の助力をさえぎる、自主性を失った、疲れ切った、敗北主義者の政府」の政策を批判している。いまやフランスでこそ望まれている兵力を、北アフリカに派遣しても孤立するだけである、とかれは主張した。[25]

それは遅きに失した。ルーズベルトはついに決心したのだ。かれは使節団に、ドイツ軍に対し米軍が戦端を開き、かつ「政治的、軍事的な効果が相乗する最良のチャンス」となる別途の攻勢計画を樹立せよ、と指示した。かれが心配していた地域は、考えられる作戦行動というリストによく表われている。――アルジェ、モロッコ、エジプト、イラン、ノルウェー、そしてコーカサスだった。「友人に決定を急ぐよう伝えよ」、と締めくくった。[26]

双方がまた集まったとき、チャーチルは、ルーズベルトから、一九四二年におけるフランス攻撃計画を放棄した、というメッセージを受け取ったことを発表した。そして、北西アフリカを目標とする敏速な行動を要請した。諜報員によれば、ヴィシー兵力は沿岸の海上、対空防備を強化しつつある、ということである。[27]

その日はブルックの五十九回目の誕生日であった。マーシャルと二人だけで、かれのことばによれば、「大変楽しい友好的な雰囲気で」、夕食を摂った。翌日、ホプキンスは大統領に電報を打った。「われわれとしては残念至極ですが、空気は良好です。いずれにせよ決定がなされたからには、次のステップに向けてわれわれも頑張ります」。とはいえ、マーシャルが完全に諦めたわけではなかった。一九四三年における英仏海峡横断作戦と、北アフリカ上陸作戦の準備を並行してすすめるよう、そして東部戦線の帰趨が明らかになる九月半ばに最終決定をするよう具申した。この局面で、かれは思いがけない反対者に出会った。ホプキンスである。

以前、ロンドンとモスクワを訪問したとき、補佐官は、あたかも〈不在中の〉上司の穴を埋めるかのごとく行動し、いかに大統領がかれのことを信頼しているのか、を見せびらかせた。決定を九月に延ばしてしまうと、十月とか、十一月の作戦は不可能になる。大統領がもう賛成しているのだから、北アフリカ上陸は出来るだけのスピードで実施されなければならない。ホプキンスが十月三十日を最終の実行日として提案した、ということは準備はいますぐ始める、ということである。「全速前進」、とルーズベルトは返事をした。両手を合わせた祈りのポーズで、「どうか投票日の前にしてください」、と言っているのが聞こえてきた(28)。

「行動計画で合意に達した、ということだけでなく」、とチャーチルはホプキンスに話しかけた、「われわれ二人のトップの、心の底からの親愛感と仲間意識が固まったのだ。ハリーのかけがえのない助力がなければ、ここまでうまく行ったかどうかわからない」。しかるべき礼を以て、チャーチルはお客を、グリニッチの王立海軍大学の晩餐に招待した。宴《うたげ》は海の歌と両国の国歌をうたって締めくくられた。翌晩は、チェカーズでお別れの晩餐を主宰した。食後、クロムウェルのデスマスクと、エリザベス女王の指輪が披露された。アメリカ人一行が帰ると、かれはイズメイ、ブルックと座って、映画〈小ピット〉を観た。それから二時間ばかりおしゃべりをして、午前二時四十五分、就寝した(29)。

イギリスでの仕事は終わった。ルーズベルトは、ホプキンスに、早く帰って結婚しなさい、とせかした。「ウィンストンに、あなたでも結婚は止められないよ、と伝えなさい」と電報を打った。[30]花嫁のルイーズ・メイシーは、もとファッション誌の編集者で、真珠湾のあとは看護の補助をしていた。彼女は、ほかの戦時関連の仕事を探しているとき、ホプキンスと出会った。彼女は夫より十七歳年下の三十五歳、美貌で輝くような生来の笑顔を持つ、如才ない人柄だった。結婚式は、ホワイトハウスのルーズベルトの執務室で行われた。結婚式がそこで行われたのは、これ一回だけだった。白い麻のスーツを身に着けて、ルーズベルトは横から見ていた。花嫁は青を着ていた。部屋は椰子の葉と白い花で飾りつけられた。ホプキンスは、「ポプラのように揺れ」、ズボンのポケットから指輪をつまみ出すとき、指を震わせていた、と参列者の一人が描写している。マーシャルは花嫁に、「(夫の)無分別にブレーキをかけ、必要な休息を取らせるよう」要望した。

ハネムーンはコネチカットだった。いつも悪く書く新聞が、沿岸警備隊がせがまれて、クルージングのため二人にヨットを提供した、という偽情報を流した。二人はワシントンに戻って、リンカーン・ルームに新居を構えた。新米のホプキンス夫人は、ホワイトハウスの暮しに居心地の悪さを感じることになった。夫が、新しいパートナーにいかに気を遣っても、古いパートナーに仕えることには変わりがなかったのである。エレオノアは、早い時間のカクテル・パーティーに友だちを招んだり、ときどき「本当に生意気な」新参の主婦に、頭にきていた。[31]

かくて、スレッジハンマーは放棄された。ラウンドアップは、明確にというわけではないが、タナ上げされた。北アフリカ上陸作戦は、たいまつ《トーチ》、というコードネームを与えられ、ルーズベルトの完璧な支持を受けた。マーシャルとしては政治と戦略の絡み、自分のボスがどのように行動するのかについて、大いに勉強をした。「民主主義において、大衆がいかに手玉に取られるのか、わたしはよく認識していなかった」、とかれは述懐している。(32)

乱闘を制したのはチャーチルの離れ業だった。かれの用兵は正しかった。八月にディエップ〔北フランス、ノルマンディの都市〕を攻撃したカナダ軍は、海峡作戦の危険を知らしめた。──五千の兵員のうちの半分が犠牲ないし捕虜になったのだ。アメリカ人のなかには、作戦放棄は欧州における勝利を一年遅らせる、とまだ主張しているものがいたが、一九四四年、はるかに大規模な兵力でフランスに上陸したあと、同盟軍がどれほどの困難に直面するものか、これはそれを誇示するものとなった。──戦争史家のリチャード・ホームズが書いているように、「一年早く開始していたら、侵攻作戦は確実に敗北していただろうことの、遠慮ない証拠」だった。(33)

同盟関係に傷をつけることなく、アメリカの計画を自分の思い通りの方向に変換させることができて、チャーチルは、北アフリカ作戦について、「あなたの偉大な戦略眼の賜物」と如才なくルーズベルトを持ち上げる手紙を書いた。「先週は戦争の全期間を通じての転換点となり、いまやわれわれは肩と肩を組み合っている、という思いを禁じ得ません」、と大統領は返事をした。しかしここで、一つちょっとした問題が浮かび上がってきた。──モスクワに伝達しなければならなかったのである。

何事が決まったのか、を知ることなく、スターリンは、一九四三年まで第二戦線を待つことはできない、と「断固として」主張し続けていたのである。メッセージをダウニング街に持参したマイスキーは、チャーチルが、ロンメルが新たな前進を開始した、というニュースで不機嫌になっているところに出くわした。「痛恨のあまり、チャーチルは明らかにウィスキーをいささか、きこしめていた」、マイスキーは回想している。「その顔、目、身振りから読み取れる。ときどきかれは頭を奇妙に突き出す。ひとは本当にかれを老人だと思うだろう。……そして意思と認識の驚くべき集中力が、(かれの)行動し、戦うという能力を保持させているのだ[34]」。

スターリンが戦いから手を引く、という無言の脅威に思い至って、チャーチルは、「そう、われわれは以前孤立していた。われわれは戦い続ける。この小さな島が頑張っているのは不思議なことだよ」、と大声を上げた。平静に戻り、かれは、イギリスはできるだけのことをやってきた、と言い続けた。ソ連は、国防軍が、スターリングラードとコーカサス石油地帯の二方面から進撃してくる激しい軍事圧力にさらされていた。英国諜報機関は、これらの攻撃の警告をしていた、そして戦闘計画を伝達する飛行機が一機、ソ連軍後方に墜落した。一九四一年のときと同様、スターリンは二つとも偽情報としてこれらを無視した。ヒトラーは司令部を東プロシアから、戦場に近い、ウクライナの「狼男」という呼び名で知られる、やぶ蚊が多く出る基地へ移した。結果として、かれの二股に分けた攻撃の決断は、ドイツ兵力を分断することになり、大変な間違いとなった。しかし、最初のうちは、さらなる大成功のように思われたのである[35]。

ルーズベルトは、ロンドンに電信を打ち、「アンクル・ジョー」の面倒をよく見るよう強調した。「われわれは常にわが同盟者の個性、またかれを襲っている極めて困難、かつ危険な状況を心に留めなければならない」、とかれは付け加えた。[36]

七月三十日の夜、チャーチルは、マイスキーをダウニング街に呼んだ。かれは、防空服の上に黒と灰色のガウンをまとって、書斎で面談した。緑色のビロードの上着と、スリッパのイーデンが立ち会った。チャーチルは、これからカイロに飛び、そのあとロシアでスターリンに会い、「いっしょに戦況の分析をし、手を取り合って決めて行く」、と伝えた。

スターリンが、モスクワを離れるわけには行かない、と返事をしたとき、チャーチルはソ連の首都訪問を決意したのである。ルーズベルトに打った電報のなかで、かれはこの訪問を「どちらかというと原始的な仕事」とたとえた。スターリンは、第二戦線のニュースを気に入らないだろう、と主治医に語った。「それは期待していないよ」。[37]

9 モスクワの夜は更けて《ミッドナイト・イン・モスコー》

「あの男に侮辱された。これからは一人で戦うことだね」
チャーチル
モスクワ
一九四二年八月

モスクワの一九四二年八月十二日は、蒸し暑く、風のない日であった。モロトフと年老いた、病弱のソ連参謀総長、シャポシュニコフ元帥は、中央飛行場の芝生のエプロンに並んでいた。蜜蜂が飛び交い、小鳥がさえずり、空気はにがよもぎの香りを含んでいた。かれらは空中の小さな斑点が、爆撃機リベレーターの姿となり、屋根の上を滑空するところを眺めていた。機は地上に接し、草のふちに移動した。はしごが下ろされ、まず重々しいブーツを履いた両足、それから皺くちゃになったズボン、そして肥った身体があらわれた。最後に、歓迎陣はチャーチルの頭を見た。

この旅では、「ミスター・グリーン」というコードネームを与えられた首相は、改造されたアメリカのB24爆撃機で、カイロ、テヘランを経由してやってきた。エンジン音は耳をつんざくものだった。飛行機に暖房装置はなかった。隙間風が胴体を通って笛のように鳴っていた。後方の二つの棚が睡眠施設だった。一万二千フィートの上空で、搭乗者は酸素マスクを着けていなければならなかった。

――チャーチルのものは葉巻が吸えるようになっていたので、ほかの乗客から苦情が出た。

かれは、カイロで連合国中東最高司令官、クロード・オーチンレックを更迭した。ロンメルの進撃を許したことの責任を取らされたのである。後任に、愛想のよいハロルド・アレクサンダーを任命した。一方、バーナード・モンゴメリーは、第八軍の指揮者とされた。「もう腹痛《はらいた》と退却はありません」、撤退策を廃棄して「モンティ」は言い切った。これこそチャーチルの望むところだった。かれが砂漠の部隊を訪ねると、士気は改善した。

テヘランに一時滞在して、シャーにご挨拶をしてから、かれはモスクワに向かった。同行者は、前年秋にスターリンに会い、またルーズベルトの代行を務めるアヴェレル・ハリマン、ボディガードのトンプソン海軍中佐、主治医、チャールズ・ウィルソンであった。チャーチルが食事と言うと、トンプソンが、テヘランの英国大使館から差し入れられたバスケットのなかから、ハム・サンドイッチを取り出す。チャーチルが辛子を欲しがると、トンプソンは、ここにはありません、と答えた。「減点一〇点」、ボスが言った。「辛子なしでハム・サンドを食べる紳士は世の中にいない、ときみは知るべきだ」*(1)。

* モロトフがスターリンにサンドイッチの話をしたとき、独裁者は、「何という偽善者だ、チャーチルは。ここでいま自分が食べるものは全部サンドイッチだとでもわたしに思わせようとでもいうのかね。――全くあの男は！」と言った。

機内から出て、かれは注意深くあたりを見回した。「雄牛のように首相の眼は血走っていて、挑戦的だった。そして雄牛のように突っ立って、最初の一撃をどこに加えてよいかわからない、という風に身体を揺らせていた」、と大使のアーチボルド・クラーク・カーは書き留めている。「しかし、一撃は、モロトフを首領とする群衆の方からやって来た。雄牛は野生のスクラムの前に屈してしまった[2]」。

軍楽隊が、ソ連、米国、英国国歌を吹奏したあと、チャーチルは短いスピーチをして、ナチスが「地上に叩きつけられるまで」、ロシア人といっしょに戦う旨を宣言した。そして鉄兜の儀杖兵を、ひとりひとりの顔をわざわざ覗きこんで、その決意のほどを試すように、閲兵した。記念撮影をして、モロトフはお客を、レンドリースで手に入れたパッカードのリムジンに案内し、ほとんど人影のない街路を猛スピードで走らせた。チャーチルは寡黙だった。気は抜けていたが苛立っていた。空気を入れるため窓を下げたが、窓ガラスの厚さが二インチ〔約五センチ〕以上あることに気がついた。――モロトフが用心深く防備した、と通訳のウラディミール・パブロフが説明した。全部で、首相の護衛には百二十名のボディガードが動員された[3]。

行く先は、六マイル〔九・六キロ〕市外のクンツエヴォにある、国家別荘第七号であった。お客は知る由もなかったが、それはスターリンのために建てられたものだった。老いた守衛が、チャーチルを二階の大きな寝室と、それと同じくらいの広さがある浴室に案内した。ウィルソンは一階の、玩具で一杯の戸棚がある養護室に入った。白い制服の年配の使用人たちが微笑を浮かべて指図を待っていた[4]。

チャーチルが入浴しようとしているとき、ウィルソンは叫び声を聞いた。上にあがってみると、首相がバスタブに座り、震えながら悪態をついていた。蛇口はキリル文字で表示されていた。符号の意味がわからず、かれは冷水を浴びたのだった。止め栓がなく助けにならなかった。何とか温かい浴槽につかることができ、チャーチルは下に降りた。繊細な陶器に盛られたキャビア、子豚、副菜が、ワインと強いアルコール飲料つきで待っていた。しかし、かれは宴会気分になれなかった。スターリンに、一九四二年の第二戦線を見送る、と伝えることは、「北極に、巨大な氷の塊を運ぶような仕事だった」、と述懐している。

暖かい夏の夜、午後七時、チャーチルとハリマンは、クレムリンへと車を走らせた。同行したのは、オーストラリア生まれのスコットランド人、中国でよく仕事をこなしたあとロシアへ赴任した、クラーク・カーであった。* かれの金持ちで活発なチリ人の妻は、かれの中国時代にかれのもとを去ってしまった。各国大使館の避難先、ウラルのキビシェフで、かれは冴えない毎日を送っていた。――しかし、かれは、「ムスタファ・クント」という名刺をくれたトルコの外交官に会えるか気になっていた。夏の間、かれは黒の短パンひとつで庭仕事をしていた。結果として、顔は日焼けし、身体は真っ黒となった。――曲がった鼻と全体の様子から、ロシア人たちに、「ザ・パルティザン」という綽名をつけられた。(5)

＊ アイヴァーチャペル卿として叙爵され、クラーク・カーは、一九四六年から一九四八年までワシントンの大使を務めた。

チャーチルの車は止まり、背が低く禿頭の通訳、パブロフが、川を見下ろす建物の三階へと訪問客を先導した。スターリンが、モロトフ、往年の陸軍の大立者、ヴォロシーロフ元帥と、二番目の通訳、ヴァレンティン・ベレズコフを伴って待っていた。この通訳は、イギリス人が近づいてくるとき、独

裁者が、「何にも面白いことはないよ」、と呟いたことを耳にしている。(6)

ドアが開いた。生涯の敵と思い定めた相手、しかし十四カ月間の強化された同盟関係を経て、チャーチルは、「ボルシェヴィズムの黴菌」の親玉と、顔と顔を合わせることになったのだ。

褐色の軍服と、長靴に突っ込んだアイロンのよくかかっていないズボンを着用したスターリンは、いかめしく、しかし心ここにあらず、といった表情だった。かれはデスクの傍らに立ち、訪問客の品定めをした。ハリマンは、かれが前年の秋にくらべて老け込み、白髪も増えているように感じた。(7)

ドアの入口でやや戸惑い、チャーチルは、四角い部屋の長い壁に掲げられた、レーニンの肖像のほか、愛国心を助長する帝政ロシアの将軍たちの肖像画に眼をやった。そして、主人《スターリン》を見つめた。

スターリンは、ゆっくりと厚手の赤い絨毯を横切った。しなやかな手を差し伸べた。チャーチルはそれを取って力強く振った。

「ようこそモスクワへ、首相閣下」、スターリンは嗄れ声で言った。顔は無表情だった。

ロシアに来られて、またその指導者に会えて、いかに嬉しいか、チャーチルは満面に笑みを浮かべて答えた。

スターリンは、緑色のカバーで覆われた長いテーブルの上席に座った。かれの椅子には肘掛がついていたが、ほかの椅子にはついていなかった。葉巻の箱、ミネラル・ウォーターの瓶が、グラスとともに各自の前に置かれた。スターリンは手真似で、チャーチルは自分の右に、ハリマンは左に座るよう示した。背もたれに白いカバーがかかった椅子は固く、すわり心地が悪かった。窓のカーテンは厚かった。

独裁者は、前線のニュースが「冴えない」と言い、陰気な雰囲気で話を始めた。かれはドイツがソ連に投入した兵力と、戦車の量に驚嘆していた。かれは、総統が、「ヨーロッパから吸い出せるものすべて」をソビエト連邦に仕向けている、と考えていた。命題は単純だ――西側はナチスの矛先を変える手助けに、何をすれば良いか？　なのだ。

「あなたはわたしに、第二戦線の話をしてもらいたいのですよね？」、チャーチルは「氷の塊」を拾い上げて、言った。

「首相のご随意に」、スターリンは答えた。

率直に、また友人同士として話し合いたいと希望を告げ、客は、モロトフのロンドン訪問の話をし、かれに渡した、一九四二年に海峡を横断する約束は何もしていない、ということがはっきりしている覚書に言及した。しかし、ロンドンとワシントンは、翌年の作戦開始のために、二十七個師団を準備中であることを付け加えた。

スターリンはむっつりとしているように見えた。ヒトラーはフランスに、役に立つ師団を一個もおいていない、と言った。チャーチルが異議を唱えたが、スターリンは頭を振り、ますます不機嫌になった。チャーチルは、モロトフにいちばん可能性のある話を持ち帰ってもらいたいと思っていたのだが、かれは、チャーチルが覚書に記した留保条件を明からさまにすることに失敗したのかも知れなかった。

スターリンがいつものような言い方で、相手方を馬鹿にし始めた。チャーチルの表現によれば、会話は、「寒々と、陰気なもの」になって行った。

「虎穴に入らずんば虎子を得ず」と、ベレズコフの記録によれば、スターリンは言った。イギリス人はドイツ人を怖がってはいけない、かれらはスーパーマンではない。「なぜそんなに怖がるんですか」、かれは投げやりに聞いた。むっとしているチャーチルを無視して、かれは、一九四二年の新しい戦線の開設は、英米軍の戦場における実験になり得る、とかれは言い足した。「それがあなたの立場だったら、わたしがしたいことなのです」、とかれは続けた。「ドイツ軍を恐れることはありません」。

葉巻を嚙みながら、チャーチルは、一九四〇年、自分の国は単独で戦ったが全くひるむところがなかった、と熱っぽく述べた。

スターリンは、ロンドンはポーランドを助けなかったし、でなくても、ドイツに対する攻撃を避けていた、と言った。独裁者は、とハリマンはルーズベルトに報告した、「侮辱一歩前の無遠慮さ」をひけらかした。しかし、チャーチルは、「最大の努力で、最高の才気で、言い合いに持ち込まなかった」[8]。かれは、海峡横断作戦の難しさの証拠として、一九四〇年にヒトラーが英国侵攻を実行しなかった点をあげた。

いまの状況には当てはまりませんよ、とスターリンは対応した。ナチスは英国の国を挙げての抵抗に直面するだろうが、フランス人は歓迎するだろう。

その先のことを考えて、チャーチルはひとまず鉾をおさめた。未熟な作戦がナチの復讐心を誘うだろうという話はせず、一九四三年を落としどころとしたかった。

両リーダーとも休息を取らなかった。スターリンは立ち続け、書き机に来ては引き出しを開けて紙巻きタバコを取り出した。かれはそれを二つに千切り、一つを曲がったパイプに詰めた。ときどき目の前のテーブルから鉛筆を取って、掌でぐるぐると回した。チャーチルも何度か椅子から立ち上がり、夏の夜の暑さでお尻にへばりついたズボンの布地を引っ張った。(9)

イギリスが何をしていたかを明らかにするため、首相は、ドイツ爆撃の話を始めた。市民の士気は軍事目標になる、とかれは付言した。自分は「ドイツのほとんどすべての都市の、ほとんどすべての住居を粉砕したかったのです」。スターリンは、「連中の家庭を吹き飛ばしたい」、そうすればドイツの民間人の士気は衰える、と記している。(10)

南欧、地中海、北アフリカの地図を広げて、チャーチルは、第二戦線は北フランスばかりとは限らない、と言った。秘中の秘として、かれはルーズベルトと二人で計画したことを明かそうとしていた。はじめてスターリンが歯を見せて笑った。首相が極秘であることの念を押すと、ソ連指導者は、イギリスの新聞が約束を守らないことを祈る、と言っておかしそうに顔をほころばせた。

チャーチルが、トーチ作戦の概要を話し始めると、スターリンは手を上げて話をさえぎり、時期について質問をした。

おそくとも十月末まで、と英国指導者が返事をした。可能であれば、同月の七日までに。モロトフが、九月の方が良いだろうと口をはさんだ。しかし、かれと、スターリン、ヴォロシーロフにはほっとした様子が見られた。チャーチルがもう少し詳しく説明したときは、もっとそれがはっきりした。

チャーチルは、ワニの絵を描いて、フランスはその頭で、いかに硬いか、しかし地中海はその柔らかな下腹で、刺し貫くことができる、と図解した。*(11)

＊　チャーチルはワニのたとえ話を、共産主義者との関連でもよく使っていた。「ワニの求愛のようなものだ。顎の下をくすぐるのか、頭を叩くのか、よくわからないではないか」（ロンドン、チャーチル博物館出典）。

ハリマンが話に加わり、太平洋で戦っていても、ルーズベルトは、ヨーロッパにおける連合軍の努力を極限まで支えるだろう、と述べた。二人の客は、ワシントンがヴィシーと関係を保っているので、フランスの対独協力勢力が、アメリカ軍に銃口は向けないだろう、と楽観的な絵を描いて見せた。ド・ゴールの問題に話が及んだとき、チャーチルは、かれは、トーチ作戦には介入せず、「自分に、やってみたい、と言っていたことをやるのだろう」と言った。

「神よ、この試みを成功させたまえ」、とかつての神学生、いまの無神論共産主義国家の首領が叫んだ、とこれはチャーチルの記録である。トーチは、ロンメルを背後から襲う、スペインに脅威を与える、ドイツとフランスを戦わせる、イタリアを危険にさらす、スターリンの関心の「ピッチは高く」なってきた。世界情勢の話をして、チャーチルは、第五の目的を加えた。地中海の解放である。スターリンの反応は、とかれは回想する、まさにかれの望んだところであった。――「かれは一瞬のうちにすべてを見た」。

ベレズコフは、この高揚した雰囲気を、会話にはまだ「酸っぱいものが」残っていた、と記録して冷静に描写している。かれの記録によれば、スターリンは、トーチの話のあと、話題を西ヨーロッパにもどし、引き続き、その年の後半にフランスに上陸する約束があった、ということにこだわった。(12)

それでも帰路の車のなかで、一行は、「話し合いに満足していた」と、ハリマンは記録している。深夜、ダーチャにもどり、チャーチルは豪勢な食卓についた。料理の合間に、両手で頭をなでまわしていた。食後、葉巻に火をつけたが、すぐワイングラスに投げ入れてしまった。あくびをして立ち上がり、伸びをした。テヘランを出てから約二十時間が経っていた。寝る準備は出来ていた。衣服を脱ぎながら、ウィルソンに、うまく行ったよと言った。ソ連指導者はかれの率直さを評価した。たいまつ《トーチ》は、「輝いて終わった」。それだけでこの旅は大成功だったのである。(13)

当然のことだが、翌朝、二日酔いで目覚めたチャーチルは、樅の林を医者と散歩しながら、話し合いが「とんとん拍子で」行くと良いね、と言った。かれは思っていたとおりの人間関係ができた、と感じていた。別荘に戻ると、かれは部屋が多分盗聴されていると、注意を受けた。しかし、かれはこう告げて、自分の信頼感を示した。「わたしは、ロシア人は人間ではない、と伝えられていた。オラン・ウータン以下だと。さて、そいつを返上しよう、そしてこれをロシア語に訳してくれ」――かれは、これを聴いたものがスターリンに伝達してくれることを希望する、と言い足した。*

＊　チャーチルは、このとおりの言葉遣いではないが、このことを回顧録の原本に取り入れていた。外交的配慮から、公刊したものからは削除している。――スターリンはまだ存命しており、チャーチルも再度の権力の座を狙っていて、ソ連指導者と交渉することを考えていたからである（レイノルズ『歴

史』三二六―七頁)。

夕食のときも、チャーチルは盗聴のことに気がつかない――か、気にしない――様子で、スターリンは扱いやすい農民だ、とたとえていた。一同の誰かがメニューに、「メフィエ＝ヴ*」と走り書きして、テーブルの上に載せた。一読してチャーチルは目配せした。(14)

＊「ご用心」(フランス語)。

カドガンとブルックを含むイギリスの残りの一行が、肘掛椅子、ラジオ付き電蓄、ペルシャ絨毯を装備したダグラス機で到着した。操縦は無鉄砲なロシア軍の大佐で、着陸の前に急降下をして、地上の歓迎陣が散らばるところを見て喜んでいた。コーカサス山脈越えの低空飛行では、献身的な心配症、ブルックに沼地の珍しい鳥も見せてくれたが、防御の難しさも痛感させてくれた。(15)

チャーチルは、大使とうまく行かなくなってきた。クレムリンでの第一回会談のあと、クラーク・カーは、警戒を呼びかけた。それはハリマンの明るい展望に裏づけられたチャーチルの楽観主義と衝突した。――「いつものハリマンのおべっかには頭にくるし、まるでわたしは怒れる雄羊のように見えているのだろう」、と大使は記録した。お互い敵意のある顔を見合わせたあと、チャーチルは大げさにアメリカ人《ハリマン》に手を差し出して言った、「アヴェレル、いっしょに来てもらって良かったよ。きみは力のタワーだ」。かれはクレムリンの第二回会談では、クラーク・カーを外すことを決めた。「何と殺伐な一日だ！」、大使は日記に書いた。(16)

午後十一時、チャーチルはスターリンとの第二回会談に向かった。ブルック、カドガン、アーサー・

テダー空軍中将、ウェイヴェル、内閣スタッフのジェイコブ大佐、そして通訳を伴った。相手の方は、かれら側の通訳を除いては、スターリンとモロトフだけだった。

ソビエト指導者は、本人が署名するべき覚書を作成することから話を始めた。パブロフが原案の翻訳を読み上げた。冒頭には、モロトフの訪問時に、一九四二年中のフランス第二戦線開設がなくなった、と合意されたことが「周知の事実」になっている、と記録されていた。ソビエトの軍事計画は、第二戦線の攻撃を信頼することが前提になって策定されている。したがって、今回の決定は「ソビエト国民世論に甚大な影響を及ぼし」、「前線の赤軍の状況を混乱させ、ソ連最高司令部の戦略に不信を与えるものである」。チャーチルがロンドンで手渡した覚書への言及はなかった。侵攻作戦の難しさについて触れることなく、スターリンは、ヒトラーが最強の軍団を含む大兵力を東へ向けているので、状況は「絶好のタイミング」である、と主張した。*(17)

* ちょうど同じ日に、ヒトラーは軍需相のアルバート・シュペーアに、フランス上陸に備えて一万五千のコンクリートの掩蔽壕、「大西洋の壁」構築の重要性を強調した。これは一三〇〇万平米のコンクリートと、一・二百万トンの鋼鉄を使用し、主に、連合軍がノルマンディに上陸して迂回する港湾を防御するためのものである。

しかるべく書面で回答することを述べ、首相は、もっと前向きの議論に持って行こうとした。しかし、スターリンは椅子にもたれ、パイプを持ち、目を半眼に閉じて、呪文のように不平を唱えた。チャーチルは、英米軍が東部戦線に重きをおいていないと読み取って、スターリンが「最高に不愉快な」状態にある、と見た。英米は物資をろくに供給もせず、一日一万が犠牲になっている赤軍の損失を認識しようとしていない。前夜の出発点に戻ってスターリンは、西側連合軍は、シェルブール周辺の半島に六ないし八個師団を上陸させることが出来る筈だ、と言った。そしてかれは侮辱に移った。英軍がロシア人と同じようにドイツ軍と戦っていたというなら、かれらにとって、そんなに怖がるようなことでもあるまい、と言った。

少し身を引いて、チャーチルは、ソ連軍の勇敢さのゆえに、その中傷は甘んじて受けようと答えた。しかし、シェルブール周辺への上陸の提案は、海峡の存在を見落としている、と辛辣にかれは付言した。

スターリンは論議を中断し、翌晩の夕食に一行を招待した。チャーチルはそれを受けたが、そのあと夜明けには失礼する、と告げた。スターリンは驚いて、それ以上いてはくれないのか、と訊ねた。確答することなく、首相は、役に立てるならば残っていてもよい、と答えた。

テーブルの上を手で叩いて、チャーチルは、「どちらかと言えば生き生きした」セリフを口にした。この言葉は後日、考え抜いた控えめな表現で記録したものである。「わたしは苦悩のなかをヨーロッパからやって来ました。――そうです、ミスター・スターリン、わたしの苦悩はあなたのものと同じなのです。――同志の腕を求めたかったのです。しかし、いささか落胆しています」と、かれは言った。「その腕は見つからなかった」。かれは、一九四〇年の英国の孤独な戦いの話をし、劇的な熱意で送った物資のことを強調した。イギリス側の通訳はついて行けなくなってしまった。チャーチルの言葉を時々メモしていたカドガンが、翻訳しやすいようにそれを読み上げた。[18]

スターリンは手を上げた。「言葉はよくわからないが、神かけて、あなたの気持ちはよくわかる」、と言った。

スターリンがロシアの迫撃砲の威力を誇張して話したり、両国の発明品の情報交換を提案したりしているうちに、雰囲気は改善されてきた。かれは解放区のモデルとして、コーカサスの概況を説明した。しかし、ハリマンが、航空機をそこへ持ち込む計画をどう思うか訊ねたとき、かれは、戦争は計画を樹てただけでは勝てない、航空機は持ち込んでいない、とぶっきらぼうに返事した。スターリンとチャーチルの応酬を見て、ブルックは、二人は「人間としての両極だ」と見た。「ルーズベルトとウィンストンの間の友情は、この二人の間には見られない」と、日記に記した。「スターリンは、現実主義者そのものだ。事実だけがかれの考慮の対象であって、計画、仮説、将来の可能性などといったものは、かれにとってはほとんど意味がない。そのかわり不快なことであっても、事実であればまっすぐ立ち向かおうとするのだ。一方ウィンストンはといえば、強制されないかぎり、不愉快な事柄を直視するつもりがないようだった。チャーチルは、わたしが見るところ、スターリンが持っているとは思えない、感情に訴えようとしていた」[19]。

チャーチルは、なぜスターリンの態度が変わったのかを訝しく思い、ハリマンと午前三時三十分まで座って話し合った。結論はこうだ。多分、指導者が第一回会談の報告——スターリンの権威が無視されたことの説明、が行われたとき、「人民委員会」は、より厳しい路線をとるように決めたのだろう、と。ロシアに対する圧力は手加減した方が良い、と首相は閣議で伝えよう。かれはスターリンの「地に足のついた、敏速な軍事判断」が、トーチの強い応援になることを確信していた[20]。

それにしても、第二回会合の苛酷さには「すっかり参って、落胆」してしまった。北アフリカの話は、フランス上陸へのソ連の執着を方向転換させられなかった。会合の話を主治医にしながら、唇を噛み締め呟いた。「わたしだって、厳しくやるぞ」。しかし、カドガンが、チャーチルは、抵抗する趣旨で晩餐招待を断わるとクレムリンに伝えたらどうか、と訊ねると、かれは、「いや、それはやり過ぎだと思うよ」、と答えた。それでも、午前四時、かれはウィルソンに話しかけた。もし、スターリンが会談と同盟を台無しにするのだったら、自分の政府は潰れるだろう。「わたしはあの男に自分で戦ってくれと、まかせてしまうよ」、かれは呟いた。

翌日、カドガンは、スターリンの覚書に対するイギリスの回答書を持参した。そこには、フランス上陸に関する再度の反論と、モロトフがロンドン滞在中に行った会談を誤解して策定された赤軍の計画案に対する拒絶、が記載されていた。同時にカドガンは、機会を捉えてチャーチルがソ連指導者の態度に接して、「困惑し、気落ちしている」ことを伝えた。ハリマンの観方はもっと楽観的だった。「わたしは、懸念すべき点は見当たらないと思っています。首相が出発する前に、きちんとした合意が成立することに自信を持っています」と、かれはルーズベルトに電報を送った。あとになって、かれは、スターリンの雰囲気をコーカサスの戦況と関連づけた。――「かれらは本当に絶望していたのだ。スターリンの無作法さは、助けを求める表現だったのだ[21]」。

チャーチルは気が晴れなかった。ダーチャの昼食で、かれは気落ちして、黙って座っていた。頭を両手で抱え込んだり、皿の上にかがみこんだりしていた。またもや、クラーク・カーに怒りの矛先を向けた。「食事の間中、忍耐と良きマナーを装って座っていることは難しかった」、と大使は書き残している。「よっぽど、けつをまくってやろうかと思った。わたしのかれに対する敬意と忠誠心はひどく傷ついた(22)」。

その夜、クレムリンの宴会では十九種のコース料理が出た。スターリンはチャーチルを隣に座らせ、もう片方にはハリマンを座らせた。モロトフは向かい合わせだった。陽気に振舞ってはいたが、スターリンは疲れていたようだった。小さなウォッカのグラスでワインをすすり、ポテトを一つ、小さなチーズを食べただけで、ハリマンには、もう夕食を済ませたので、と言った。英国大使館の書記官筆頭、ジョン・リードは、かれは飲みすぎだったのではないか、と思った。おどけて、スターリンは、「ここにいるイギリスの情報将校の健康を祈って」、と乾杯の音頭をとった、かれらの仕事の恐ろしい運命に警告したのである。チャーチルのボディガードは食べすぎ、飲みすぎで椅子のなかに後ろ向きに倒れこみ、ウェイターの運んできたアイスクリームの皿を床に落として割ってしまった(23)。

チャーチルに挨拶をしたとき、ソビエト指導者は自分自身を「雑な男で、あなたのような経験ある人間ではありません」、と自己紹介した。かれは、あるイギリスの訪問者が、チェンバレンを賞賛したとき、イギリス人は必要にせまられると「老いた軍馬」を引っ張り出すのですね、と予言したことを思い起こした。そして、ロシア内乱のときに、チャーチルが英国政府を誤り導いてボルシェヴィキに敵対干渉したということを聞かされたことも思い出した。

それには色々わけがある、首相は対応した。「干渉のときは、わたしは活動的でした。ほかのことは考えないでくださいよ」。

スターリンは微笑んだ。

「赦してもらえますかね？」、お客が訊ねた。

「みなもう済んだことです。済んだことは、神様のものなんですよ」、答が返ってきた。

スターリンは、ブルックがヴォロシーロフ元帥と隣合っているテーブルへ歩いて行った。ヴォロシーロフは、火のような黄色いウォッカを、ジョッキで大きな赤唐辛子を入れて飲んでおり、でき上がっていた——帝国総参謀長《ブルック》は、こっそりとウォッカ・グラスに水を入れて、素面《しらふ》だった。額に汗をにじませて、ヴォロシーロフはまっすぐ前面を見据えた。スターリンは、かれの椅子の横に立ち、かれと乾杯した。ということは、ヴォロシーロフは、テーブルで身体を支え、足がもつれないように立ち上がらなければならなかった。手を差し出し、親分とグラスを合わせた。そして大きなため息をついて、椅子に座り込んだ。

カドガンは、チャーチルが長々と続く乾杯とスピーチに、段々と退屈してきていることを見て取った。モロトフは、テーブルの将軍の一人一人に挨拶をして回っていた。スターリンがチャーチルの健康を訊ねたとき、返事は簡単なものだった。食事中、かれはスターリンに、一九四一年、間髪を入れずに、ソ連を支援したことを想起させた。「ドイツがあなたがたに宣戦布告をしたとき、わたしはだれとも相談をしなかった。そして放送でスピーチしたのです」。頭のなかで、かれは、スターリンが「ヒトラーに貴重な資材、時間、援助を与え」、イギリスが敗戦するとすれば、いったい何事が起こっただろうか、いまさらのように考えていた。

そろそろお開きが良さそうだと思って、カドガンが「ドイツ人の死と破滅を願って」最後の乾杯の音頭を取った。それ以上の仕上げはなかった。テーブルから立ち上がり、スターリンは、しつこくチャーチルと写真を撮ることを望んだ。写真で、かれはハリマンと同じように大きな笑いを見せているが、チャーチルの唇は閉ざされたままである。

首相は、二人だけの会談をいまやりたいと提案したが、スターリンはパーティーを離れることを嫌がった。チャーチルは書類をチェックしたサイドテーブルの方へ重い足取りで向かった。ロシア空軍のある将軍によれば、チャーチルは飲みすぎで、「文字通り休息を求めてテーブルを離れた」ようだった。

チャーチルの耳には入らぬところで、スターリンはハリマンに、物資供給船団の停止と、シンガポールの敗北に比べての太平洋におけるアメリカ軍の戦いぶりを見ると、イギリスの陸、海軍は自主性を失っている、と苦情を述べた。〈モスクワ目前のドイツ軍の敗走〉という映画を見ようと、スターリンが誘ったが、チャーチルは断わった。主人がこちらに来てくれたときでも、かれは書類を読み続けていた。午前一時三十分、首相は立ち上がり、「さようなら」と言った。何か意味深長な言い方だった。握手をしながら、スターリンは、自分たちはたがいに、ドイツ人と戦う最良の方法が単に違っているだけですよ、と感想を述べた。チャーチルは、イギリス人は行動によって、その相異を乗り越えることに全力をつくします、と答えた。かれは混み合った部屋を去った、暗い面持ちだった。外部の通路を歩きながら、壁に寄ってマッチを擦り、葉巻に火をつけた。(24)

スターリンは急いであとを追った。かれは早足で、広い、飾り立てた部屋、部屋を通り抜け、大きなZＩＳ（第二スターリン記念工場製）リムジンが待つ玄関口へ急いだ。スターリンは何とか二度目の別れの挨拶をした。しかし、別荘第七号へ向かう途中、カドガンを傍らにおいて、チャーチルは怒りを爆発させた。

「クレムリンのパーティーがもっと長く続いていたら、一体何が起きたかわからなかった」、とカドガンは述懐した。「かれはまるで闘牛場の、ピカドールの槍で手負いになった狂気の雄牛のようだった」、と同じイメージをクラーク・カーに思い浮かべて言い足した。「自分に、ここで何が期待されていたのか、本当にわからなくなったと、かれは言い切った。スターリンには二度と会わずにロンドンに戻るつもりなのではないか」。

ダーチャでは、訪問の最後に発表するコミュニケの表現をめぐって、カドガンと論争になり、チャーチルの不機嫌は増幅した。チャーチルは、ロシア人の原案に、英国の反撃に関する記載がないことについて反対した。かれは、これを同盟国間の不一致をあからさまにすることだと思った。それはまずいことだった。しかし最終的に、かれの考え方が記録に残されるのであれば、外交官の意思に任せると述べた。沈黙があったのち、かれは自室に上がって行った。シルクの肌着一つになって、かれは肘掛椅子に座り床を見つめていた。そしてウィルソンが入ってくるのに気がつくと、いつも夜の一番終わりにすることをした[25]。

「スターリンは、わたしと話をしようとしないんだよ」、チャーチルは言った。「やめたよ。もうたくさんだ。めしは酷かったよ。食べる気がしなかった」。

起き上がって、かれは歩き回った。医者の前に立ちふさがり、一縷の望みを託すように言った、「言葉の壁を越えられるなら、あの男とまだ仕事が出来るかも知れない。途轍もなく難しいだろうがね」。もう一度出来るだろうか、かれは迷った。肘鉄砲を食らわせられないか。

それは必要な賭けですね、ウィルソンは答えた。

いや、チャーチルは言った。わたしから、もう一度スターリンに近寄るのではないよ。

宴会から帰るとき、かれは熟慮して、「お休みなさい」ではなく、「さようなら」を言ったのである。新しい動きがあるとすれば、相手方から来なければならぬ。

ベッドに上がって、かれは黒い目隠しをつけ、頭を枕に埋《うず》めた。ウィルソンは灯りを消し、部屋から出て行った。午前三時四十五分だった。

クレムリンで、スターリンは空軍司令官に、首相が「フライパンの上の鯉のようにのた打つ」ところだった、と語っていた[26]。

目を覚ましてチャーチルは、モスクワを離れるかどうかを論議した。あるイギリス高官に対しては、スターリンは別に馬鹿にするつもりはなくて、通訳の問題があったのではないか、と言ってみた。別の会話で、ソ連がそれ以上の不平を持ち込むようだったら、「頭に来て」いただろう、と言った。一触即発の雰囲気で、鍵を握るのはクラーク・カーだった。かれは、基本的なことは何も譲歩をせずに、他人に喜んで合意させてしまう天賦の才能で有名だった。大使は、かつて、モスクワの大使館で必要なことは、外交的な「かまとと精神」である、と言ったことがある。チャーチルがこのまま帰ってしまうことの破滅的な結果を確信して、かれは、首相をわがまま息子になぞらえて、なだめてみることにした。(27)

クラーク・カーの、「厄日」に起こった「猛烈な遭遇戦」の報告を読むと、チャーチルの気持ちと感情の動き、プライドと感受性、ひとりよがりと力の誇示についての欲望――そしてそれに反抗する勇気を持つものからの批判のされ方が、絵に描いたようによくわかる。

クラーク・カーがダーチャに着いたとき、ウィルソンは前の晩の出来事をかれに話した。医者のみるところ、チャーチルの弱点の一つは、まわりにイエス・マンが多すぎることだった。そしてかれは「聞きたい話だけを聞いているのだ」。

ノー・マンになることを決めた六十歳の大使は、起こり得る最悪の場合はクビになることだ、と腹をくくった。「率直に話をすることが必要だということは、はっきりしている。多分それが出来るのはわたしだろう」、と自分の日録に書いた。「さて！　一つ危ない橋を渡ってみるか」。

まず、かれは庭から「一握りのきいちご」を取って来た。そしてカドガンが、チャーチルに会えますよ、と呼んだ。「ミノタウロス〔ギリシャ神話の怪物〕は次の犠牲者になることを覚悟した」、と大使は書いている。

灰色の防空服を着込んだチャーチルはご機嫌ななめで、むっつりとしていた。

「わたしに会いたいそうだが」、かれは言った。

クラーク・カーは、散歩しながら話しませんか、と誘った。

テンガロンハットを被り、首相はステッキを握った。

「率直に言ってもいいですか?」、クラーク・カーは外へ出てから言った。

「率直に?」、チャーチルは答えて、かれを見つめた。「当り前じゃないか?」

「ちょっと耳障りなことを申し上げるかも知れません」。

「そんなことは慣れてるよ、別にどうってことはない」。

樅の木の林のなかを、どんどん先立って歩むチャーチルを、猫背のクラーク・カーは追いかけながら、スターリンとの交渉は、全部その方向を間違えたのかも知れない、と話かけた。英国指導者は、ときどき立ち止まって顔をみつめ、また歩き出した。クラーク・カーは、もし失敗するとチャーチルの責任になるだろう、と言った。スターリンとの話のなかで、その「類稀なる才能」を放り出してしまった。ソ連の連中は粗野で、声高に物事を扱い、荒っぽい、攻撃的な言い方をする。かれはスターリンを怒らせ、その判断に影響を与えたのだ。

「しかし、あの男はわたしを侮辱した」、と答が返ってきた。「これからは、一人で戦争しなければならないのだ」。

クラーク・カーは、交渉は止めるわけには行きません、と言った。首相は、独裁者に会って妥協しないと。

「しかし、あの男はわたしを馬鹿にしたのだ」、歩きながらチャーチルは繰り返した。「わたしは偉大な国家を代表している。屈するわけには行かない、生まれつきなんだ」。

スターリンが単独で戦うことになって、ロシアが負けたらどうなりますか？　大使は質問した。

——「それを取り返すのに、どれだけのイギリスとアメリカの若い生命が犠牲になることでしょうか？」。

「あの男はわたしの政府の息の根を止め、わたしを追い出そうとしているのだ」、とチャーチルは答えた。「それは大変な間違いだ」。

クラーク・カーは注意した、ロシアを見棄てると、チャーチルの政治力は危殆に瀕すると。かれはソ連をナチスに進呈した男、ということになるだろう。「何とつまらないことになりませんか、また物事がごちゃごちゃごちゃになりますよ」。と、かれは続けた。

「ごちゃごちゃに？」、林のなかをダーチャに向かって並びながら、チャーチルは鸚鵡返しに言った。

「全部わたしの所為だというのかね？」。

「はい、残念ですが」。

「ごちゃごちゃに？」、チャーチルはステッキで地面を突っつきながら下を向いた。

「それで、どうすれば良いと思うのだ？」。

クラーク・カーは、いますぐ次の会談を提案しましょう、と言った。

「しかしわたしは、かれの家来じゃないよ」。

「かれの家来になれ、なんて言ってませんよ。あなた自身になって欲しいのです」。

「わたし自身にか」、とチャーチルは繰り返し、大股でダーチャに入った。

すぐチャーチルは、カドガンと協議をしたい、と言った。

「童顔をほころばせて」、チャーチルは、クラーク・カーが、スターリンとの問題は全部わたしの責任だと思っている、と言って、くすくす笑った。カドガンも笑った。

パブロフは、チャーチルがスターリンにもう一度会いたいと言っている、と告げられた――単独で。クレムリンはイギリス側に電話で、ソビエト指導者は散歩に出ている、と返事した。午後六時になって、一時間後にチャーチルに会える、というメッセージが届いた。これは、ポーランドのアンダース将軍との会食を遅らせることを意味した。――ポーランド人は、西側に対して、いつもスターリンの第二ヴァイオリンを弾いていたのだ。

言葉の問題を懸念して、チャーチルは通訳を代えることにした。クラーク・カーは大使館スタッフのなかから、バース少佐を推薦した。クレムリンへの大きなＺＩＳのなかで、チャーチルはバースに、スターリンとの前回の会話はときどき刺々《とげとげ》しいものになったことを説明した。難しいことなのかも知れないが、自分がモスクワを発つ前に、ご主人《スターリン》には気持ち良く過ごしてもらいたい。

スターリンは、バースをちらりと見て、頭を振りながら目を細めた。かれはお客を、長いテーブルに手で誘《いざな》った。二人の指導者は、通訳を除いて自分たちだけだった(28)。

ジョージア人《スターリン》は、第二戦線の話を蒸し返した。チャーチルは別の話題に変えた――コーカサス、トーチ、北極船団。スターリンは下敷きにいたずら書きをして、滅多に目を上げなかった。何かバースの訳した言葉がスターリンの関心を刺激したのか、かれは通訳を見つめた。最初は目に見えなかったが、「太陽が雲の中から現われるように、何か、同意の面持ちが出現して来た」。バースには、ジョージア訛りと低音が、スターリンの単純なロシア語の発音を、別な言葉のように聞かせた(29)。

一時間後、スターリンの気分は晴れて来た。地図の上に手をかざし、かれは、赤軍が国防軍をコーカサスで押しとどめることを誓い、トーチ作戦の重要性に言及した。

「神のご加護がありますよう」、かれは付け加えた。

「神様、もちろんですよ、わたしたちの味方です」、チャーチルは言った。

「当然悪魔もこちら側ですよ、そしてわれわれ共同の力で敵を倒しましょう」、スターリンはくすっと笑った。*

＊ イーデンによれば、これと同じ会話が、十八カ月後、ビッグスリーのテヘラン会談でも繰り返された。それは明らかに二人の気持ちに訴えるものだった（Eden, *Reckoning* 四二七頁）。

チャーチルはバースに、言ったことを全部伝えたか、とたしかめた。通訳は、そう思います、と答えた。「きみはよくやったよ」、チャーチルが請合った。

首相がこれで失礼する、と言ったとき、スターリンが訊ねた。「クレムリンのわたしのアパートで一杯やりませんか?」。

「そういうお誘いは、これまで断わったことがありません」。英国の指導者は返事をした。

NKVD〔内務人民委員部=秘密警察〕の護衛を伴って、ジョージア人は、廊下に沿って進み、小さな中庭と街路を横切って、かれの住居へ入った。白い上っ張りを着て、スカーフを被った年配の女性が四人を迎えた。酒瓶がいくつかテーブルの真ん中においてあった。書棚には何もなかった、——モスクワ攻撃に備えて疎開されたのだ。

スターリンは、チャーチルにもっと寛いでもらいたいと、その日の午後、準備すべき料理の指示をしていた。かれは可愛らしい、十六歳の娘、スヴェトラーナに待っているよう指図しておいた。話題が子どもたちの話になり、二人とも赤毛の娘を持っていることがわかると、スヴェトラーナが呼ばれた。プレゼントを貰って父親にキスをすると、彼女はしばらく戸惑っていた。スターリンは、チャーチルの反応を見守っていた。「はっきり言って、わたしは極めて自然な印象を受けた」、と首相はのちに記している。かれは、スターリンと娘に、自分自身子どもの頃は赤毛だった、と話をした。戦争の話題になって、彼女は退席させられた。

晩餐は、はつかだいこんの料理で始まり、キャビア、サーモン、ちょうざめと茸が続いた。そのあと、ビーフ、にわとり、ポークが出てきた。部屋はやや居心地悪く、寒かったが、バースは、「とても家庭的で楽しい雰囲気」だったと回想している。

スターリンは、グラスをウォッカ、コーカサス・シャンペン、それにワインで満たした。かれは話をしながら、縁起を担いで、自分のフォークで奇数個のグラスに触った。それから、特別な薄茶色のウォッカを小さなグラスに注ぎ、これは普通のウォッカよりもうまい、と言った。バースが静かに「危ういしろもの」と警告したので、チャーチルは試してみることを止めた。

　かれらは、ルーズベルトとの会談を準備することで合意した。「わたしたちに利益の相反はありませんよね」、と首相が言った。スターリンは同意した。

　もしアイスランドで会うことになれば、とチャーチルが補足した、ソ連指導者は英国を訪問するべきだ。スターリンは、一九〇七年、レーニンと社会主義者の大会でイングランドを訪れたことを思い起こした。

「トロツキーも一緒だったんですか？」、チャーチルが聞いた。

「イエス」スターリンは答えた。しかし「かれはだれの代表でもなかったので」帰りました[30]。

　スターリンは、まだ役所にいたモロトフを呼んだ。外務大臣は、とかれは言った、名だたる飲み手です。四つ目の席が用意されていたことは明白だった。

　チャーチルは、お仲間がアメリカへ行ったとき、ニューヨークに立ち寄られたかご存知ですか、と訊ねた。「かれはニューヨークには行ってませんよ」、独裁者は答えた。「かれは別のギャングに会いにシカゴに行ったのです[31]」。

　不運なＰＱ―17北極船団の話題となったとき、スターリンは、帝国海軍に傷がつかなかったか、と疑問を呈した。「起こったことはみな正しかった、というわたしの言葉を信じていただいて結構」、お客が答えた。「海軍のこと、海戦のことはわたしにまかせてください」。「ということは」、スターリンが応答した、「わたしは何も知らないと」。「ロシアは陸の猛獣、イギリスは海の猛獣です」、とチャーチルは言った。

チャーチルが手洗いに行きたいというと、スターリンは、自分の簡素な寝室を通って案内した。食堂へ戻ると、かれとモロトフは、バースにかれのロシアとロシア人についての知識について色々と質問をした。チャーチルが戻って、会話は歴史の話になった。英国指導者は、祖先のマルボロー公の話をした。スターリンはいたずら気のある顔になって、ウェリントンはとにかく偉大な将軍であると思う、と言った。――スペインでの鉄の公爵のナポレオンに対する戦いは、第二戦線ではなかったか、と。

真夜中を過ぎた、チャーチルが一九三〇年代の農業集団化は、戦争と同じくらい悪い影響を及ぼさなかったか、と質問すると、険悪な雲行きになって来た。

「集団農場政策は苦しい戦いでした」、主人が答えた。

「それは失敗した、とあなたは思っているでしょう。あなたは、何千という旧貴族とか大地主のことは相手にせず、何百万という小地主を対象としたのですよ」。

「一千万！　大変なことだった！　四年間続きましたよ。しかし、恒常的な飢饉を避けるため、田舎に充分なトラクターを配備するためには、絶対に必要なことだったのです」。

「それはいわゆる富農階級《クラーク》のことですか？」

「はい。全体として良いことではなく、困難なことでしたが――必要だったのです」。

「かれらはどうなったのですか?」

「ええ、多くはわたしに従いました。あるものは別の土地を獲得しましたが、……そこで根を張ることはできませんでした。土地の人たちとうまくやって行けなかったのです。結局農業を止めることになったのです」。

チャーチルは、この馬鹿げた話題はこれまでとした――しかし回顧録のなかで、このとき、胸のなかで身震いしていた、と記録した。

戦争の話に戻り、二人は、チャーチルの思い入れある秘策の一つ、スカンディナヴィア作戦が有効であろうことに意見が一致した。これで空気が良くなり、穏やかになったチャーチルは、一九三九年にモスクワが西側との会談を終わらせ、ドイツと条約を結んだのはなぜかと訊ねた。スターリンは、イギリスの兵力不足と、フランスのお粗末な軍備の状況から見て、この二国が戦争に入るとは思わなかったからである、と答えた。かれはいずれヒトラーが自分を攻撃し、ポーランド東部をものにするだろう、と認識していた。かれは時間稼ぎをしようと思った。かれは英国空軍の空襲のさなか、モロトフがベルリンを訪れたときの話をした。防空壕のなかで、リッベントロップは、大英帝国の終焉を予言した。「それでは、なぜ、われわれは今ここにいるのでしょうね?」、モロトフは質問した、と。

ダーチャでは、クラーク・カーがソファで眠っており、ポーランドのアンダース将軍はウィスキーを啜っていた。クレムリンからの電話が鳴って、カドガンにコミュニケの案文を持参するように依頼があった。午前一時にカドガンが到着したとき、最高に上機嫌な雰囲気に出くわした。子豚が運ばれてきた。スターリンは、頭のところをチャーチルに提供したが、かれは断わった。主人はかがみ込み、ナイフで内部を綺麗にしてから、頬肉を削り取り、手づかみで食べだした[32]。

その後、スターリンは二十分間、前線の報告を読むために中座し、コミュニケの検討のために戻ってきた。英文のタイプライターが持ち込まれ、バースが清書した。「ヒトラー・ドイツとそのヨーロッパにおける同盟国に対峙する戦線を対象とする、数多くの決定がなされた」、という文章で始まり、二国政府は、ヒトラー主義及び類似する独裁制打倒に全力を尽くすことを誓った。会談では、「至情と完璧な誠意」が示され、「ソビエト連邦、大英帝国、アメリカ合衆国の間の同盟関係に基づく完全な協和のもとに、その間の緊密な友情と相互理解の存在」が再確認された[33]。

散会したのは午前二時三十分だった。スターリンとチャーチルは、おおむね七時間、いっしょに過ごした。ドアのところで、首相は、三時間後の出発に際して、モロトフは見送りに及ばないことを告げた。そこでお別れをする予定となっていたのだ。

「いやいや」、スターリンは言った、「モロトフはもっと若い、お見送りさせますよ」。

ダーチャに戻った、チャーチルは火照っていた。かれは、カイロで会おうと言ってアンダースを帰らせた。大きなソファに身体を投げ出し、両足をぶらぶらさせながらくすくす笑って、クラーク・カーに、クレムリンの「あの偉大な男」と友情を固めてきたよ、と語った。「家族にしてもらったよ」、喜びながら言った、「もう友だちじゃないんだ[34]」。

首相の浴室に水が流れるのを聞いて、大使は出て行こうとした。チャーチルは引き止めて、シルクの肌着一枚になって脱ぎかかっていた、その下に大使は、「ペニスとしわだらけのピンク色の臀部」を見た。新聞の余白に、英国大使の描く、首相の腰から下を裸にした唯一のポートレートがスケッチされた(35)。

二時間後、目をかすませたモロトフが、飛行場まで英国一行を見送るためにやってきた。チャーチルは頭が割れるように痛かったが、白い縞の入った三つ揃いのスーツで、滑走路でのお別れの儀式に並んだ。飛行機は午前五時三十分に離陸し、テヘランに機首を向け、首相は眠った。目が覚めると、チャーチルは食事を所望した。ボディガードが、クレムリンが詰めた昼食のバスケットを差し出した。なかにキャビアとシャンペンを見つけると、モスクワ行きの飛行機で、サンドイッチに辛子がない、と言ってトンプソンを叱責した嫌な思い出を拭い去った(36)。

テヘランから、かれはスターリンに、同志愛と歓待に対して礼状を出した。「モスクワを訪問して非常に良かったと思います」、かれは付け加えた。「その理由はまず第一に、［一九四二年に第二戦線は発足しない］ということを告げる、わたしの義務を果たしたこと。第二に、われわれの大義を促進するにあたって、この話し合いが役に立ったこと、この二つです。モロトフ氏にくれぐれもよろしく」。

かれはルーズベルトに、「ジョーを袋に閉じ込めた」、とその成功を保証した。

「概して、わたしのモスクワ訪問で大変自信を深めることが出来た」、とかれは、戦時内閣に打電した。「わたしが持って行った芳しからざるニュースは、わたし個人で伝えたほかは、あまり拡がらなかった。……かれらは最悪の事態を承知し、苦情は全く親愛なものに変わった。それもかれらにとって、もっとも不安多く、苦悩の深い時期においてである。さらに、スターリンは『トーチ』の大なる効用を心から信じている」。チャーチルは自身、ルーズベルトを北アフリカ上陸作戦に賛成させたことを喜んでいた、その上クレムリンとの個人的ルートも開通させたのだ。しかし、かれの東側同盟国に関する信念は変わらなかった。「それは測り知れない災厄となるだろう」、とかれはイーデンに書いた、「もし野蛮なロシア人が、古いヨーロッパの諸国家の文化と独立を圧迫しようとするならば」。

同じ様に、クレムリンの一夜の盛宴がソビエトの疑念を払拭するものでもなかった。ケンブリッジ卒業生によるモスクワのスパイ網が、チャーチルの反ソ的陰謀の証拠を捉え損なったとき、モスクワは、フィルビー、バージェス、マクリーンその他を英国の二重スパイである、と断定した。「モスクワにいる全員は、チャーチルがソビエト連邦の敗北を狙っており、ゆくゆくは、ヒトラーないしブリューニング（ナチ以前の首相）のドイツと、わが国を犠牲にして手を握ろうとしている、という印象を持っていた」、とスターリンはマイスキーに書き送っている。(37)

10 時の過ぎ行くままに《アズ・タイム・ゴーズ・バイ》

北アフリカ、モスクワ、カサブランカ
一九四二年十月―一九四三年一月

「無条件降伏。アンクル・ジョーは自分も埋め合わせできると思うだろう」。

ルーズベルト

一九四二年から一九四三年への秋から冬にかけてを、チャーチルは、「初めの終わり」と呼んだ。国防軍はコーカサスの油田に到達したが、ロシア軍は撤退前に油井を爆破してしまっていた。九月二十五日、ドイツ軍はスターリングラードを陥落させたが、補給線が伸びすぎたのでそこで止まった。ということは、ヒトラーは、征服した土地からそれ以上の資源を当てにして、戦車に給油したり、脆弱なドイツ経済の埋め合わせをしたりすることは出来ないということである。北極船団は、初回、四十隻の商船のうち十隻が沈められたが再開された。太平洋では、一万六千の米海兵隊がガダルカナルに上陸した。イギリスとアメリカは、ドイツと日本の解読した暗号情報を分け合いはじめた。ワシントンでは、原子爆弾計画が、マンハッタン・プロジェクトという名前を与えられて正式に発足した。最初の実験が十二月に予定された。

チャーチルを最高に元気づかせたのは、イギリスと英連邦軍がモンゴメリーの指揮下、エル・アラメインの西方砂漠で大勝利をおさめたことである。この気の短い将軍はたちまち人気アイドルとなった。十一月十八日、イギリス中の教会の鐘が戦勝を祝して鳴り響いた。一年前の鐘の音は、警戒警報だったのである。

しかし、モスクワからロンドンに戻ったチャーチルは、トーチ作戦についての、ワシントンからの、かれのいう「爆弾」を受け取った。米国幕僚長たちは、兵員と舟艇の不足から、上陸は二箇所——場所はモロッコの大西洋岸、カサブランカと、アルジェリアの西、オラン、しか出来ないと。これは、東へ向かうため、チュニスとビゼルタを獲るというイギリスの狙いとは全然合わない。チャーチルの話を聞いたあと、ルーズベルトは同意し、上陸は三箇所、——オラン、カサブランカにアルジェとすると。[1]

「頑張れ！」、かれはチャーチルに電報を打った。

「OK、全速前進」、かつての海軍男が返事をした。

しかし、ルーズベルトは、後日フランスに侵入することを放棄したわけではない、ということを書き加えた。——スレッジハンマーは消えたかも知れないが、ラウンドアップは依然アメリカ戦略の基本だったのである。

チャーチルは自らの路線に戻ってはいたのだが、トーチ以前に、フランスをめぐってワシントンとロンドンの間に緊張が走っていた。大統領はヴィシー政権の大物と個人的関係を持っていた。野心的で、無節操なフランソワ・ダルラン提督である。かれは対独協力体制ではナンバー2の地位にあったが、ドイツの圧力で、ベテラン政治家のピエール・ラヴァルに替えられてしまった。これでかれは、アメリカ寄りの立場をとりやすくなった。ダルランの息子は小児麻痺に罹っていたので、ルーズベルトは自分の保養センターに招いた。仲介者を通じて、提督は、北アフリカ作戦でフランス軍を連合軍側に集合させる、とワシントンに伝達した。

ダルランに有利な点が一つあった。かれは一九四〇年にフランス艦隊をドイツに引き渡さなかったのである。ほかの点では、失脚以前、かれはペタン元帥に相談することなく、ヒトラーに一連の譲歩を約束していた。かれは中東と北アフリカで軍事協力を図り、大西洋の海運破壊のため、ダカールのフランス基地をUボートに使用させていた。かれの指揮下にユダヤ問題委員会がおかれ、反ユダヤ法令や迫害を強化させてもいた。[2]

かれが連合軍のために道を開いたら、解放後の北アフリカでは、より汚点の少ないアンリ・ジロー将軍に交代させる、ということで、ダルランの協力をワシントンは正当化した。ジロー将軍はその年の初めにドイツの抑留から脱出してきたのである。* しかし、提督が本当に身を引くのかは大いに疑問であった。そしてジロー将軍といえば、根っからの軍人で、軍事のことしか頭になく、政治的手腕は皆無だった。

＊　ジローがブルックに語ったところによれば、かれの妻がバターの缶に隠し入れた針金を使って、か

れはドイツの収容所の壁をつたって脱走した。その前に民間人の服装も調達していた。連絡係が偽造の証明書類を、かれに会って手渡した。フランスへ戻り、かれは潜水艦でジブラルタルに渡った。

スターリンは、アメリカの決定に、ロシアの諺、必要ならば、「悪魔だろうが悪魔のお祖母さんであろうが使ってしまえ」、を引用しながら同意した。提督は、一九四〇年、メル＝セル＝ケビル〔アルジェリアの都市〕で英国海軍がフランス艦隊を攻撃したとき、強烈な反英姿勢を示していたが、チャーチルは連合軍の連帯を意識して、この決定を支持した。しかし、仲間から「そんなことのために、われわれは戦っているのかね？」と質問され、感情が微妙に動かされた。イーデンは強硬に反対した。カドガンは、「ヴィシー・フランスはアメリカに欲しいものを何でも言い、アメリカは両手で差し出している」、と言ってこの政策を切って捨てた。首相は、北アフリカにおけるイギリスの影響力の欠如を懸念した。ルーズベルトは、ダルランと親しい外交官、ロバート・マーフィーを自身の政策代表として派遣していた。十二月二十二日、首相は、植民省の副大臣ハロルド・マクミランを、ダウニング街に直結する大臣待遇で、アイゼンハワー司令部付に任命した。

セント・ジェームズ公園を見下ろすカールトン・ハウス・テラスにあるロンドン司令部で、ド・ゴールは、腹を立てながら大股に歩き回っていた。自由フランス軍は、フランス解放に招かれていないのである。権力は、ヴィシーの指導者に与えられた。ジローは潜在的ライバルだった。一九四〇年、フランスを離れてから、かれにとって最暗黒日の日々が続いた。

生涯を通じての職業軍人、第一次大戦の勇士であるド・ゴールは、敗戦のときは国防次官であった。

連合国指導者のなかで、かれは唯一実戦経験者だった。前進してくるドイツ軍に対して戦車攻撃を命令した。ロンドンからの増援を期待して英国に派遣された、背の高い、少し間の抜けたフランス人は、チャーチルに土壇場での仏英連携を提案し、閣議は了承したのだが、フランスでの和平勢力の閣僚たちに足を引っ張られたのである。ペタンは講和を模索していたが、ド・ゴールは、一九四〇年六月十八日にフランス国民に放送で呼びかけたレジスタンスの旗を降ろそうとはしなかった。

チャーチルが、本人に指摘したように、かれの妥協を許さない態度そのものが、自分自身の敵になっていた。それに答えて五十二歳の将軍は、自由フランスの指導者たちは、「必然的にどちらかといえば難しい連中である。でなければ、今いるところには居られなかったのだ」、と言った。チャーチルは、戦争が終われば、力強いフランスが必要となってくるし、そこへ持って行けるのはド・ゴールであろう、と見ていた。首相の「ロレーヌの十字架*〔失われた領土を取り戻すというフランスの愛国心を表わす二重の十字架。ジャンヌ・ダルクの象徴でもあり、ド・ゴールの自由フランスの旗印でもあった〕」として、これはド・ゴールの運動の象徴として引用される言葉でもあるが、英国首相は、不撓不屈のこの男に格別の思い入れを持っていた。

＊　このあたりは、チャーチルの言葉としてしばしば記録されているが、エドワード・スペアの文章である。スペアは英国の将軍で、一九四〇年、ド・ゴールをフランスから招致したが、のちにかれと対立した。

一方、この熱情的な愛国フランス人とルーズベルトの間に、共通の基盤は皆無であった。ルーズベルトは、ヴィシーに大使館を維持しており、北西フランス（ド・ゴールの出身地）を分離させ、ベルギーと統合して新しい一国を作る、という構想を弄んでいた。ド・ゴールをヴィシーに協力させるわけには行かないが、ルーズベルトとしては、ドイツを弱体化させるためには、ほかのものなら誰でも、ラヴァルでも良かったのである。自由フランスは一応、国際連合への加盟を認められてはいたが、大統領は、その親玉が根からの独裁者で、同盟の大義を脅かす「鼻持ちならない」救世主気取りの男、と思っていた。ド・ゴールがアメリカに、自由フランスが保持する西アフリカの基地の提供を申し出たとき、かれは返事を貰えなかった。(3)

二十年後、エリゼ宮殿で仕事をすることになったのだが、ド・ゴールは、合衆国はすでに強くなり過ぎで、もっと強くなりたいとしている、と信じていた。かれはアメリカの孤立主義と、ヒトラーの出現を容易にさせた対独援助を非難し、一九四〇年に参戦しなかったことを強烈に批判した。かれはまた、チャーチルが究極の頼みとしているところについての幻想も抱いてはいなかった。このイギリス人《チャーチル》は、ルーズベルトの承諾なくして、何事も為すこと能わず、と見抜いていた。

十一月七日、およそ七百隻の船舶が、十万七千の兵士を北アフリカに上陸させた。いまだかつて例をみない規模の、陸海空からの侵入だった。地中海の島に対する攻撃を予測していたドイツは、軍備を強化していなかった。上陸はかなり簡単だった。三日間で、連合軍は一五〇〇マイル（二四〇〇キロ）の沿岸を掌握した。ダルランはヴィシー軍に砲火の停止を命じた。かれは、自らが北アフリカにおけるフランスの政治代表であることを確認した。二日後、フランス領西アフリカの総督が、ダカールの海軍基地を手土産に出頭してきた。

トーチは、ドワイト・アイゼンハワーが初めて指揮した陸戦だった。五十二歳のウェスト・ポイント卒業生は、マーシャルに見出されて、ペンタゴンの戦争計画に従事するまでは出世階段をゆっくりと昇っていた。かれの外交センスと同盟連携の熱意が、初回の英米共同の陸上作戦の指導を際立たせるものとした。

電話でトーチ作戦のニュースが届いたとき、ルーズベルトは来客と、松で作った簡素な小屋のある、むかし海軍基地のあった隠れ家シャングリ＝ラにいた。袖口に母親の喪章をまだつけていたが、秘書のグレース・タリーが受話器を渡すと、かれは身震いをした。(4)「神に感謝」、かれは言った。「おめでとう！」。そして椅子に戻り、来客に告げた。「わたしたちはやり返したよ」。

当初希望していた時期より遅くはなったが、ついに米軍がドイツ軍に対して行動を起こしたのだ。幕僚長たちは、かれのために不利になるので、中間選挙の前にトーチは実行しない方が良いとすすめていた。かれの党は、議会の支配力を維持したが、得票率は侵食された。リベラルの後退は民主党の保守派を勢いづかせた。共和党は九つの州で知事を獲得し、次回大統領選挙では選挙人の過半数を獲得できると思われる州を保持した。

それでもルーズベルトは意気軒昂であった。路線をそれた、わずらわしい政局に巻き込まれていたが、これで戦争に集中することができるようになった。しかし、ダルランへの協力は批判を浴びるようになってきた。ウィルキーは真っ向から反対し、国務省のアドルフ・バールは、「準ファシスト」政府の樹立に対し、抗議の嵐が巻き起こりかねないことを警告した。その結果、大統領はアイゼンハワーに、「厳に必要ということでなければ、これ以上市民の政府に……ヒトラーの協力者を引き止めるわけには行かない」、と伝えた。

英国では、トーチと、エル・アラメインにおけるモンゴメリーの勝利が、士気を大きく昂揚させた。チャーチルの支持率は九〇%を超えるまでに高まった。戦闘行動を容認する世論は、九月の四一%から、七五%へと跳ね上がった。「まだまだ先は長い」、チャーチルは来客に語った、「しかし終わりは見えてきた」。かれも色々政治的な挑戦を受けた。なかでも、スタフォード・クリップス。かれは戦時内閣から身を引き、代わりに、より正統的な労働党の名士、ハーバート・モリソンが就任した。

ヒトラーは、チューリンゲンの林のなかを走る列車に乗り込んだリッベントロップから、大規模な、連合軍の最初の反撃のニュースを聞いた。かれは、一九二三年の自ら企んだビア・ホール暴動の記念式典のため、ミュンヘンに向かっていたのである。リッベントロップは、スターリンと講和を考えてみることを勧めた。ヒトラーは撥ねつけた。「今後、和平の提案は一切するな」、かれは宣告した。ミュンヘンでかれは、第一次大戦で、カイザーは真夜中十五分前に降参したつもりだったが、実際には十二時十五分に息の根を止められたのだ、と演説した。(5)

九月になって、ルーズベルトは米ソ関係融和策として、ウィルキーの友好使節団をモスクワに派遣することとした。スターリンはいつものように必要品目のリストを作り、大統領は、車輌、爆弾、穀物を輸送し、月間の供給物品として、一万五千トンの冷凍肉、一万トンの缶詰肉、五千トンの石鹸、一万トンの植物油、一万二千トンのラードを送ることとした。かれはチャーチルに、「自分たちがその責務を一〇〇％遂行した」、と言えるようにしたい、と語った。(6)

ウィルキーは、熱烈な第二戦線の支持者だったが、工場を見回り、前線から安全な距離を取って視察した。〈白鳥の湖〉の公演では、終演後舞台に駆け上がってプリマ・バレリーナに花束を進呈した。かれはスターリンに招かれた晩餐で、五十三杯のウォッカを飲み干し、――助けを借りずに車まで歩いた、と豪語した。その前、ヴォロシーロフ元帥が、小型の軽機関銃を持ち出し、英国大使の綽名にかこつけて、クラーク・カーに、「パルティザン」はこれをどういう風に扱うかご存知ですか、と聞いてからかった。大使は、スターリンとウィルキーを撃つショーを演じて見せた。スターリンが銃を取って、政治家がどんな風に発砲するか見せてやろう、と言って、室内にいるものを皆殺しにせんばかりに掃射する真似をした。(7)

元陸軍長官のパトリック・ハーレーは、ニュージーランドの合衆国代表だったが、十一月、ウィルキーに同行した。先住アメリカ人のウォー・クライの真似が得意な弁護士で、かれの役目は、太平洋における戦いについてソビエトと話し合うことだった――しかし、ソ連は現状日本に敵対する意思はなく、スターリンは資源をヨーロッパの戦争から割譲するつもりがない、と聞かされた。(8)

物資援助と第二戦線についてのプレッシャーをかけ続けながら、ソ連指導者は、イギリスの悪口を言い放題で、ソビエトの新聞も、強いソ連邦の出現を希求するといいながらの、ロンドンの「いつもの二重基準」を非難してやまなかった。スターリンはマイスキーに書き送った。首相は、「明らかに、すぐ約束し、すぐそれを忘れるか、破ってしまう人種に属している……そう、将来どんな同盟になるか、わかるというものだ(9)」。

リトヴィノフは、西側同盟とヒトラーがソビエト連邦を食い物にするということで合意するのではないか、とスターリンが懸念していることを伝えてきた。一方、クラーク・カーは、スターリンがベルリンと協約するのではないか、と心配していた。ロンドンを訪れてみて、クレムリンに対して、政府が、かれにどう動いて欲しいと思っているのか、よくわからなかった。「指示が欲しいのかね?」、とチャーチルが怒った。「わかったよ、スターリンの飲んだくれにキスしてやっても良いが、やつのけつをなめるのだけはごめんだね(10)」。

臆することなく、ルーズベルトは十二月初め、三巨頭会談を行うべきではないか、とクレムリンに電報を打った。ドイツが敗れるようだったら何をすべきか、「取り敢えずの了解事項」が必要だったのである。しかし、もっとも差し迫った理由は、「わたしは、あなたと会って、とにかく話し合いたい」、ということだったのである。

大統領は、一月なか頃、「アフリカのどこかで」、ごく少数の高官を交えて、という提案をした。「正しい決定に到達できれば、思っているよりも早期に、ドイツをやっつけることが出来るだろう、と信じている」、と付言した。スターリンは、「戦況の事情」から、モスクワを離れることは出来ない、と返事した。ルーズベルトは、コーカサスの赤軍を支援するため空軍部隊を派遣すると申し入れたが、スターリンは、不要である、とした。(11)

クリスマスには、ルーズベルトはやむなく三巨頭会談延期を了承した。かれは幕僚長たちに、スターリンは多分「ほかのことは考えられない……孤立感でいっぱいなのだ」、と語った。事実、ジョージア人は、すべての関心を、スターリングラードの勝利に絞っていたのだ。そのため、いますぐという同盟の会合の必要性を感じていなかった。赤軍が軍事的に優勢となるのを待つのが得策だった。それゆえ、一九四三年一月、予定されたサミットが招集されたとき、再び、ルーズベルトとチャーチルを袖にしたのである。(12)

一九四三年一月十二日午後十時、アヴェレル・ハリマンは、チャーチルとモスクワへ赴いたときのリベレーターが駐機している、オクスフォード近郊の英空軍基地へ車を走らせていた。基地の食堂での遅い夕食で、かれは、かれと二人の補佐官はレンドリースの問題でアルジェに行くのだ、と話していた。アメリカ人たちは機内に入ったが、離陸はしなかった。深夜、けたたましいサイレンを響かせて、一団の車列が到着した。先頭のリムジンは、ハリマンがこれまで、――とくに灯火管制下では見たこともない輝きを発していた。アメリカ人たちの話は、リベレーターの本当の目的を隠す表向きのもので、そこが味噌であった。しかし、基地司令官が叫んだ。「何と、新聞のことを考えなかったのは、一つミスだったね。首相以外に誰があんなに騒がしくするものか」[13]。

機上によじ登り、チャーチルは紺の提督用軍服を脱ぎ、シルクの肌着一つになって床のマットレスに横になった。高度からくる寒さを防ぐため、石油ヒーターが、機内のそこかしこに設置された。午前二時、チャーチルは、その一つの傍で寝ていたが、ヒーターは熱で赤くなり、爪先が燃えそうになって目を覚ました。火災の危険を心配して、かれは機内を這って行き、ポータル空軍大将を起こした。赤くなったヒーターはほかにも二つ見つかった[14]。

チャーチルは爆弾の格納庫へよじ登った。腰から下はまる裸だった。かれは二人の石油ヒーター係りの兵隊を見つけた。火災よりも凍える方がましなので、かれはヒーターを消すように命じた。八千フィートの上空で震えながら、飛行機胴体で隙間風を防ごうと毛布を被ろうとした。モラン卿として叙爵されたばかりの主治医は、「おなじみの大きい、裸の、白いお尻」をまる出しで、両手、両膝にうずくまっている首相を眺めやっていた。

九時間の飛行でモロッコに着いたチャーチルは、スタッフを乗せた二号機の着陸を見た。安全を無視して、かれは滑走路で待つと言い張り、葉巻を取り出した。二号機から降りようとして、イズメイは、「首相を装った空軍将官がいるなんて、馬鹿じゃなかろうか」、と思った[15]。

ルーズベルトは二日後に飛んで来た。四十八時間の旅は、息詰まるような初物づくしの旅だった。――一九三二年、大統領の指名を受諾するシカゴ行き以来の空の旅、現職大統領としての初めての公務による空路の出張、最初の大陸間旅行、そして合衆国を離れる初めての戦時の旅。かれはまずブラジルに飛んで、英国植民地ガンビアへと大西洋を横断し、そして最終目的地、カサブランカに着いたのである。――新年に、同じタイトルの新しい映画がホワイトハウスで上映された。ホプキンスは、大統領を十六歳の優等生休暇を貰った学生にたとえた。「かれはこの旅のドラマを楽しんでいる」、と記録した。「みなは、大統領に空の旅は危険すぎる、と言い続けてきた。しかし、これが答なのだ」。ルーズベルトは推理小説、『ニューヨーカー』を何冊か、それに戯曲、〈晩餐に招かれた男〉の台本を持ち込んだ。ミッシー・ル・ハンドは、この戯曲は、一九四〇年以来ホワイトハウスに居座り続ける、大統領の右腕によく当てはまりそうだ、と思っていた(16)。

カサブランカの警備は厳重だった。ハロルド・マクミランは、「恐ろしげな」機関銃、軽機関銃、短銃身散弾銃を装備した護衛兵の輪に圧倒された。現場は、頑丈な有刺鉄線で取り囲まれていた。ルーズベルトが飛行場から乗りつけようとしたとき、車の窓には泥が塗られ、なかを見せないようにした。主要な参加者には暗号名がつけられた。――チャーチルはフランクランド空軍准将、ルーズベルトとホプキンスは、Q提督、ミスター・Pとなった(Qは、キホーテのQ、PはパンサのPである)(17)。

チャーチルの提案で、シンボルというコードネームがつけられた第四回の米英サミットは、アンファという町の郊外の牧歌的なオアシスで開かれた。プラセンシア湾とワシントンのパターンを踏襲して、小規模な形で始まった。マーフィー、マクミランという軍と政府の高官を除いて、チャーチルは、ロンドンから政府委員を一人だけ、軍輸送担当大臣、レザース卿だけを伴った。ルーズベルトは、ハリマンとホプキンスを同行させたが、チャーチルに言わせると、「血液適合と結婚適性の組み合わさった二重の活性剤」のように息がぴったりであった。大統領はやむなくハルを除外した。かれは「やかまし屋」で、悩みの種になりかねない、とされたのだ。同じことがイーデンにも言えた。ハリマンは、イーデンのことでチャーチルを説得するよう派遣された。かれは、みずから述懐しているが、首相に「一発喰らったあと」、やっとこの仕事を達成した。[18]

マクミランは、アンファのことを、周囲一マイルの「ローマの駐屯地」のようなところで、会談は、「格別に東洋風な、幻想的な環境での休暇と仕事の奇妙な混在」であった、と記述している。かれは豊富な食料、飲み物、葉巻、チューインガム、洗面用品に感動した。チャーチルは、英国では配給となっていた卵とオレンジが自由に手に入ることを記録している。マクミランは記している。英国指導者は、よく食べ、よく飲み、余暇にはカードで遊び、「おおむね楽しんでいた」、しかし妻への手紙には、消化不良を起こし、腱鞘炎で苦しんでいると書いていた、と。[19]

マクミランの記録によれば、大統領のヴィラには、「際限のないベジーク〔六十四枚のカードを使う遊びの一種〕、おびただしいハイボール、途切れないお喋り、この上ない親愛の雰囲気」が満ちていた。ハリマンは、首相の好きな遊びの一つ、ベジークを知らないふりをしていたが、愛人の義父〔チャーチル〕に対し、いくたびか勝利をおさめた。大統領の二人の息子もやってきたし、ドイツの戦線の背後で作戦している、西の砂漠の司令部にいるランドルフ・チャーチルも参加した。[20]

二人の指導者のヴィラは、おたがいに五〇ヤード〔約四五・七米〕を隔てていた。チャーチルのヴィラは、ミラドールと呼ばれていたが、傾斜路があったのでルーズベルトは車椅子で入ることが出来た。

ルーズベルトのそれは、サアダと呼ばれ、天井の高い居間が回廊に囲まれていた。広いフランス窓、鋼鉄のシャッター、夾竹桃とブーゲンヴィリアの咲く庭、間に合わせの防空壕に改造された水泳プールがあった。一階の次の間には、ひだ飾りが施され、巨大なベッドと、黒い大理石造りの窪んだ浴槽のある浴室があった――見せびらかすように口笛を吹いて大統領は言った、「あと必要なのは主婦だけだ」。この家の主人は、フランスで捕虜になっていた。妻子はホテルに移っていたのである。[21]

サミットは口開けの夕食会で始まった。ホプキンスが五人の黒人兵による歌を手配した。キング提督は酔って、北アフリカのフランス人との付き合い方について講釈をした。提督の状態を認識することなく、チャーチルはこれを真に受けて、議論を始めた。「大変面白かった」、ブルックは日記に書き記した。[22]

午前一時三十分、空襲警報が鳴った。カサブランカはドイツ空軍の勢力範囲だった。電灯は消され、一行は六個の蠟燭に照らされた。チャーチルとルーズベルトは、スターリンが最後になって現われるかどうか話し合った。大統領は、来ないだろう、と思っていた。そしてもしかれが来るとすれば、――かれの心のうちには唯一のテーマがあるはずである、と予測した。第二戦線問題である。

第一回会合は、快晴の一月十五日に行われた。前年夏にチャーチルが北アフリカの英国ならびに英連邦軍司令官に昇進させたハロルド・アレクサンダーが、髭も剃らず、疲れ切った様子で、日に焼け、戦闘服のまま司令部から出頭して来た。かれは、モンゴメリーが砂漠で前進している良いニュースを齎した。

幕僚長たちは、毎日、アンファ・ホテルの大きな食堂で戦略会議を行った。フランスではなく、イタリア攻撃の突破口としてのシチリア侵入を英国側が強調すると、いつもの議論が始まった。マーシャルがラウンドアップへその兵力をまわすよう主張すると、ブルックは、二十七個師団以上は集結できない、と答えた。そこを強化してしまう海峡横断作戦は、シチリア攻撃、ソ連への物資供給船団を取り止めること、ビルマ作戦の延期、東地中海作戦の棚上げ、ドイツ本土空爆の減少を意味する、とかれは言った。南ヨーロッパに圧力を加え、空襲を増加し、トルコを戦争に引っ張り込むのが得策である。(23)

マーシャルは、かれとしては、「地中海で際限のない作戦でずるずるべったりになることが一番心配だ」と言い、キングは、英国は「次の作戦がどうなるかは、はっきりわかっているようだが、戦争全体についての基本構想があやふやなようだ」、と呟いた。イギリスがヒトラーを斃すのにソ連を当てにするのであれば、多分、より以上の援助が必要であろう、とかれは付け加えた。――言外に、そして英連邦にはより少なく、と。チャーチルは、フランス上陸をやらない、とは言っていない、ただ引き続き地中海を優先するのだ、と言った。ルーズベルトはシチリア侵入を支持し、再度チャーチルの肩を持った。そして鰐のようなチャーチルのイメージになぞらえて、この作戦は、「ベリー〔おなか〕」というコードネームにしたらどうか、とまで言った。――首相は、これをもう少し落ち着いた「ベローナ〔ローマの戦争の女神〕」に替えたが、後日、これは「ハスキー」という名称に変わった。路線が決まって、キングは、上陸用舟艇を調達できよう、と言った。しかし、ハリマンの回想では、アメリカの幕僚長たちは、賛成はしたものの「表情の不同意が歴然としていた」[24]。

マーシャルが、極東への方向転換は、ヨーロッパからの資源の移転を必要とする、と警告したことから、中国とビルマをめぐっても議論の応酬が長引いた。蒋介石はルーズベルトに、「自分の部下たちは、中国はイギリスとロシアのように対等に取り扱ってもらっていない、まるで未成年者のようだ……と見て士気阻喪している」、と不満を述べていた。国民党要人は、より多くの援助が――早期に来ないのであれば、東京と和平に踏み切らざるを得ないかも知れない、と暗示していた。力強い、はっきりものを言う、魅力的な蒋介石夫人は、自国空軍の名義上のトップであるが、アメリカの軍事顧問、「ヴィネガー・ジョー」・スティルウェルとの会談で、より多くの航空機を要望していた。彼女とその夫は、中国向けの航空機が北アフリカに回されたことに苛立っていた。どうしてイギリス人にはいつも、「火の中に落とした栗を拾ってくれるだれかが、いてくれるのですか」、と彼女は訊ねた。報復的に、国民党指導者は、有名な三つの要求を発した。――合衆国は雲南省南西の陸上補給ルートを再開すべし。航空機五百を供与すべし。レンドリース法に基づき、月間五千トンの物資を供給すべし。本件の同意あるまで、中国はいかなるビルマ作戦にも参加せざるべし[25]。

個人的な要素が、この不平等問題にいささか影響を及ぼした。ウェンデル・ウィルキーは、モスクワ訪問のあと、中国の戦時中の首都、重慶に立ち寄ったが、一夜、蒋介石夫人と過ごしたのである。――出版業者のガードナー・コールスが同行したが、かれは、ウィルキーが、「若い大学生が、娘をものにした一夜のあとのようにうぬぼれた様子で」帰ってきた、と記録している。しかし、スティルウェルの中国からの報告は相変わらず冴えないもので、国民党軍は、いくつか目立った例外はあるものの、日本軍との戦闘を抑制し、戦後の共産軍との戦いに力を温存している、というものだった。ヴィネガー・ジョーは、体制のやる気のなさと、腐敗を酷評していたが、ルーズベルトには、東京が敗戦したあと放置されるアジアの空白を埋めるためには、中国を大国として育て上げたい、という肚があった。アメリカ軍は、四川省に構築中の広大な航空基地から、日本を空爆する計画を樹てており、ビルマ上陸を、中国南西部への補給路確保の手段と考えていた。

ブルックは、シチリアへの上陸用舟艇が転用されることとなるので、ビルマ作戦を脅威とみていた。ルーズベルトが地中海作戦にも乗っていることを考えると、イギリスが異議を唱えるのは難しいところだったが、帝国参謀長は、「ドイツの可及的速やかな敗北を望むことは間違ってはいない」と主張し続けた。かれは、イギリスの南ヨーロッパ戦略に対するアメリカの逡巡に対して、はっきりと答えたのである。[26]

シチリア作戦に加えて幕僚長たちは、「撤兵または内部崩壊により、ドイツのフランスでの勢力が衰えるようであれば」海峡横断攻撃を実施できるように、イングランドにおいて兵力、舟艇を充実させておくことを勧奨した。トルコをその気にさせる努力も継続した。ニューギニアとマーシャル群島における作戦は続けられることになった。ビルマ上陸は一九四三年の末、と設定された。

ブルックは、「決定的進展」と評価した。英国最高司令部としても、再び勝利を得たと言ってもよかろう。「来た、見た、勝った」、とアメリカの計画担当、アルバート・ウェデマイヤーは評した。[27]

フランス問題は難しいことになった。トーチ作戦以来、フランスと北アフリカの状況は大きく動いてきた。ヴィシーの合衆国大使館はなくなった。ヒトラーはドイツ軍に、対独協力地域を占領するよう、命令した。クリスマスの日、イギリス人に手引きされた王党派の一員が、ダルラン提督を暗殺した。――ルーズベルトはこれを「第一級殺人」とみなしたが、チャーチルは、かれの協力の成果を確保しつつ、これで連合軍の患いのもとが解消した、と受け取った。(28)

しかし、ルーズベルトは、もとヴィシー政権の高官たちと会うことを躊躇しなかった。ラバト〔モロッコの首都〕の現地総督、ノゲ将軍と面談したとき、北アフリカのユダヤ人の将来を論じ、ナチが明らかにジェノサイドを実行しつつある現状で、かれらが流入していることは特筆すべきであるという会話となった。(29)

大統領は、全体の人口の比率に応じて、職業ごとのユダヤ人の数に上限を設けるべきである、と言い、職業が過密状態になってはまずい、と付言した。ノゲは、「フランス人としては、ユダヤ人に道を開き、北アフリカでかれらの職業、事業を管理するためだけに戦争に勝つ、というのは悲しいことです」、と答えた。

職業割当のアイディアを敷衍して、ルーズベルトは、それは「ドイツ人がドイツのユダヤ人に対して抱いていた、特別の、またわかりやすい不満を解消することになる。どういうことかと言えば、ユダヤ人は人口比率で少数であったにもかかわらず、弁護士、医者、学校教師、大学教授などなど、ドイツでは五〇%以上、ユダヤ人で占めていた」、と言った。「わかりやすい」という言葉は、よく言っても、かれの無責任さを表わしており、だれに会うにせよ、ご挨拶の範囲を逸脱する言葉遣いだった。敢えて言えば、ヨーロッパのユダヤ人についてのかれの恐るべき無知をさらけだすものだった。

ダルランの死後、アメリカの保護のもとにあったアンリ・ジローが軍事、民生の責任者とされたが、すぐに限界を表わした。綺麗にカールされた口髭を持ち、ぴんと背筋を張ったのっぽの将軍は、罠にかかって逮捕された地方のレジスタンス闘士たちを部下に持つ、もとの対独協力者たちの言うがままに任せていた。かれはまた、ダルランの方針を踏襲し、以前ヴィシー政権で内務相を努め、反ユダヤの法令を適用したり、ド・ゴールの死刑宣告に署名した男を、アルジェの総督に任命する提案をした。ルーズベルトは、ド・ゴールともう一名の民間人――ホプキンスは銀行家で役人だったジャン・モネ、未来の「ヨーロッパの父」となった人物に肩入れしていた――と共同して、フランス解放委員会を設置することを望んでいた。米国の記録によれば、ジローは、自分とド・ゴールならば、その間の軍事協定を締結できることは確実である、と熱心に画策していた。[30]

大統領が、「おタクの問題児を連れて来てください」、とチャーチルに強要したとき、かれは、ド・ゴールは傲慢きわまりない、と返答した。「ここには来たくない、と言ってます。そっけないです。……モロッコ、アルジェリア、フランス領西アフリカの奪回方法に怒っているのです。ジャンヌ・ダルク心理ですね」。

その夜寝室で、大統領は、息子に真情を吐露した。かれは、自由フランスの指導者が独裁者になろうとしていることを批判した。「信用できない人間のことを、これ以上あれこれ思うことはやめよう」、とかれが言ったことをエリオットは書き留めている。巨頭会談が続き、このテーマに戻ったとき、かれは、ジローを花婿に仕立てることにした、と言った。チャーチルは、強制結婚のためには花嫁を連れて来なければならなかった。

しかしド・ゴールは簡単に口説き落とされる人間ではなかった。イーデンに外務省に呼ばれ、チャーチルからの、急いでカサブランカに空路で来るよう、というメッセージを手渡された。かれは黙ってそれを読んでいたが、突然口を開いた。レジスタンスの仲間を投獄する組織を造った、旧ヴィシー政権の将軍の名前があったのだ。

「ああ、あなた方はこんな人間を連れてくるんだ!」、かれは叫んだ。

かれは、唯一の選択は、ヴィシーか、かれの運動かしかあり得ない――ジローは何者をも代表していない、と言った。かれは自分の司令部に戻って、拒絶の書面を送った。「これで、わたしが思うに、自由フランスの運動は終息したのだ」、とカドガンは判断した。

しかし、ルーズベルトは、ジローを評価していなかった。「われわれは、頼りない輩にすがろうとしているのじゃないかな、心配だ」、かれはエリオットに語った。「かれは行政官としては落第だ。指導者としても落第だろう」。一方、ジローのグループにしても、大統領の外見にショックを感じ、「まるで病人だ……灰色で生気を失った顔つきだ」と見ていた。

自由フランスのリーダーにもっと強い態度で臨むべきだ、とチャーチルにプレッシャーをかけ、ルーズベルトは新しい議論を思いついた。「わたしはWSC〔チャーチル〕に、誰がド・ゴールに給料を払っているのだ、と質問した」、とかれは、マーガレット・サックリーあての手紙に書いた。「WSCは喜んだ――グッド・アイディアだ、来ないならば、給料なしだ！」[32]

ド・ゴールへの電報のなかで、チャーチルは、今回の招待は、ルーズベルトと自分からのものである、と書いた。拒否し続けると、不利な結果を生み、世論に背を向け、ルーズベルトと自由フランスの和解をはかるイギリスの努力を無にするものである。将軍が考えを変えないのであれば、英国はその態度を「考え直」し、「あなたがたなしで何とかすることに努める」。チャーチルは、イーデンに忠告した。「かれのために、もう少しきつくかれを殴ってやってくれ」[33]。

外相はこのメッセージを閣議に伝えた。そしてド・ゴールと話す前にいささかトーンダウンすることになった。自由フランス国民委員会は、賛成に票を投じた。ド・ゴールは補佐官の一人に、自分はチャーチルだけに会いに行くのではない、ルーズベルトとも会うのだ、と語った。かれは自分のメッセージを利用して不満をぶつけた。――たいまつにはフランス人が呼ばれなかったと。ヴィシーの高官は保護されている。かれは、話の成り行きがどうなって行くか、見当がつかなかった[34]。

チャーチルは、ニュースを伝えに、微笑を浮かべながらルーズベルトのヴィラに向かった。「おめでとう」、大統領は返事をした。「きみはやると思っていたよ[35]」。

その晩の夕食のとき、ルーズベルトは、五人の、米陸軍予備婦人部隊のメンバーを招いた。「全く良い子たちだ」、とかれは書いている、「しかし何と軍隊式で、能率一本槍なんだ！」。チャーチル、ハリマン、アレクサンダーは、午後十一時にいっしょになり、座ってホプキンスと、午前二時まで話し込んだ。[36]

ルーズベルトは、モロッコのスルタンと宰相にも晩餐を提供したが、これはチャーチルの機嫌を損なった。食事前の記念写真で、首相は三つ揃いのスーツを着て、不愉快な面持ちでソファに座っている。モロッコ人の宗教的慣習を尊重して、アルコールは出されなかった。ホプキンスにあてたスケジュールのメモに、チャーチルは、「やれやれ酒抜きか！」の夕食の口直しに「そのリカバリーをはかるぞ」、と記した。[37]

自らの宗教は、食前、食間、食後にアルコールを摂らないことを禁じている、と公言している人間にとって、それは別に悪いことではないかの如く、大統領はここぞとばかりに、フランス人とイギリス人が植民地から利益を貪るやり方を非難し、アメリカの大学がモロッコの技術者を訓練したらどうか、と提案した。政治問題から事業の話題へと上手に話を転換しながら、かれは、スルタンがアメリカ企業と「手数料または利益配分基準で」開発プログラムの契約を考えたらどうか、と示唆した。統治者《スルタン》は、戦争が終わったら開発援助をお願いすることになろう、と言った。苦い顔をして、チャーチルは葉巻を噛みしめた。

エリオットは、その夜遅くの会話で、父親の言っていたことを記録した。「終戦となったらわたしは、フランスが帝国主義的な野心を拡大させたり、イギリス帝国の野心を助けたり、そそのかしたりする計画を、アメリカがだまされて受け入れてしまうことがないよう、力いっぱい気をつけて仕事するよ」。父親はガンビアで一時着陸したとき見た風景にショックを受けていた。人々はそこで「家畜以下の取り扱いを受けていた」、と息子に語った。「牛の方が長生きするんだ！」。イギリスはインドの富を吸い尽くし、人々を飢えにまかせている。「チャーチルは、この前、わたしのことを真面目ではない、と思っていたようだ。今度はかれも分かるんじゃないかな」。

その間、トラブルが発生していた。最初から、ド・ゴールは極端に否定的だった。車の窓に泥を塗られて、かれは招いた主人が現地の人間に、かれの存在を隠す証拠である、と考えた。アメリカ兵が厳重に警戒するのを見て、自国への侮辱と感じた。――フランスの兵士は自らの領土を護るべきである。ジローとの昼食で、かれは爆発した。かれは言う、それは「とんでもない話で、かれらは外国人に見張られた有刺鉄線のうしろに放り込まれるべきなのだ」。護衛全員がアメリカ人からフランス人に交代するまで会談の席に着くことを保留したあと、かれはすべての旧ヴィシー政権の高官を馘にすることを主張し、アメリカ、イギリスを批判した。のち、かれはチャーチルと膝を突き合せた、冷たい雰囲気の会談に臨み、これ以上協力的でないとすれば、見棄てられるかも知れない、という警告を受けた(38)。

ド・ゴールは全く関心を示さない様子だった。かれは、ジローに全責任を持たせ、旧ヴィシーの人間を配置するアメリカの計画は、「特務曹長レベルの考えなら良いとしても」、真面目に受け止められる話ではない。米国も英国も、フランス帝国の権能を云々する立場にあるとは思われない。会談を終えて、かれは頭を空に向け、大股で庭をゆっくりと横切って出て行った。チャーチルは賛嘆を隠せなかった。「かれの国は戦闘を諦めた。かれ自身は避難民である。われわれが見限ればかれは終わりなのだ」、と医者に言った。「しかしかれを見てごらん！　よく見なさい！　かれは、その言葉のうしろに二百個師団を持つスターリンなのだ。……陸軍のないフランスは、フランスではない。ド・ゴールはその陸軍の真髄だ。多分、戦士民族の最後の生き残りなのだ」。

その夜遅く、スルタンとの会食のあと、ルーズベルトはド・ゴールと最初の会談を行った。居間の上の回廊を取り巻く垂れ幕のうしろに、将軍が大統領を襲った場合に備えて、武装したアメリカの秘密護衛がかくれていた。

ド・ゴールは「冷たく、威丈高」だった、とホプキンスが記している。ほとんどルーズベルトが喋った。自由フランス指導者に対して敵意を持っていたが、ルーズベルトは、それが誰であっても、対話の相手方を揉みほぐすという天与の才能を忘れることはなかった。

「偉大なあなたの国を本来の姿に建設し直すことに、わたしたちがお手伝いできると確信しています」、と話を始めた。

椅子に堅苦しく座って、フランス人は唸った。

「わたしの国がそのことに参加できることを光栄に思っています。本当ですよ」、ルーズベルトは続けた。

「そう言っていただいて、ご親切なことと思います」、ド・ゴールは低い声で答えた。

大統領は、ドイツに対抗するためにはフランス人が一致することが大切だと強調した。かれは、フランスのさまざまな党派のいずれもが、国を治める正統性を持っていないようだ、と言ったところ、ド・

ゴールは、行動を起こし、希望を失わないことでジャンヌ・ダルクは自らの正統性を確保した、と答えた。

先に進んで、ルーズベルトは、戦争が終わるまで北アフリカがなぜ、米英の信託下におかれるべきだと考えたか、を説明した。わかりやすくするため、かれは、お客を怒らせるぎりぎりのところまで計算された、たとえ話をした。米国側の記録によれば、「大統領は、フランスは自分自身で面倒を見たり、身を守ったりする能力のない小児のような立場にある、こういうとき、法廷は必要な後見人を選定したりするものだ、と発言した」。

しかし、ド・ゴールは自重した。会談は三十分ほどで、より和やかな雰囲気で終わった。アメリカの記録は、将軍は「いささかの友情を見せて」退出した、としている。そのあとフランス人は補佐官の一人に、わたしはいま「偉大な政治家に会ってきた。おたがいに分かり合えるような気がする」、と言った。マクミランは、ルーズベルトが感銘していた、と伝えている。チャーチルの主治医、モランは、日記のなかに、その出所には触れず、ルーズベルトが相手の眼のなかに「神秘的な輝き」を認め、魅了された、と書き留めている。かれは、ド・ゴールは自らをジャンヌ・ダルクとかジョルジュ・クレマンソーなどのフランス歴史の偉人たちになぞらえている、と創作したり、受け売りしたりし続けた。この話が本人に届いたとき、ド・ゴールはかなり不愉快を感じた。

ド・ゴールが席を立つと、ルーズベルト、チャーチルとホプキンスは一時間ばかり意見交換をした。いつものことながら、国内世論に敏感な大統領は、空気が自由フランスに好意的であることを感じ取り、自らの敵意を緩和する必要を感じた。北アフリカ統治機構にあまりにも多数の元ヴィシーの官僚を起用していることは、毎日配達されるアメリカの新聞の記事でも、幅広い批判を浴びていた。悪性の風邪にとりつかれ、またまわりの政治の状況に気落ちしたアイゼンハワーは、フランスの抵抗運動が触発されるのではないか、と心配した。そこでルーズベルトは、対立する二人に対等の立場に立って、どちらを選ぶか将来のフランス議会の選択にまかせる、という解決策に委ねる決意をした。「ド・ゴールは反対するだろうな、明らかに」、大統領は予言した。

かれは、実際、この案を撥ねつけた。何はさておいても、これはフランスの問題についての、受け入れがたい干渉の一つにほかならない。かれの出来ることは、大統領と首相との再度の会談に応じることだけだった。

しかし、その前にかれは、チャーチルの長広舌を聞かなければならなかった。朝食時の一本の白ワインで勇気をつけ、英国指導者は天下分け目に臨んだ。ド・ゴールをミラドール・ヴィラに迎えて、かれは雷を落とした。ド・ゴールを協定妨害の男として、下院とラジオで宣言しても良いのだ、と。かれは英国世論を敵にまわす、そしてフランス人には何が起こっているかを伝えてしまう。ド・ゴールの回想では、それは戦時中の最悪の局面だった。チャーチルは、自分の回顧録にこのことを記述していない。

将軍は、もらったものはお返ししている。チャーチルが「自分をこけにするのはご自由だ」、かれは言った。どんなことをしてでもアメリカを喜ばせるために、イギリスは、フランスの許すことのできない考えにしがみついている。ヨーロッパのためにも憂慮すべきことであり、イギリスのためにも残念である。

これらの言葉がミラドールで飛び交っているとき、五〇ヤード〔約四五・五メートル〕離れたところで、ルーズベルトは、ジローと三回目の会談をしていた。エリオットとホプキンスが同席していた。以前のヴィシーとのアメリカの取り持ち役、ロバート・マーフィーも隅に座っていた。

ジローはルーズベルトに二枚のメモを手渡した。一つには、自分を、「軍事的、経済的、財政的、倫理的局面におけるフランスの権益」を管理する責任者として認めること、と記載されており、もう一つには、大統領が、優先事項として軍需物資をフランス軍に供給することを確約し、ジローによるフランスの統一を援助するものとする、ということが書かれていた。ルーズベルトには、これらをすべて議論する時間の余裕がなかった――一時間後に記者会見が予定されており、かれは何か発表する材料が必要だったのである。そこで、かれは内容をきちんと読むことなく、紙にサインをし、仕事の話に戻った。

「わたしたちは、あなたの保証が欲しいのです、将軍」、と、息子の記録によれば、かれはジローに言った。「あなたがド・ゴールと手を結ぶという、そして――」。

「あの男！　かれは身勝手ですよ」、ジローが話をさえぎった。

「あなたと同じ心配をわたしも持っているのかも知れない、だからこそ、あなたにお願いしたいのは――」。

「良くない将軍です。わたしは単純にわたしが引っ張って来られる陸軍に、あなたの助力を――」。「――手を握って、暫定期間の共同計画を作らなければなりません」。

チャーチルのヴィラから渡ってきて、ド・ゴールは、ホールで待っていた。なかで、ジローが譲歩した。「わかりました、ムッシュー・ル・プレジダン〔大統領閣下〕」、かれは言った。「わかりました」。外へ出て、かれはライバルとすれ違った。しかし、かれはヴィラにとどまり、その後の展開を待つことにした。

「地面は舗装されたが、プリマドンナは性急だった」、エリオットは回想している。「物語のなかのヒロインのように、かれにはなかなか手に入らなかった。父は段階的に、要望のしつこさに対しては、まじないとか、泣き落としで対処していた」。最後には、映画のボガートのセリフひとこと――「わたしを信じなさい」、ということに落ち着いた。

静かに、しかし自信を以て、ジローは自分の配下で仕事をすべきである、とド・ゴールは主張した。ホプキンスは、決して諦めることのないこのフランス人が好きになってきた。

ルーズベルトは、二人の将軍の関係に理解が不足していて申し訳ない、と言った。

「かまいませんよ」、客は答えた。「コミュニケが出ます。あなたと関係ありませんが」。

そのとき、秘密護衛が来て、外でチャーチルがジローと話をしている、と告げた。首相が入って来た。ホプキンスは首を縮めて外へ出た。かれが四人を一同に集められれば、協定が出来るかも知れない、と思った。ルーズベルトが息子にうなずいたので、かれもホプキンスに続き、入るように、ジローに身振りで示した。

ド・ゴールはもう一人のフランス人が入ってくるのを見て、「ちょっと戸惑った様子を見せた」、とホプキンスは思い返している。指を動かしながら、チャーチルが即興のフランス語で叫んだ、「〈モン・ジェネラル、イル・ヌ・フォー・パ・オプスタクレ・ラ・ゲール！〉」〔将軍、戦争の妨害をしては困りますよ〕。

ルーズベルトは喜んで、ド・ゴールの方を向き、かれと首相――そしてジローと一緒に写真を撮らないか、と訊ねた。

「もちろん、この素晴らしい兵士は、かねて尊敬の的なのです」、ド・ゴールは答えた。これはかれ自身の記述である。

「わたしたちの目の前で、カメラの方を向いて、ジロー将軍と握手していただけませんか？」ルーズベルトが繰り返した。

「あなたのためにやりましょう」、返事が返ってきた――英語だった。二人のフランス人はたがいに固くなり、用心深い犬のように、たがいにぐるりと回った。大統領に急かされて、短い握手を交わした。

ルーズベルトの顔が輝いた。

「話がついた」、ド・ゴールは言った。「最良の作戦計画にベストを尽くすということで、話がまとまったのだ……」。かれは一呼吸おいた、そして言いにくい言葉を発した、「いっしょに」。

ジローは頷いた。ド・ゴールが言い足した、みなで共同宣言を作るんだ。

「いらっしゃい」、ルーズベルトが叫んだ、「写真ですよ！」。

四人はヴィラのうしろのテラスへ歩いて行った、正午の記者会見の時間だった。ルーズベルトは自分の椅子に向かった。かれは撮影用に、将軍たちに握手をするよう勧めた。シャッター音がして、カメラが回り始めた。二人の背の高い将軍が腕を伸ばしてできるだけの距離をおき、前へ進んだ。二人ともはっきりとお互いに気が進まない、という表情を浮かべていた。

かれらの宣言は、次のようにうたっていた。「われわれは会った。われわれは会談した。われわれは、フランス解放という達成すべき目的に関し、完全な合意があることを記録した。……この目的は、すべてのフランス人の戦争における統合によって達成される」。ド・ゴールは、このショーのすべてを馬鹿々しいと受け取った――「カメラマンの前の握手――こんなもの、面白くもなんともない、もうたくさんだ」。回顧録で、チャーチルは、「あの写真は……笑わずには見られない」、と書いた。しかし、ルーズベルトは、車椅子に深く座って満面の笑みを湛え、大いに救われた、という風に写っている。同盟の偉大なる興行主は、求めてきた協定のショーを演じて見せた、しかしその意味するところは大したものではなかった。

このお芝居のあとの記者会見で、ルーズベルトとチャーチルは、ソ連に対し出来る限りの援助を行う、中国を助け、枢軸と戦うフランスを統合する、と発表した。ルーズベルトは、フランスの二人の将軍に手をつながせることは、南北戦争で、連邦軍、同盟軍の司令官二人、グラントとリーの会談を設定することと同じくらい難しかった、と付け加えた。連想が働いて、ルーズベルトは、いま突然思い出したが、グラント将軍は、「無条件降伏」という言葉で有名になった、自分も、敵に対してはこの言葉を以て連合軍の政策の定義づけをしたい、と言った。(39)

チャーチルは、それを聞いて驚いた。そしてあとでハリマンに、ルーズベルトが重要な宣言を、あんな形で発表したことに腹を立てている、と伝えた。しかし、記者会見では、かれは忠実にことの成り行きにしたがった、物議をかもさないことを祈りながら。実は、エリオット・ルーズベルトによれば、かれは、チャーチルとホプキンスとの昼食のときに同じ文句を使った。

ホプキンスは、かれがこの言葉を好んでいた、と言う。

チャーチルは、物思わしげに渋面を作りながらむしゃむしゃと食事をしていた。そして、「完璧だ！　それでもって、ゲッベルスやあの連中が悲鳴を上げるところが見られるというものだ」、と言った。

「もちろん、あのロシア人たちにもね」、大統領が続けた。「……無条件降伏。アンクル・ジョーは自分も埋め合わせできると思うだろう」。

チャーチルは、この会話の記憶がない、と敢えて書いた——何であってもエリオットのものはかれなりの計算があるのだ。しかし、一月十八日の、参謀長たち、ルーズベルトとの連絡会議の席上、かれは、戦争努力は、「ドイツと日本の無条件降伏が達成されるまで緩和されることはない」という一般声明を採択することを提案した。戦争内閣へのメッセージで、かれとルーズベルトは、「適切な機会に」この文言を含む声明を新聞発表することを提案した、と伝えた。それは、「ドイツと日本の「無条件降伏」……に至るまで、冷厳に戦争を継続する」かれらの意向を宣言するものとなる。

ルーズベルトとしては、その言葉は思いつきということになっている。ワシントンを出発するとき、かれは幕僚長たちに、「連合国は、ベルリン攻略まで戦い、かつ無条件降伏を唯一の条件とする」とスターリンに伝えるべきかどうか、を議論しに行くのだ、と話していた。記者会見の際には、ひざの上には周到に準備されたメモがあり、そのなかで、無条件降伏は、「永久的世界平和のための筋の通った保証」である、と注記されていた。「ルーズベルトの有名な声明の大事なポイントであることは確実である——かれは、大きく目を見開いてそれを作成したのである」、とスピーチライターのロバート・シャーウッドは断定している。色々な議論はさておいて、最高裁の判事で、もと司法長官のロバート・ジャクソンは別の要素から記述している。——「世論は、非常に強いユダヤ人の影響を受けて、激しく、苛烈な和平条件を望んでおり、無条件降伏はその大前提だったのだ」。

ルーズベルトの性格からして、かれはこの重要な政策に関する声明を、思いつきとして通してしまいたかったのである。奇術師は、物事の本質は覆ったまま、瞬間的な予言でトリックの箱の中から魔法をつかって幻影を取り出す必要があったのである。

一旦発表されてしまうと、この言葉が西側同盟の戦略を決定してしまった。それは、この戦いが、勝利のためにはいかなる妥協も許さぬ「良い戦争」である、という確信を持たせることに貢献した。絶対的勝利をめざして、ルーズベルトは、可能性のあった反体制派ドイツ人との交渉もやめることとした。一九一八年のあと、ドイツ帝国は敗北主義者の裏切りに会ったのだが、同じような状況を論ずることも不可能になった。同時に、かれは、ダルランとの取引が前例にならないことを再保証したいと希望した。政策は融通のきかぬ、絶対的なものとならざるを得なかった。国務省が会談に、幅広い解釈の仕方を求めてきたときも、ルーズベルトはにべもなくそれを断わった。

この方針はヨーロッパの戦争を長引かせるのだろうか、ドイツ国内でヒトラーを斃し、和平を探ろうとする勢力を挫折させてしまうのだろうか？　そして、戦争の結果を軍隊の進路だけで判断するとすれば、ソ連の東ヨーロッパ、中央ヨーロッパにおける優位の道をどこまで開かせることになるのか？

スターリンは、これがドイツの決心を頑なにしかねないことを懸念した。ソビエトの警察長官、ベリヤは、それは「ドイツの抵抗を勇気づける大失策」と考えていた、とかれの息子は記録している。一九四四年のDデイ上陸のあと、アイゼンハワーは抑制的な態度を示した。英国の戦争史家、バシル・リデル・ハートは、その政策は、「必然的に、イギリスおよび西欧離れを惹き起こし、全面的にアメリカに依存すること、そしてヨーロッパとアジアの大きい部分で共産主義と対決するもととなったもの」、と判断した。

カサブランカでの記者会見日の夜のチャーチルに話を戻すと、ハリマンは、その声明がドイツ軍をしてより壮烈に戦わせることになるのではないか、とチャーチルが懸念している印象を持ったという。一九四四年に国務省案をルーズベルトに提出した、アメリカの外交官、チャールズ・ボーレンは、これは戦争中の大失敗の一つと判断し、それが戦闘を延引し、多くの生命を失わせた、とする。それこそ、一〇〇％の勝利か、一〇〇％の敗北かの択一しか考えないヒトラーのヴァルハラ〔北欧神話、オディン神の殿堂、戦士の霊を祀る〕心理にぴったり適合するのである。戦争の過程で数多くのイフ、それがなければどうなったか、が語られているが、歴史家によっては、無条件降伏が叫ばれなければ、ドイツの降伏は容易だったろう、ソ連による東欧の支配も避けられただろう、という説を否定するものもいる。

無条件降伏を言い出すにいたるルーズベルトの思慮の欠如に、チャーチルは悩まされていた、とハリマンが述べている。しかし、大統領は次第に、年長者に対する敬意を踏みにじりだした。サミット最後の夜の寝室で、その日の終わりのタバコに火をつけ、エリオットに述懐した。イギリスはいつもうまく同盟を選んでいる、だから「かれらは常に世界のトップクラスに居座って、世界中の人々やマーケットを反動的に支配しているのだ……われわれが同盟を作っているのは、かれらが古風な、中世的な帝国にしがみつくのを助けるためではない、と気がつかなければいけない……一人前のパートナーだとは思って欲しくないんだ。戦争が終わったら同じ歩調を取るわけではない、かれらのやり方がアジア諸国、それからヨーロッパの半数の国々の成長をどれだけ台無しにしているか、よく見た方が良い。……英国は大西洋憲章に署名した。合衆国の政府は、かれらに身分相応のことをして貰いたいのだ、そこのところをよく分かって欲しいものだね」。

会談が終わって、二人の指導者は、砂漠のなかを一五〇マイル〔二四〇キロ〕のドライブをして、マラケシュに向かった。チャーチルの好きな土地で、ルーズベルトに見てもらいたかったのだ。一行は、アメリカの副領事、ケネス・ペンダーが住んでいる、オリーブの木立のなかの豪華な邸に泊った。チャーチルは、クレメンタインに、「おとぎの国の家」と形容した。それは市内を見おろす塔にもなっていて、アトラス山脈まで見渡すことができた。二人の補佐官が、腕を組み合わせて身体を支え、ルーズベルトを一番上まで連れて行った。モランは、大統領の両脚が、「腹話術の人形のように垂れ下がり、ちぐはぐに揺れ動く」さまを記録している。チャーチルはそのあとを、「ああ、いくさは終わったぞ、いくさは終わったぞ」、と歌いながら登って行った。二人は屋根越しに山々を眺めやった。(40)

「世界でもっとも素晴らしい場所だ」、チャーチルは呟いた。夕刻の気温が下がってきたので、ルーズベルトのコートを持ってきて貰って、かれの肩を覆った。庭のオレンジの林のなかで、かれは言った。「わたしはあのアメリカ人たちが好きだよ。本当に気前が良い」。

その夜、二人の指導者とその仲間は、伊勢海老で宴会をした。チャーチルは意気軒昂だった。疲れた表情のルーズベルトは、モロッコは、教育、産児制限、防疫の側面で、いかに独立のメリットを享受しているか、について一席講義をした。ド・ゴールの話に及んだとき、チャーチルが、「かれをジャンヌ・ダルクと呼ぶにしても、火あぶりにする大僧正はどこにいるのですかね」、と言った。一同は親愛の乾杯を重ねた。それから首相が突然歌いだし、大統領もコーラスに参加した。かれらは午前三時三十分まで起きていて、スターリンあての、八項目からなるメッセージを起案した。それはサミットの結論であり、「われわれの現下の目的は、ドイツとイタリアを攻撃するため、物理的に充当できる最大の陸、海、空の兵力を動員することである」、ということを保証するものであった。

四時間後、ルーズベルトは帰り支度をする前のチャーチルの寝室に、車椅子を乗り入れた。首相は、飛行場まで見送ると言ってきかなかった。首相は、ロンパースを着て、スリッパを履き、黒のベルベットの襟とカフス、竜の刺繍のある赤、緑、金色のガウンを羽織っていた。ヴィラに戻り、かれは華麗なムーア人式の居室で休んだ。部屋は、緑、紺、黄色のしっくいで彩られ、寝台の両側には宗教的な燭台が飾られていた。そのあとかれは塔に上がり、カンバスに向かった。これは唯一、戦争中に完成されたものとなった。

チャーチルが画を描いている間、大統領は、西アフリカ、ブラジルを経由する合衆国への帰路にあった。家に着くと、かれは従姉妹のマーガレット・サックリーに電話して、愛犬、ファラの様子を訊ねた。旅行中、彼女に預けていたのである。その日、ドイツ軍は、スターリングラードで降伏した。雑誌『タイム』は、スターリンを、マン・オブ・ザ・イヤーとした。

11 嵐《ストーミー・ウェザー》

ワシントン、モスクワ、ロンドン、ハイドパーク、ケベック 一九四三年一―八月

「赤軍だけが戦争のすべての重荷を負っている」。

スターリン

マラケシュから帰ったあと、西のリーダーは二人とも病気になった。ルーズベルトは五日間ベッドで過ごした。――「どうも眠り病か、ガンビア熱か、きみのいうバサースト〔ガンビアの首都の旧称〕という地獄の何かの虫に食われたのか、そんなものに感染《うつ》されたようだ」とチャーチルへ手紙を書いた。しかし、ハイドパークで五日寝たあと、「闘鶏のように元気に」なった。首相の方は、すぐにではなかったのだが、もっと深刻だった。かれは、最初カイロへ寄った。午前七時三十分、朝食で白ワインを所望して英国大使夫人を驚かせた。機内でウィスキーのソーダ割りをすでに二杯飲みました、と夫人に告げた。砂漠のモンゴメリーの部隊を訪問する前に、トルコを同盟に組み入れようとした、無駄な旅をしていた。[1]

戦後世界の構造をどうするか、かれは自分で名づけた「〈パンセ・マティナル〉」――朝の考察、をすることにした。かれは、国際連盟の精神を思い描き、その弱点には触れずに、世界全体の構造を想

像してみた。対立する点もあろうが、勝者は戦後、かれらの連携をできるだけ拡げようとするだろう。「大英帝国は、いかなる大国の侵略行動に対しても、それに抵抗する連合組織を作り上げることに全力をあげる、そして疑いもなく、合衆国はそれに協力することが確実で、多分むしろそれをリードして行くのではないだろうか」とかれは自らのメモに書き足した。世界全体の機関のほかに、地域ごとの組織も必要である。欧州では、英国が主な役割を果たすだろう。しかしソ連邦を目の前において、米国にもそのウェイトを置かなければならない。(2)

二月八日、ロンドンに戻ると、チャーチルは激しい肺炎の発作に見舞われた。左の肺に斑点が一つ見つかった。——療法士が、この病気は「生命を簡単に奪ってしまうので」老人の友だちという別名がついている、と話すと、かれは面白がった。仕事をしないこと、ということに同意して、かれは熱のさがらないまま、ベッドで『モル・フランダース』〔ダニエル・デフォーの小説〕を読んだ。一週間後、かれはすっかり回復して起き上がり、スターリンから送られた、スターリングラードの戦い、の映画を観た。(3)

カサブランカの芝生の上で握手はしたものの、フランス人のごたごたは解決から遠いものだった。米国の反ド・ゴールの感情は継続しており、ロバート・マーフィーが、ルーズベルトの署名した、ジローにフランス人統合についてのすべての便益が与えられる、と言う内容のチャーチルとの合意書を呈示したとき、そのことがはっきりとした。首相は、そのような文書は見たことも、認めたこともない、と言った。——それは多分、ルーズベルトがジローとの面談の席上、なかみをきちんと見ないで署名した二つの文書の産物だったのだろう。「マーフィーのずる賢い仕事だ！」とド・ゴール外務事務局の味方であるオリヴァー・ハーヴェイは書き記した。二人の将軍を対等に扱うように文書は書き直された。しかしワシントンがこのことを確認するのには時間がかかり、また、アイゼンハワーが、ド・ゴールの北アフリカ出撃を阻止している、という趣旨の文書をド・ゴールが提出するに及んで、関係はまた悪化することになった。(4)

英米の間では、原子爆弾の研究をめぐっても小競り合いがあった。チャーチルはホプキンスに、データがアメリカだけに留め置かれている、と指摘した書面を送った。合衆国が協力協定を完全に守らないのであれば、英国は独自に開発する、とかれは警告した。これは、「辛い決定」になるだろう、と付け加えられていた。返事は納得できるものだった——必要とするもの、及び戦争努力を推進するために利用するものに対して、情報は与えられる、というものだった。五月、ルーズベルトは情報交換の再開を認めたが、責任は科学者から国防省へ移管され、計画は明確にワシントンが主導するものとなった。

米国の軍当局は、戦争資源がほかの戦線に割譲されることについて雑音を放《はな》っていた。「かれらの心情は、実際には太平洋にある」とブルックは日記に記している。最先端の爆撃機、ボーイングのカンザスにある組立ラインに発破がかけられていた。この空の要塞は、ドイツ向けではなく、日本を空爆するために造られていた。キング提督や、アジア優先主義者を別にしても、二面作戦は海上輸送問題に大変なプレッシャーをかけていた。——アメリカの船舶トン数は、大西洋よりも太平洋の方が大きかった。ビルマから日本軍を追い出し、蔣介石を支援するという作戦は、上陸用船舶、航空機、資材をもっともっと転用する、ということを意味するものにほかならなかった。

一方、スターリンは再びその敵愾心を燃やしていた。かれがスターリングラードの勝利を利用して、ドイツ締め上げの新たな攻勢をかけるのではないか、と西側の懸念が拡がった。二月の軍隊に向けたメッセージのなかで、かれは西側との同盟関係には一言も触れなかった。ソ連の領土の解放について言及するときは、ラトビア、リトアニア及びエストニアをそのなかに含めていた。「第二戦線が組成されることなく、赤軍は単独で戦争のすべての重荷を負っているのだ」と補足した。悪天候、一本しかない補給道路、ドイツ軍の抵抗によって、チュニジアにおける進軍は遅々として進まなかったが、スターリンは、西側指導者へのメッセージのなかで、そのためヒトラーはロシアに三十六個師団を転用できた、と不満を述べた。海峡横断作戦の不確実性について、ソ連リーダーは、「自らの気持ちに大変な不安感がある、とても黙ってはいられない」と言った[5]。

「この段階で、われわれが……共通の目的を推進しないと、ドイツ軍に一呼吸おかせ、兵力を集結して挽回する機会を与えかねない」、とかれは結論づけた。「われわれ双方にとり、このような好ましからざる誤算は許されることではない[6]」。

ルーズベルトが返答できたのは、「実行し得る最速の日付」における最大の努力の重要性を理解している、というものだった。これでスターリンを満足させられるわけはない。両国関係は、大使のスタンドリー提督が、ソ連当局は、合衆国の援助の実態を公衆に隠蔽している、という軽率な意見を公表することで一層悪化した。提督は、ルーズベルトが頭越しに物事を決めることにうんざりしており、帰国を希望していた。クラーク・カーの報告によれば、雰囲気は非常に冷却化しており、かれがモロトフと面談したとき、一つジョークを言ったが、外務大臣の反応は、眼鏡を外してレンズを拭き、もう一度かけ直した、というものだった(7)。

この難しい状況のなかで、ストックホルムの米国公使が、ドイツが日本のルートを使ってスターリンに、一九三九年の国境の回復、ベッサラビアのソ連による保有、近東をソ連の勢力圏とすることを認める、という提案をしている、という報告をして来た。モスクワと日本は、英国の敗退後、インドを分割するという。スターリンは賛成しているが、モロトフは反対している、と。スターリンは、提案に対して考慮期間四カ月を希望した、と報告は続けていた。ワシントンのソ連大使館は国務省を安心させる返事をしたが、東京がモスクワとベルリンを仲介している、という話は、ドイツ軍が兵力を西へ移動させるつもりがあるからではないか、ということであった(8)。

シチリア攻撃計画は、ロシア向け船団の転用となるということになるので、状況は益々悪くなってきた。スターリンは元帥の地位についたが、この状況を破局的、と評した。ロシア西部のカチンで、ドイツがポーランド将校の大量の墓標を発見したことで、同盟関係には新たな検証が必要となってきた。

スターリンは、一九三九年から四〇年にかけてソ連に連行したポーランド部隊の十一万五千を、西側同盟に参加させるため、イランに送り出すことに同意していたが、モスクワとロンドン在住のポーランド人との間の関係は改善されていなかった。百万に達するポーランド人がソ連に抑留され、ソビエト市民、と宣言されていた。ワシントンを訪れたポーランド人代表、シコルスキーは、ルーズベルトに、西側兵力を動かしバルカンを経由して母国を解放して欲しい、と要望していた。四月初め、かれはチャーチルに、カチンの遺体は、ソ連の仕業だという証拠がある、と伝えた。四月十七日、ロンドンのポーランド人は赤十字の調査を求めた。ドイツ人たちは、国際的調査を提案した。しかし、赤十字は、ロシアの招きがなければ応じられない、と言った。モスクワは、ドイツ側の虐殺であるとしてこれを非難して調査を拒絶し、返す刀でロンドンのポーランド人を、ナチの同調者でベルリンのゲームに加担している、と激しい言葉で責め立てた。(9)

四月の終わり、チャーチルがチャートウェルで一夜を過ごしているとき、マイスキーが狼狽した顔つきで、クレムリンからのメッセージを持参してきた。それには、かれらの態度に照らして、モスクワは、ロンドン在住ポーランド人との協定を破棄する、とあった。今後は、ソビエト連邦に基盤を置く、ライバルの亡命者グループを支援する。

「証拠は……多分真実だと思う」、チャーチルはダウニング街の昼食でそう言った。「ボルシェヴィキは、ものすごく残酷なことをやりかねない」。しかし、かれはスターリンに、英国としてはドイツの管理下にある土地での赤十字の調査には、確実に反対する、と伝えた。クレムリンに、ロンドンのポーランド人と関係を絶たぬよう要請しながら、かれは、シコルスキーはいかなる面からもヒトラーと友好関係にあるということはあり得ず、一方同胞からは、ロシアに対して甘い、というプレッシャーを受けているのだ、と説明した。「かれがいなくなれば」、とチャーチルは続けた、「もっと悪い人間が出てくるだけだ」。――三カ月後、シコルスキーが飛行機事故で死亡したとき、予言が的中した。このニュースが伝わったとき、チャーチルは泣いた。

ルーズベルトはソビエト指導者に、「あなたの問題はよく理解できる」と答えた。しかし、かれは、ロンドンのポーランド人と接触を控えることだけにしたいとした。大統領は、シコルスキーがどういう形にしろ、「ヒトラーのギャング一味」に加担しているとは思えない、と付け加えた。かれは数百万のポーランド系アメリカ人は激しい反ナチで、「あなたとシコルスキーの完全な断絶を知れば、状況改善に役立つことはない」と注記した。

スターリンは墓穴を掘っている、チャーチルは同盟第一の肚を固めた。「ヒトラーを斃さねばならない」、かれはマイスキーに言った。「喧嘩や内輪もめをしている場合ではない」。大西洋を挟む連携と同様に、かれにとっての基本は、英国を勝者側に導く関係を維持することにあった。弱小な連合国が苦しむことがあっても、それは世界戦争を戦って行くことの犠牲に過ぎないのだ。

しかし、チャーチルは、英国としてはソ連領内の亡命政府を認めることは出来ない、とスターリンに警告し続け、一九三九年のポーランドの「二重占領」について、問題点をはっきり指摘した。これに対してスターリンは、ロンドンのポーランド人が、連合諸国のそれぞれに対して違背しようとしている、と非難した。かれらは、自分たちが利口だと思っているようだが、「神様はかれらに脳味噌を与えてはいない」と付言した。

三月、イーデンは初めてルーズベルトと会談するための出張をした。ルーズベルトはかれを好きになったのだが、英米関係は、ここでもう一つもつれることとなった。二週間かけて、戦時のさまざまな問題を討議したが、そのなかで、異例ではあったがユダヤ人問題があった。ルーズベルト、ハル、イーデン、ウェルズ、ホプキンスとハリファックスの出席した会議で、ブルガリアから六万から七万のユダヤ人の救済の可能性が問題になった。これは、ポーランドとドイツからの避難を模索しているユダヤ人団体に、圧力を加えることになりかねない、とイーデンが警告した。ヒトラーがこれを認めたとしても、引き取るに充分な船がない、またドイツのスパイが避難民のなかに紛れ込まないともかぎらない。英国は、パレスチナで六万のユダヤ人を受け入れる用意はあるが、輸送に問題があるのだ、とイーデンは強調した。(10)

三月十五日の夕食で、ルーズベルトは、話題をソビエトの国境問題に移した。住民投票を行うのが望ましい、という意見も出たが、イーデンは、スターリンが拒否するに違いない、と言った。ルーズベルトは、西側は、バルト三国の併合とフィンランドの支配権確立をソビエトに認めざるを得ないことになるだろう、と言い、続けて「しかしそうするならば、われわれはそれを使って、ロシアからほかの何かを獲得する交渉材料にしなければならない」と言った。ドイツは分断されるべきだ——全員が同意した。ルーズベルトは、連合国に保安維持される三つか四つの地域を考えていた。イーデンは、スターリンは、戦後ドイツの管理に、米英の参入を希望しているものと考えた。一国だけでそれが出来るとは思っていないだろうからである。

大西洋憲章に違反する主権侵害であることを隠さず、ルーズベルトは、列強でポーランドの形を決めて行こうと言い出した。かれは「講和会議に出かけて行って、ポーランドその他小国問題で駆け引きしよう、とするつもりはなかったのである」。二人は、ワルシャワは、ドイツから東プロシアを得る、ということで一致した。イーデンは、ロンドンのポーランド亡命政権は、この戦争でロシアが相当弱体化する、またドイツは壊滅する、と見ているので、この地域ではかれらがもっとも強力になるのではないか、という話をした。

大統領は、ベルギーとルクセンブルクを北東フランスといっしょにさせて新しい国、ワロニアを創設する、また、セルビア、クロアチア、スロヴェニアをそれぞれ独立させる、という自らの腹案を持ち出した。イーデンは、戦後のヨーロッパは国を多くするよりも少なくする方が望ましい、と言って、ルーズベルト案のはっきりしない点を批判した――チャーチルは、「バルカン諸国の共同化」については憂慮を示していた。外相は、スターリンが戦後のヨーロッパで、英米の協力を望んだとしても、クレムリンは米軍撤退を画策するだろう、と考えていた。かれは、中国に関してのロンドンの消極姿勢についても説明をした――チャーチルは最近のスピーチのなかで、列強のなかから中国を排除したが、これはワシントンに波紋を投げかけた。戦後の問題をこのように討議し終えて、イーデンとホプキンスは大統領にいとまを告げ、カールトン・ホテルの夜更けの牡蠣料理を摂った――お客《イーデン》の方は、ルーズベルトがそんなにまで自分に同感してくれたことに、いかに驚いているか、という話をした。それは、会談の別の機会に、ルーズベルトは、国際機構についてのかれの構想の概要を説明した。それは、年次総会を持ち、四大国による諮問委員会、地域代表によって構成されるものだった。核心にある委員会は、合衆国、ソ連、イギリス、中国で運営される。軍備が許されるのはこの四国だけである。それは、ホプキンスとウィナントだけを補佐官として、かれが議長席に座る単純明快な組織であるべきである、とかれは従姉妹のマーガレット・サックリーに語った。会談の合間に、この秘書は、「飛行場つきの小島」の役割をつとめた。

イーデンの訪問の最後の記者会見で、ルーズベルトは、一九一八年の昔をたとえに出した。そのときの時間感覚は、「その日の午後三時の汽車で、一カ月の旅行に出る夫に、同行するよう正午に告げられる妻のそれ」のようなものだった、と言った。今や平和の準備はあらかじめ出来ており、連合国は「おおむね九五%合意」している。

ホワイトハウスのセールマンの科白だとしても、その話は相当誇張されていた。戦後の国境問題は、引き続きスターリンとの決着が必要であった。チャーチルの将来の大英帝国再建構想には、ほかの同盟三国のリーダーが反感を持っていた。自由貿易主義者と帝国主義特権の擁護者とは両立するわけがない。ロンドンとワシントンは、戦後の国際金融構造をめぐって四つに組んでいた。西側システムとスターリン主義の基本的矛盾を否定する方法もなかった。しかし、ルーズベルトは、翌年四期目の大統領として再任されるべきだ、というかなり問題のある考え方について、六五%という高率かつ浮き上がった世論調査の支持を得た。そして、自国が世界で大きな役割を果たすべきではない、と考えるアメリカ人は一六%に過ぎなかったのである。

自分の仕事に割り込んでくるイーデンの感性とは異なって、チャーチルは、戦争が終わったあとの世界の構造についていささか別の考えを持っていた。アジアで「警察官」の役割を担うという中国の適合性に対して、かれは相変わらず強い疑問を抱いていた。平和のための国際組織の必要性は認識していたが、帝国の維持問題などについて、イギリスが多数票を獲得できないのではないか、という心配があった。かれは、イギリスがヨーロッパで中核的存在となり得るような地域的機構の創設も信じていた――そしてアジアにおいて、その存在感を以て大きな発言力を行使するのである。なかでも、かれの構想は、戦後世界の中心を環大西洋に置くものであったが、ルーズベルトは、だんだんと三ないし四大国による枠組みの方を信頼しはじめ、英国は重要な同盟国ではあっても特権を持つパートナーとはみなされなくなって来た(11)。

環大西洋関係という脈動が途絶えぬよう、チャーチルは第五回サミットのため、再度大洋を渡るべきときである、と決断した。五月五日、かれは各英国幕僚長、ハリマン、ビーヴァーブルック、船舶運輸相のレザース、およびモランなどの最強軍団を率いて、〈クイーン・メリー〉に乗り込んだ。三千のアメリカ帰還兵、そして偶然にもドイツ軍の捕虜も乗船していた。南京虫の大量発生が発見されて出発が遅れた。チャーチルはハリマンに、救命ボートに機関銃を設置するよう命令した、という話をした。機雷攻撃を受けたときに、敵中を突破するためである。

ブルックは取りつかれたインフルエンザから回復しつつあったが、ことのほか気分がすぐれず、やる気が出なかった。「本当に〈本当に〉疲れた」と、日記に書いた。前途にワシントンとの「無益な

論争」が控えていると思うと、尚更身震いが生じてしまう。(12)

五月十二日、チャーチルは、暗号名をトライデントとされたサミットの開幕にあたって、ホワイトハウスの一年前と同じ部屋に座り、トブルクでの降伏のニュースを聞かされたあと、めざましい変化が生じた、と発言した。チュニジアで勝利を摑み、二十五万を捕虜にした。大西洋での船舶の喪失は引き続き高率であるが、新しい船の投入がそれを上回っている。Uボートの撃沈は増加している。太平洋ではアメリカの勝利が、オーストラリアとニュージーランドへの日本の侵入を阻止している。(13)

首相は、海峡横断作戦の難しさを過小評価してはならない、と語り、シチリアを攻略したあとの連合軍は、地中海で手を拱いているべきではない、と強調した。第一次大戦の経験から、かれはノルマンディではなく、イタリアを胸においているのである。ブルガリアの戦線からの脱落はドイツを揺さぶった、かれは言う――同じことは、いま、イタリアにも当てはまるだろう。

ホプキンスは、この話はほとんど大統領に印象を与えなかった、と見ている。「イタリアでの戦闘は、かれにとってあまり意味はないよ」と補佐官はモランに語った。「かれは、シチリアで勝ったら二十個師団を解放し、一九四四年のフランス侵入の兵力に積み上げたいと思っているのだよ」。ルーズベルトの態度はチャーチルを後退させた。幕僚長たちが会談をしたとき、戦略の相異は明白になってきた。アメリカ人は「イギリスが北アフリカという裏庭に自分たちを連れ込んだ、と言わんばかりの態度を取っている。カサブランカで、今度はシチリア攻撃と、また筋違いの方向に引っ張っているんだ！　今度こそ、だまされないぞ。それに加えて、太平洋での展開はこれまでになく拡がっている。間もなく、かれらは最初に日本を負かすのだ、と言い出すのではないだろうか、」と、ブルックは記録している。

帝国参謀長は、一九四五年ないし一九四六年までは、フランスの大規模作戦は無理だろう、と言ってアメリカ人を驚かせた。これは地中海がドイツ人に対峙する唯一の戦線になる、ということを意味する。これはマーシャルの容認し得るところではなかった。[14]

「わたしは、今でもあなたがたの北アフリカ作戦を素直な気持ちで見ることは出来ないのです」。かれは会談へ向かって歩きながら、ブルックに語った。

「では、どんな作戦がお奨めですか?」ブルックが訊ねた。

「フランス解放のための海峡横断です、そしてドイツに進軍するのです。戦争は早く終わりますよ」。

「多分そうでしょうね。しかし、それはわたしたちが望む終わらせ方ではありません」。

ブルックは、憂鬱の原因を日記に箇条書きした。相手がだれであろうと、頭に来る点はカラーで「爆弾」、と特筆した。この記述は、西側同盟の混乱を表わしている。

(a)キングは、戦争は、ほかの前線をすべて犠牲にして、太平洋作戦でのみ勝つことができると思っている。

(b)マーシャルは、解決法は、ロシア戦線の帰趨にかかわらず、二十から三十個師団による海峡横断作戦にあり、と考えている。そしてヨーロッパを平定して戦争に勝つ。

(c)ポータルは、成功は、英国において可能なかぎり、最大の航空兵力を集結し、それによるヨーロッパの空爆によって達せられ、それ以外にない、と考えている。

(d) 一方、ダドリー・パウンドは、対Uボート作戦に取り憑かれており、成功は、この脅威を撲滅することによってのみ達成出来ると考えている。

(e) AFB（ブルック）は、唯一成功する戦略は、地中海のあちこちで作戦を展開し、ドイツ軍を分散させ、ロシアを助け、これらによって、結果的に海峡横断作戦を可能にする条件を作って行くこと、と考えている。

(f) そしてウィンストンは？？？ あるときは、これを考え、別のときは、あれを考え、であった。ときには、空爆で勝つんだ、と。そのため、ほかのことはみな犠牲になるのだ。あるときは、全員、大陸で肉弾戦をするのだ、ロシア人がやっているように、と。またあるときは、われわれの主力は地中海で、イタリアかバルカンを攻める、別途ノルウェーに侵入する意欲を以て、「ヒトラーとは逆の方向に地図を巻き返すのだ！」と。しかし、かれがもっとも多く口にしていたのは、すべての作戦を、船舶の不足にかかわらず、同時に行うことだった！

面白いことに、かれはルーズベルトについては一言も触れていないのだ。

結局、シチリア侵入は七月、と確認された。のち、次の作戦はどのようなものであろうと、「イタリアを戦争から排除し、ドイツの最大兵員を閉じ込めるよう綿密に計算されたもの」になる。ホプキンスは、チャーチルが、ルーズベルトからイタリア問題について、より確実な言質を得たいのであれば、ワシントンにもう一週間滞在する必要があろうが、「それでも確かとは言えない」(15)。
「大統領は、マーシャルを困らせたくはないんだ」、チャーチルは医者《モラン》に語った。「かれはイタリア上陸に反対している。残念ながら」。しかし、かれは自分の説得力にはまだ自信があり、マーシャルに、サミットが終わったら一緒に北アフリカを視察に行かないか、と誘った。これは了承された。チャーチルは、自らの雄弁を継続することと現場の連合軍の様子を見ることで、将軍の気も変わってくるのではないか、と希望をつないだ。

海峡横断作戦について、新しく目標を設定することとなった。——一九四四年五月一日、アメリカのスレッジハンマー計画から数えて二年近くの遅れとなった。名前は、ラウンドハンマーと変わった——それはスレッジハンマーより大きいが、ラウンドアップよりは小さいものになる。そしてシチリア侵入のあと、地中海から一部兵力を引き抜くこととなる。フランス作戦のたびたびの遅延で、ワシントンに一つのジョークが出回った。スターリンが名前を名乗らないでダウニング街に電話をした。「チャーチルです」、首相が出た。「こちらはジョーです」、声が答えた。「どちらのジョーさん?」「ジョー・スターリンです」。「こんにちはジョーさん、いまどちらです?」「ああ、いま、わたしはカレーですよ」。

アメリカの態度に悩まされながら、ブルックは、マーシャルの扱いに気をつけなければならない、とわかってきた。陸軍参謀総長は、キャピトルヒル〔米国連邦議会〕で両党からの支持を得ていた。かれの反対側に就くことは、議員たちのイギリスに対する不信感を募らせる危険があった。加えて、マーシャルは太平洋優先論者にも与《くみ》しているようだった——地中海で時間が無駄に費やされるのだとすれば、アメリカの兵力は日本に対して、よりうまく使われるだろう、とかれは言っていた。トライデントで、極東問題が浮かび上がってきたことにはもう一つ別の理由があった。

蔣介石の妻、宋美齢は、一九四三年の前半を合衆国で過ごした。理由の第一は医療であったが、第二は、夫の体制国家を代表して遊説をすることにあった。彼女は、両院合同の席上で演説をしたが、それは、女性としてはじめて、中国人としてはじめての試みだった。ルーズベルトは、彼女をホワイトハウスに滞在するよう招いた。――上海の大富豪家族の一つの末娘で、専用の絹のシーツを持ち込み、自分に注意を惹かせるときには指を鳴らしてお付きのものを遮った[16]。

ルーズベルトは、部屋では彼女と横並びにソファに座らず、カード・テーブルを挟んで向かい合わせに座った。彼女に「誘惑」されない用心である。彼女は、ウィルキーは「若々しい」が、大統領は洗練されている、とお世辞を使ったが、この中国のお姫様は、帰り際に、大統領に、お立ちになるには及びません、と言ったことでみそをつけてしまった。

ルーズベルトは、彼女のなかに「鋼鉄の硬さ」を発見した――中国のストライキ労働者に話が及ぶと、彼女は指を咽喉のところで交差させた。ホワイトハウスの昼食で、チャーチルとの面談を大統領が設定したが、ニューヨークにいた「白雪姫」、ＦＢＩがつけた暗号名、は出てくることを断わった。

蔣夫人はこの旅の途中で四十二歳の誕生日を祝ったが、行く先々で愛嬌を振りまいた。スティムソンには、中国により多くの航空機を提供させようとしたとき、このような美しい手をした人は見たことがない、と言った。カリフォルニアを訪れたときは、ハリウッドのスターたちが大いなる賛辞を呈した。ジョゼフ・ケネディとは、自らの性的魅力について議論を展開した。前年秋、重慶での一夜のパートナー、ウェンデル・ウィルキーは、マディソン・スクエア・ガーデンでの集会で、彼女を「復讐の天使」と、紹介した。彼女は、アメリカの援助資金を使って、ウィルキーをホワイトハウスの主人にする陰謀を企んでいた。そして世界を二人で支配するのだ、と。――この共和党員が心臓麻痺で死んだとき、彼女の荒っぽい計画は消え去った。

ルーズベルトは、まもなくこのドラゴン・レディ〔中国女〕とニューイングランドの大学卒業生との組み合わせにはうんざりして来たのだが、彼女の公衆に与えるインパクトは馬鹿に出来ないものだった。アジア第一政策の背後にあって、これが世論を大きく動かして行く懸念が深まった。少なくともこのことは、あまり日本と戦っているわけではないにしても、蔣介石と国民党を、大統領が援助し続けなければならないことを意味していた。中国問題は、二人の米陸軍の大物顧問――厳しい将軍、「ヴィネガー・ジョー」・スティルウェルと、蔣夫人と親しい古き良き時代の飛行家、クレア・シェンノート、によって、サミットで白熱化した。

二人はたがいに嫌っており、レンドリース問題で、常に反目しあっていた。ルーズベルトが蔣介石をどう思うか訊ねたとき、スティルウェルは、「かれは優柔不断で、策略好き、約束を守らぬ古いタイプのやくざだ」と答えた。シェンノートは、「現代世界で二、三人しかいない偉大な軍人政治家である」とした。ルーズベルトは、二人のそれぞれに物資供給を保証することで、そのなかを取り持とうとした。「妥協の繰り返しは、蔣介石に望むことは何でもかなえられるという意識を持たせ、われわれの方が参ってしまう」と、スティルウェルは会談の個人メモに記録した。「チャーチルは、ルーズベルトを掌中のものにした。かれらは安直な方向を探している、英国寄りの近道を。どんなことがあろうと、大陸から目をそらさせてはいけない。イギリスの船乗りたちは、太平洋の戦いに興味はないのだ。大統領に催眠術をかけてうまくやっている」。

ルーズベルトがイギリスの魔法にかけられている、という言い方は、スティルウェルの無知を示している。かれは、会談で、上司の参謀総長《マーシャル》が、「中国で行われている米国のすべての行動に、強い不満を表明した」ことを知らなかった。ルーズベルトは、スティルウェルが「中国人を嫌っていることは明らかで」かれは更迭されるべきだ、と言った。マーシャルは、ヴィネガー・ジョーを褒めており、シェンノートの昇進には、蔣介石に近すぎるとして反対した。したがって局面はそのまま放置された。月を追って、アメリカの中国政策はずるずるべったり、となってしまって行った。

副大統領のウォーレス、スティムソン、ウェルズその他の高官が出席した英国大使館の昼食会で、チャーチルは、米国、ソ連、英国で形成する連合の傘の下で作る、「三本の柱」、ヨーロッパ、アメリカ、太平洋の地域評議会の案を繰り返して説明した。——ワシントンが固執するなら中国を含めても良いが、「中国にはほかの大国と同じ待遇は与えられない」。疑いもなく、アメリカには、ヨーロッパの警察官の役割を果たす必要がある、とかれは言った。しかし、アメリカの権威は、地域グループによって制限されることが当然、という含みがあった。これはイギリスの利権擁護には役立つとしても、ルーズベルトの見解と両立する筈もなく、英帝国の問題を未解決のままにするものでもあった[17]。

現状をゲティスバーグ以降の南北戦争になぞらえたチャーチルの議会演説は大成功をおさめた。かれの演説を聞いてはじめて、戦争で何が起こっていたのかを知ることが出来た、と不満を訴えた議員たちが何人もいた。週末、蒸し暑い首都を避けて、かれはルーズベルトと一緒にシャングリ＝ラで過ごした。大統領の娘、アンナは、首相は夕食の間中、歯をほじり続け、あたり構わず鼻をふんふんいわせ、おまけに「実際、家を揺るがすような」くしゃみをし、霧笛のように鼻を鳴らした、と回想している。うす茶色のセーターと濃い市松模様のシャツを着て、ルーズベルトはお客を涼しい森のなかの釣りに誘ったが、――チャーチルはコートを着ることにこだわった――何も獲物はなかった[18]。

丘へ登る途中、お客は、南北戦争のヒロイン、バーバラ・フリッチーの名前をとった菓子の広告を見つけ、これは誰かと訊ねた。ルーズベルトは彼女のことを謳った詩の二行を諳《そら》んじたが、チャーチルは思い出して、その長い詩のあとを続けた。――かれが全くそのことを知らないで質問したのか、記憶力をひけらかそうとしたのかは不明である。ルーズベルトがかれの味方をしてくれるのか、かれが気にしていた様子は、夜になって一時間半ほど黙ったまま、ルーズベルトの切手をアルバムに貼る様子を眺め続けていたことから察せられる。――かれは回顧録に「大変興味があった」から、と記しているが、ペンキが乾くのを待っていた、というのが正解だろう。

その頃の三同盟国のとった姿勢はいかに無意味なものであったにせよ、その目的はプロパガンダにあった。イギリスとアメリカは、前世紀に中国、清帝国からもぎとった治外法権を放棄した——日本が外国租界を占領していたので、実質的な効果があるわけではなかった。モスクワは、共産主義の国際組織、コミンテルンの解散を発表した。スターリンは、「全世界の労働者階級の活動を、一つの国際組織に収斂するのは不可能である」と決めたのだ。これは各国共産党に、自分たちは外国の命令によって支配はされない、という主張をさせる根拠となったが、クレムリンは、かれらの活動状況を詳細に観察しており、かれらが戦争中に果たした役割がどんなものであっても、戦後における党の国際問題は、ソビエトの国益に適うようなものになって行くことだろう。英国外務省は、スターリンの決断を、ヨーロッパ再建についての、かれの協力姿勢の真摯な証明と受け取った。マイスキーはこの六年間で、コミンテルンは死に体になっていた、とアメリカ大使館に話をした。この点についてあえて記しておくと、モスクワは傀儡のポーランド人を使って、スターリンの意のままにワルシャワを操るルブリン委員会を作った。これはかれらが領土問題をどう考えていたかをよく表わすものである。(19)

*　*　*

トライデントでは、ド・ゴールをめぐって新たないざこざが起こった。かれがジローより上位に座ることで、ワシントンは、かれをイギリスの援助資金を賄賂に使って、フランスの水兵たちの戦線離脱をはかった、というかどで非難した。毎日、ルーズベルトから苦情を言われて、チャーチルは、カサブランカにおける将軍の行動は非常識極まりない、と認めた。ド・ゴールを庇い続けると大統領と不和を来たす、とかれは懸念し、アメリカの言い分を含む三項目のメッセージをロンドンに送り、イギリスはド・ゴールの支持から手を引くよう提案した。

日曜日、アトリーは急遽戦時内閣を召集したが、この提案は否決された。チャーチルはこれにしたがい、ド・ゴール＝ジローの会談を静観することに同意した。かれはロンドンの反応を予め計算していたのかも知れなかったが、ルーズベルトの友情をつなぎとめるため、あえてド・ゴールとの同盟に異議申立の姿勢を見せたのである。外務省の判断を受けて、オリヴァー・ハーヴェイは日記に、「オールドマンが国に戻るときが来た。大統領の独裁、まわりのおべっか使いというアメリカの雰囲気に頭に来てしまったのだ」と記した。サミット最後の昼食会で、スティルウェルによれば、チャーチルは、主人公に賞賛の言葉を贈ることにした。——「ミスター・プレジデント、わたしは、世界史のこの決定的な時期に、あなたの人格とあなたの高貴な職務によって執り行われたこの偉大なる出来事を、全知全能の神がお護りくださることを信じてやみません」。「フランクは、」とスティルウェルは、滅多に使われない大統領の愛称で書き留めた、「喜んでこれを受け入れた[20]」。

とはいえ、チャーチルはモランに、ルーズベルトが「非常に疲れていた」ように見えなかったか、と訊ねた。——「心が閉ざされていたようだ、あの素晴らしい柔軟性が失くなっていたようだ」。かれの状態はたしかに悪かった——秘書のグレース・タリーは、目の下のくま、落ちこんだ肩、震える手などの「累積した疲労」の徴候を記録している。手の震えでコーヒーを吐き戻さないよう、以前の

二倍の大きさのマグカップを使っていた。(21)

ルーズベルトと話をしている間、チャーチルの知らないことが起こっていた。とくべつにかれを除外するように図られた、同盟の違ったかたちでの接触が行われていた。トライデントの期間に、強力な親ソ派の元駐モスクワ米国大使、ジョセフ・デイヴィスがクレムリンを訪問した。デイヴィスは自身が駐在中のソ連邦を描いた映画の宣伝のためにモスクワにいた。クレムリン高官の一部には、これをお追従と見るものもあった。――デイヴィスの共産主義体制に対する意気込みは、美術館から絵画をそこその価格で購入する許可を得て、ますます高まったようだった。(22)

秘中の秘として、かれはルーズベルトの親書をスターリンに手渡した。それはベーリング海峡で「非公式かつごく簡素な」会談を提案するものだった。そこで、「あなたとわたしで自由に話し合い、気持ちの触れ合いとでも言ったものを行いたい」。

ルーズベルトは、厳密に米ソの問題という意味で、会談を北極としたのである。かれは、大西洋のサミットでは、「チャーチルを招ばないわけには行かなかった」と書いている。「三人では多すぎる、三巨頭が集まるのはそのあとだ」と、かれはデイヴィスに語った。「チャーチルはわかってくれるよ、わたしがその面倒を見るよ」。

この構想は、ルーズベルトの胸のうちに、かれとチャーチルとではなく、スターリンとで戦後世界の形を作って行こうとする気持ちがあることの表われであった。首相の究極の真情について悩む必要はなかった。どんな意見の違いが出て来たとしても、英国の指導者が同盟を打ち壊す筈もなかった。

問題は、戦後の協力者としてモスクワを仲間に引き込むことにあったのである。トライデントの前の、ハイドパークでのピクニックのとき、かれはマーガレット・サックリーに、四大国による世界の警察軍計画と植民地の自決原則の必要性について、チャーチルよりもスターリンの方がよく理解するだろう、とささやいた。

当初、スターリンは、二国間会談に乗り気だったようだ。デイヴィスは、かれが、七月なかごろ会うことを半分承諾している、と報告して来た。――夏のドイツ軍の攻撃が予期されていたので、かれはそれ以前にはモスクワを離れられなかったのだ。そしてかれは、フランス上陸がまた延びたというトライデントの結論を聞かされた。これが二国会談にブレーキをかけた。「あなたがたの決定は、ソ連邦に名状しがたい困難を与えた」と、スターリンはルーズベルトとチャーチルに述べた。トーチ作戦と、これからのシチリア侵入計画を無視して、かれは言った。赤軍は単独で戦うことに放置されている。モスクワは、「今後の戦況に甚大なる影響を及ぼすと思われる……この決定にしたがうことは出来ない」。

「あなたの落胆はよく理解できます」、チャーチルは答えた。そして、十万の生命を犠牲にする悲惨な遠征の無意味なことを繰り返した。「あなたを助ける最良の方策は、負ける戦いをすることではなく、勝つ戦いをすることなのです」、かれは付言した。この結果は長い長いクレムリンからのメッセージとなって届いた。ハリマンはこれを「すぐれた苦悩の表現」と特徴づけた。

それは、一九四三年の作戦についてのチャーチルからの電信を分類することから始まっていた。そして、今回の延期については、事前にモスクワとの協議なしに決定されたことに注意を喚起していた。「共通の敵との戦争における、ソビエトのもっとも決定的な利害についてのこのような無視を、ソビエト政府が耐え得ないことは明白である」とスターリンは続けた。そしてかれは結論する。「あなたは、わたしの落胆を［よく理解できる］と仰った。わたしは、ここでの問題は、ソビエト政府の落胆を言っているわけではない、ということを言いたい。……忘れてならないのは、問題は、西欧の被占領地及びロシアの数百万の生命の救済、ソ連軍の膨大な犠牲の減少にある、ということである。これにくらべて英米軍の犠牲は取るに足らないものである」。

マイスキーを迎え入れてチャーチルは、「文句を言われるのには、どちらかと言えばうんざりしているのですがね」と言った。大使は、クレムリンの語調はあまり気にしないでも良い、と述べたが、首相は最悪のことを警戒した。かれは「個人的かつ極秘」の書簡をモスクワの大使館に送り、スターリンが、そのような処遇は「わたしの経験に照らしてさまざまな疑念を巻き起こし」、我慢することが出来ない、と発言したことについて、――場合によると、モスクワとベルリンの間で新しい取引をすることを仄めかしているのではないか、と書いた。「個人的には、これがスターリン＝チャーチル間の最後の交信になるような気がしています、――われわれ二国の間に何か個人的な関係を創って行くことが出来ないか、わたしは、心の底からそう思っているのですよ」と付け加えた。

スターリンが、自分の提案した二国サミット会談を暴露する危険があったので、ルーズベルトは、首相がロンドンへ帰ったあとにその話を伝えるべく、ハリマンを派遣した。チャーチルが、即時、自分もそこへ参加したい、と言い出したので、その提案が純粋に二国間のものであったことは曖昧にしておく必要があった。六月十二日、チャーチルはルーズベルトに悲痛な手紙を書いた。「デイヴィス氏によって［スターリンに］渡された手紙について、あなたがわたしを気にして話してくれたこと、またその返事がどうだったのかわたしは、大変心配しております」。かれは、大統領が面談したいというのならば、どこにでも行きます、と補足した。

十六日後、ルーズベルトは、真っ赤な嘘の返事をした。「わたしはUJ（アンクル・ジョー、スターリンのこと）に、われわれだけで会おう、などとは言っていません。しかし、かれが（a）自分たちだけで会おう、（b）予備会談なので幕僚たちは同席させないことにしよう、という態度だったのです」。

かれは書いた。「そういう形の予備会談には、あなたも賛成すると思われる、ある種の利点があります。第一、幕僚不在のため、ただちにラウンドアップを発動せよ、という声に関する軍内部の対立が避けられること。第二、ドイツの攻撃がないとすれば、われわれはロシア軍にこの夏の攻勢を要求しているわけではない、とかれが思ってくれるだろうこと。第三、わたしの観測ですが、現在、また今後も、かれは日本に対する攻撃について、より率直な見方をしてくれるだろうこと。第四、かれは、中国についてもより率直な態度を示すだろう。第五、かれは、バルカン諸国、フィンランド、ポーランドについてより率直な態度であろうこと」。

「戦後についてのロシアの希望や野心について、わたしは出来るだけ完璧にかれの思い描くことを知りたい。一年前、イーデンがあなたにしたように、わたしは、かれと同じ視野に立って物事を考えて行きたい」。

ルーズベルトはよく分かっていたのだが、外務大臣のモスクワへの旅の問題と、二国間トップ会談からイギリスを丸々外すという問題とは次元が全然異なる話である。驚くことではないが、イーデンは、チャーチルが、「会談が〈ア・ドゥー〉〔二人きり〕で行われる、と聞かされたとき、相当ショックだったようだ」と記録している。

罪滅ぼしに、ルーズベルトは、スターリンと会ったあと、ケベックでチャーチルと会おう、と提案した。そして秋には三人で会おうと。「いうまでもなく、あなたとわたしは、この種の問題に関して、完全に隠し事などある筈がありません」、手紙は快活にそう締めくくられていた。

翌日、チャーチルは返事をした。もしスターリンとの二国首脳会議が設定されるのであれば、「わたしは、これ以上反対はしません。逆に、かれの姿勢を鑑みるに、そのような接点は大変重要なことと考えます」。さりとて、それは同盟の政策転換につながる苦い薬だったのである。

＊　＊　＊

一九四三年七月二十五日、チャーチルが夕食後、映画〈巴里の屋根の下〉を観ているとき、ムソリーニが罷免されたニュースが届いた。かれはただちに夜中過ぎの戦時内閣を召集し、それは午前四時まで続いた。ドゥーチェはドイツのパラシュート部隊によって救出され、残党とともに傀儡政権を作り、ヒトラーはローマを確保するため、兵力を注入することとなるが、イタリアの新政府は、講和に向けて走り出した。二週間後、チャーチルは再度北アメリカへ旅立った。週末をルーズベルトとハイドパークで過ごしたが、あまりの暑さによく寝られなかった。ピクニックで、かれはふちの広いカウボーイ・ハットを被り、飲み物を冷やす氷を入れた小さなバケツを持ち歩いた。

「かれは不思議な小男という風だった」と、マーガレット・サックリーは記録している。「肥っていて、丸っこくて、着ているものがひだになって体にまとわりついていた。髪の毛はないといって良かった」[23]。

スターリンの苦情やルーズベルトのチャーチル外しの試みにもかかわらず、同盟側には、結構良いことが起こっていた。ムソリーニの転覆で、地中海戦略では色々の好結果が生まれた。七月十日には、十六万の連合軍のシチリア上陸が成功した――米軍よりイギリス兵の方が多人数だったのだが、アイゼンハワーが全体指揮を担当し、ハロルド・アレクサンダーが先任司令官を努めた。ロシア軍は、クルスクで世界最大の戦車戦を制した。米軍はソロモン諸島を襲い、日本の艦船、航空機に甚大な損害を与えた。「アメリカに必ず勝てる良い方法、どこか良い場所がないものかね?」、悲しみに沈んで裕仁天皇が質問した。「共通の人類愛に一丸となった、怒れる軍隊が行進を始めた」と、ラジオの炉辺談話でルーズベルトが言い切った。「かれらは前進している――ロシアの前線で、広大な太平洋で、そしてヨーロッパで、――最終目的地、ベルリンと東京へ収斂して行くのだ[24]」。

ルーズベルトとチャーチルは、ハイドパークからケベックへ、もう一つのサミット、暗号名クワドラント〔四分円〕に出席のため列車で向かった。イーデンが会議場の城砦で一緒になった。そこは、セント・ローレンス・リバーを一望できる、カナダ総督の夏の公邸だった。一度、ルーズベルトはコーデル・ハルと訪れたことがある。(25)

サミットでは、原子力計画を「可及的速やかに結実させる」という合意を採択した。計画の拡散を制限するため、ルーズベルトは、産業的、商業的開発は、すべて大統領の決定事項とするという保証を獲得した。ワシントンに、共同政策委員会が設置された。ここにはカナダ代表が、研究の監督のため参画することとなった。二国は、この計画を当事者の一国に利用することを相互に禁じるとともに、「相互の承諾なく第三国に対して利用することも禁じる」ことを誓約した。このことは、アメリカが戦闘に介入したとき、議会の権威を直接侵害するものになるだろう。

またルーズベルトは、フランス解放国民委員会を認めることに同意した。ド・ゴールが委員会を支配するだろうことは、間もなく明らかになった――ジローは十一月まで現職にとどまったが、辞職して、副総裁となった。参謀長の地位はそのままであったが、はっきりと第二ヴァイオリンを弾くことになったのである。

またもや戦略の相異が、チャーチル回顧録の表現にしたがえば、「ちょっと厳しい」形で浮かび上がって来た。ロンドンでの英国の高官たちと会議を行ったあと、ヘンリー・スティムソンは、かれらはフランス上陸についてリップサービスをしてくれたが、真意ではない、と報告した。ホプキンスは、ルーズベルトは、たしかにスティムソンの報告を見た筈と請合っている。仕返しに米国の幕僚長たちは、いつもの脅かし――ロンドンがフランス侵入を遅らせるのであれば、イギリス支援を減らして日本に的を絞って行くぞ、を持ち出した。

少しあとになってこれに気づいたブルックは、いささか気分に変調を来たした。「何と下らぬ会議をやったものだ、何とうんざりする連中だ！」と日記に記した。「マーシャルの頭の程度はもうわかっているよ、戦略的な状況はどうなっている、何が必要なのか、かれに認識させるのは無理なんだ」。チャーチルは、帝国参謀総長に、ケベックがあまり楽しくなかったもう一つの理由を説明した。夏の間、かれはブルックに、フランス上陸のときの指揮を任せると約束した。――将軍を武者震いさせる話ではある。(26)

しかし、チャーチルは、ルーズベルトの承諾が取れなかった。サミット以前のハイドパークで、大統領ははっきりと、指揮はアメリカ人が取るべきだ、と言ったのだ。理由は、単純な愛国主義だけではなかった――かれは自分の息のかかった人間に、イギリス人が勝手に退却したりしないよう監視させたかったのである。

八月十五日の昼食前に、チャーチルはブルックを城砦のテラスに誘い、かれがその仕事にありつけなかったことを告げた。川の上流を往きつ戻りつしながら、帝国参謀総長は、「失望以外何事も感じません」と言った。仕事が多分マーシャルに行く、という思いが交錯したのだろう――東南アジアの司令官ポストが、交換条件としてマウントバッテンに行くことには触れなかった、話す糸口もなかったのである。チャーチルの回顧録では、そのときのブルックを、「武人として最大の落胆を示した」と描いている。実際、帝国参謀総長はそれは「破壊的な一撃」で、自らを「暗黒の雲に閉じ込めた」

と思い返している。かれが立ち直るには数カ月が必要だった。

サミットでの軍事会議は白熱し、若手は、上司が口論している間、席を外せとせまられる有様だった。ここではまた滅多に見られぬ喜劇も演じられた。チャーチルの熱心な支持を背景に、英国側は、氷と木材パルプの混合材で製作する、破壊不能な、二千フィート〔約六〇九メートル〕の長さを持つ、水上飛行機の人工基地の建設計画を検討していた。この浮かぶ島の総重量は二百万トンあり、百五十機を収容できた。マウントバッテンが、氷とパルプ混合のサンプルを持ち込み、フロントナック・ホテルのサロンで高官たちにデモンストレーションを行うことになった。拳銃弾が普通の氷に打ち込まれた。氷は砕かれた。もう一発、サンプルに打ち込まれた。弾丸ははね返り、まるで怒り狂った蜂のように、部屋のなかの幕僚長たちの足の間を飛び抜けた。「おやおや」、外にいた若手将校の一人が叫んだ。「いま撃ったんだ」。

最後に、北フランス上陸予定日が、一九四四年五月一日、コードネーム、オーバーロード〔大君主〕と確認された。米国側は、ドイツ軍掃討のため、フランス南部の上陸も提案した。これはイタリアから兵力を引き抜くことになるので、好ましいとは思わなかったが、チャーチルは、取り敢えず同盟の融和のため賛成しておいた。アイゼンハワーがシチリアから、イタリア本島に進撃することが決まり、その傍らバドリオ政権と交渉して行くことになった――しかし、公式には、降伏の形はあくまでも無条件でなければならない、という結論になった。米空軍によって、ドイツへの空爆はより激しく行われることとなった。米軍は太平洋侵攻も強化することとされた。

チャーチルはすねた気分になって来た。ブルックは、かれがアメリカの力に押しまくられて、下手に立ち回っているように思っていた。かれは、ルーズベルトの前では自らを、北アフリカとシチリア戦線における「あなたの中尉」と称した。かれは、ソビエトの影響力を阻止すべく、英米軍によるバルカン攻撃を提唱し、別のグループで検討した、シンガポールを空爆するための、北スマトラ上陸作戦の持論を展開した。かれは、ビルマに派遣された、向こう見ずなゲリラ作戦のリーダー、オード・ウィンゲートを呼んだ。かれの提唱した長期侵入戦略が印象に残っていたのである。ルーズベルトは、やはりビルマで活動する、同様の部隊の編成をフランク・メリルに命じたが、ウィンゲートが飛行機事故で死ぬと、メリルも心臓発作に襲われてしまった。

チャーチルは、スターリンはケベックに出席すべきではない、と強調したが、ソ連問題は、議論の背後に常に存在していた。ホプキンスは、戦争の決定的要素と名づけた報告書を作成したが、そこでは、モスクワの友情を獲得すべくあらゆる努力が為されるべし、と論じられていた。ヒトラーの敗北ののち、ソビエト連邦がヨーロッパに君臨することとなるので、かれは報告書で、「ロシアとの最良の友好関係の発展と維持は、基本的という以上に重要である……太平洋の戦いが、ロシア側の非友好的ないし否定的な態度を伴って遂行されるとすれば、困難は計測不可能なほど増加し、作戦は放棄されることになろう」と付言した。

ルーズベルトとチャーチルは、三巨頭会談をアラスカのフェアバンクスで開催しないか、と提案するメッセージをモスクワへ送った。しかし、スターリンは第二回の前線視察を行ったばかりであり、依然として気難しい雰囲気にあった。そのことは、マイスキーとリトヴィノフをより強硬論者に交代させたことからも窺うことが出来た。リトヴィノフは、代理大使のアンドレイ・グロムイコに代わった。ロンドンの大使は、フェドール・タラソヴィッチ・グセフとなった。かれの英語は「ハウアーユー」と叫ぶのが関の山のように思われ、ホワイトホール〔英国外務省〕では、まもなく「蛙」という綽名がつけられた。

ルーズベルトの要請にかかわらず、スターリンは、ルーマニア油田地帯攻撃後の南ロシア上陸のためのアメリカ空軍の爆撃を差し止めていたが、一週間後、爆撃が行われたときは爆撃機に甚大な被害が発生した。亡命ポーランド政府を後援する傍ら、クレムリンは、ドイツ共産党員と戦争捕虜中の高級将校による自由ドイツ国民委員会を創設し、モスクワで大会を挙行させた。

スターリンはまた、イタリア戦線に関して情報不足であると考え腹を立てていた。「こんな状態はもうたくさんだ、と申し上げねばならない」と、ドイツと手を切った枢軸諸国をどう処理するか協議のため、シチリアで三国軍事会議を開催することを要求して、かれは注意を促した。この問題は西側にとって大いに危険となる。すなわち、もし、スターリンが暗闇に放置されている、と思えば、それは東ヨーロッパの情報を遮断することの言い訳に使われかねないからである。

ルーズベルトは、チャーチルの懸念を共有した。「われわれ二人とも頭にきている」、とケベック・サミットのあるときの夕食前、かれはハリマンに語った。大統領が寝室へ去ると、チャーチルは食堂にまだ残っているものたちへ、ロシアの態度からすると「血を見る結果」になりそうだな、と感想を述べた。[27]

イーデンが、物事はそう悪いばかりでもありませんよ、と言ったとき、チャーチルは、「外務省的に、丸くおさめようと気を遣わなくてもいいよ」とたしなめた。

「スターリンは普通の人間じゃない」、かれは言い足した、「とんでもないことが起こりそうだな」。

ケベックのあと、チャーチルはワシントンで六日間を過ごした。アレクサンダー将軍から、「最後のドイツ兵がシチリアから追い出され、全島がわが掌中のものとなった」というニュースが入って来た。敵の損失は十六万七千、うちドイツ兵は三万七千であった。これに対し連合軍の戦死、戦傷、行方不明は三万一千百五十八名であった。

ある夜、夕食後、チャーチルとルーズベルトが談笑していると、チャーチルと親しい、ダドリー・パウンド提督が、海軍の問題の相談のため入って来た。ルーズベルトが色々と質問をすると、しどろもどろの返事が返って来た。翌朝、パウンドはチャーチルの寝室に行き、発作が起きて身体の右半分がかなり麻痺して来ているので、辞職させて欲しいと申し出た。――かれはまだ診断を受けていなかったが、脳に腫瘍が出来ていたのである。地中海で格別の働きをした、アンドリュー・カニンガム提督がかれの後任となった。

パウンドの病状は悲哀の極みであり、自身も風邪に取りつかれていたが、チャーチルは気を休めなかった。カドガンによれば、かれは、興奮した、取り乱した様子で「一日の大部分を乱暴にベッドを出たり入ったりし、時間に構わず入浴したり、ガウン姿で廊下を歩き回ったりしていた」。こういった様子は、疲れ切って、目の下にくまを作ってケベックから戻ったこの家の主人、ルーズベルトを喜ばせるものではなかった。「わたしはもう半分死んでるよ。とにかく眠らなきゃ」と、大統領は労働長官のフランシス・パーキンスに言った。「わたしは一晩中首相と話をしなければならないし、そうすると真夜中になって、かれが素晴らしいことを思いついたと、裸足でわたしの寝室に飛び込んできたりするのだよ」。これから逃げ出し、身体の回復のため、かれは一人でハイドパークに向かった。

チャーチルはといえば、名誉学位を受けるため、クレメンタインとハーヴァードへ行った。スピーチでは、ルーズベルトに語った同じこと、アメリカ人とイギリス人は、共通の市民意識を構築することになるだろう、と述べた。ワシントンへの帰路、かれは通り過ぎる列車に向かってVサインをして見せた。そしてガウンを着たままプラットフォームへ飛び出して、駅にいる人々とお喋りをした。妻にも同じことをさせた。

ルーズベルトの留守中、かれはホワイトハウスで、統合幕僚長会議を招集し、イタリアでの早急な行動を促した。世界の見通し総括で、かれはドイツと日本の敗北後、ソ連が地球上最強国になろう、と予言しながらも、——少なくとも戦後の復興過程で、英連邦と合衆国の「友愛関係」が、「友情溢れる均衡」を実証して行くことに希望を託した。チャーチルはまた、三極関係の危険の徴候を示して見せた。かれは英国大使館スタッフに、大事なことは、「ロシア人にアメリカとイギリスの離反工作をさせないことだ」と語った。

帰国の前、かれは週末をハイドパークで過ごした。別れるとき、かれはルーズベルトの車に寄りかかるようにして、「神のご加護を」と言った。ルーズベルトは「来春、おたくにお邪魔しますよ」と答えた。

これは空手形に終わった。ルーズベルトの妻は、ロンドン訪問中、夫の車椅子が入る幅が充分にあるかどうか、メイフェアのフラットの入口を測ったが、かれがチャーチルの大西洋横断にお返しをする機会は来なかった。

12　ロシア序曲

「好きなことをやるよ」

モスクワ
一九四三年十月
スターリン

大西洋をはさむ力のバランスが移動していることは、一九四三年の秋に目立ってはっきりとしてきた。アメリカの新聞が、マーシャルは地中海を含む欧州全域の総司令官となるべきだ、と書き立てたことを受けて、チャーチルはホプキンスに書簡を送り、アメリカ人は、ノルマンディ上陸のオーバーロード作戦以上の権能を持つべきではない、と述べた。十月一日、かれはルーズベルトに、地中海作戦の指揮権はアレクサンダーが持つ筈、というかれの了解を伝えた。でなければ、イギリスはおさまらないぞ、と。マーシャルがワシントンに残した波紋を意識して、十一月一日、ルーズベルトは決定を延期した。

もう一つ悩みの種となったのは、上院議員のあるグループが、ロンドンの不正行為を問題にして上申書を提出したことである。米国貸与武器を横流しして、あたかもイギリスの援助という形でロシアに渡している、というのである。チャーチルはホプキンスに対し、そのような根拠のない言いがかりを受けることは残念であるとし、調査を公式に約束した。しかし、かれは、こういった「言葉の戦争」に巻き込まれることの無意味さを感じた。

もっと苛立たせた問題は、チャーチルのつい先日のお遊び、東地中海戦略の一環、ロードス島攻撃である。ルーズベルトはこれを激しく非難した。「決められた［オーバーロード］を損なう兵力ないし装備の転用は絶対に許されない、というのがわたしの意見である」と手紙に書いた。これはチャーチルにとって「戦争中に蒙った最大の心痛の一つ」になった。かれは屈服せざるを得なかった。回顧録で、かれはそれを同盟のためとしている——「大統領との個人的関係を覆す危険は冒せない」。

そこにまた、かれのいうスターリンの「増大する熊のような荒々しい要素」が加わった。イギリスが供給船団再開に際し、船積みの継続の保証を拒んだとき、独裁者は強烈な非難の火蓋を切った。ベッドで仕事をしながらこれを受け取ったチャーチルは、船団はもうやめよう、と言った。冷静になって、その週の終わりに新しいソ連大使を招いた。帰り際には、「戦闘的な」書信を引っ込めた。外交用語でいう「〈ヌル・エ・ノン・アヴニュ〉〔無効〕」と呟いた。受け取り拒絶を思いやったからである。モスクワでは、北極の港で現地人に暴力沙汰を働いたイギリス人が逮捕されるという騒ぎも起こっていた。「どうもがっかりすることばかりで、この国とは物事が進展しない」とチャーチルは反駁した。十月初め、戦時内閣でかれは発言した。「あまりドイツ人を痛めつけない方が良い——ロシア人に対してかれらが必要になって来るかも知れない[1]」。

しかしほのかに曙光がさして来た。思いがけず、それはチャーチルが綽名した「熊おじさん」、スターリンの方からやって来た。三巨頭がまだ集まれる状況ではなかったが、スターリンは外相の会談を提案したのである。これでサミットの道筋がつけられるかも知れない。

ルーズベルトもチャーチルも、それは「実験的なもの」としてはいたのだが、神経質になっていた。――最終決定権は自分たちで握っていたかったのである。率直に、ルーズベルトは、病弱、高齢な七十歳代のコーデル・ハルにヨーロッパへの長旅をさせるにしのびない、と言った。かわりに、かれはサムナー・ウェルズを推した。ハリマンも同行すると。これは、その鋭敏な政治的アンテナにかかわらず、ルーズベルトがいかに自分流の世界に住んでいたかの例証となる。――次官を寄越した、ということでスターリンの侮蔑を買い、かれはソ連代表としてモロトフに代えて、ずっと若い外交官を指名する筈だ。

ハルは次官の派遣に猛反対をし、このことで大統領も救われることになった。十年も国務長官を務め続けているかれは、このヤンキーの秀才、ウェルズには苛々させられてきた。――ウェルズがルーズベルトと非常に親しかったから、というだけではなく、外国外交官とだれかれ構わず直接付き合う、米国の政策に関するスピーチの内容を勝手に変える、などのやり方がその理由だった。八月、『ニューヨーク・タイムズ』は、二人の反目が「政策の統合を阻んでいる」と報道し、――ハルを非難していた。

国務長官は、日ごろ大統領には極めて忠実であったが、現在の三強国による最高レベルの会議に、ライバルに取って代わられると思うと、それはあまりにも酷い仕打ちだった。ウェルズの敵対者たちは、かれのプルマン寝台車でのボーイたちに対するセックススキャンダルを蒸し返した。話を新聞に洩らそうという動きもあって、ルーズベルトは、やむなく話が公《おおやけ》になる前に断を下さざるを得なくなった。また大統領は、国際連盟がそうなったように、国際機構についての自分の構想がトラブルに巻き込まれないよう、ハルのことを上院で説明しておく必要を感じた。大統領室での会議で、ハルは、ウェルズを外相会議の準備のためモスクワに派遣することを提案した。次官は自分自身の会議の準備に赴くものではない。かれは立ち上がり、部屋を横切った。首を振りながら、メイン州の別荘へ向かった。七十二歳になって、国務長官は同盟の主役をやっと演ずることになったのである。テネシーの丸太小屋で生まれ、ハルは二十四年というもの下院で過ごし、一九三三年、国務省の長に任命された。背が高く、痩せていて、無口な、ほとんどシャイと言って良い人柄だった。判事の出身で、みなが決めた原則は、すべてみなによって守られているもの、と思い込んでいるタイプだった。イーデンは、日記のなかでかれを「老人」と書いていたが、カドガンは、「瘋癲《ふうてん》老人」と呼んでいた。

チャーチルは会議の場所をロンドンと提案したが、スターリンはモスクワにこだわった。モロトフが仕事の関係で、ソビエトの首都を離れられないから、という理由だった。英米側はこれを受け入れた。イーデンが、二国の予備会談をロンドンで行おうとしたとき、ハルがこれに反対した。かれはワシントンに、自身の経験からして「モスクワは、秘密の会談には相応しくない」と伝達した。イギリス人たちが理解していなかったことは、アメリカ人たちが、スターリンに、西側が口裏を合わせているという懸念を持たせないよう、事前には会わない方が良いと本気になって心配していた、という点であった。

十月十八日、外相たちはクレムリンで顔を合わせた。さわやかな快晴だった。前線で、米軍は太平洋を席捲しつつあり、赤軍はドニエプル川を確保し、ウクライナに侵入していた。その軍事的能力と練度は大変貌を遂げていた。ベルリン放送は、ロシア戦線の状況は、「非常に深刻である」と認めた。船舶の損失は減少した。ポルトガルが連合軍の大西洋作戦に、アゾレス諸島の基地を提供したことから、Uボートが多数撃沈されたのである。コルシカ島は奪回された。イタリア軍は予想以上に善戦した。バドリオ政権は降伏し、ドイツに対し宣戦布告をしたが、国防軍はローマを保持していた。チャーチルは、ナチスが東地中海でロードス島その他の島々を占領していることを口惜しく思っていた。(2)

追放裁判で検事をつとめたアンドレイ・ヴィシンスキーが、モロトフの次席として会議に参加した。白髪、赭ら顔で、眼鏡の奥に冷たく光る目を持つかれは、時に堪忍袋の緒を切らせて部屋を出て行った。かれはアメリカ人に、モスクワは、「ソ連国境域外に領土的関心はなく、協力を密接にすることの真の障害とはならない」と保証した。リトヴィノフも出席していたが、補助的役割にとどまった。

イーデンは、クラーク・カー、オリヴァー・ハーヴェイとともに、イズメイ、そして外務省のベテラン、ウィリアム・ストラングを連れていた。ハルは、大使となったハリマン、モスクワの軍事顧問団のトップとなるジョン・ディーン将軍を伴った。通訳として、ハルは、国務省のロシア課の新任の課長、チャールズ・「チップ」・ボーレンを連れて行った。ときにはアーサー・バースが起用されたが、このイングランド人はアメリカの政策と、ハルの低音、南部訛り、まわりくどさに習熟しておらす、お試しという域を出なかった。

三人の代表は、連日、大理石と金箔のスピリドノフカ宮殿で、午後の二、三時間、会議を行った。――専門家たちは夜中まで細部の仕事をした。会議日程は能率的に作られ、議事の進行状況は順調だった。外相たちは、国旗が中央に飾られた大きな円卓に座った。華やかに飾られたロシアタバコの箱と、水差しが手の届くところに置かれていた。レーニンとスターリンの肖像とともに、前年のロンドンにおける英ソ協定調印場面の絵が飾られており、モロトフが得意そうに指差して見せた。バースは、外相の鼻眼鏡が何遍もずり落ちそうになっていたことを覚えていた。

初日、議事は九十分の昼食会のため中断された。隣室でのお茶とワインの休憩時間が設けられていて、ハルは、「モロトフと個人的な、有意義な会話が出来た」と記録している。代表たちがモスクワ見物を希望すると、重装甲のリムジンが提供された。――イーデンは、内部に「香料がまかれていた」と記憶している。ハルは、暑すぎる部屋での仕事に馴れて来た。最初の日、かれは外套を持ってきて貰ったのである。ソビエトの担当者は、翌日ヒーターを上げすぎたので、イーデンは失神するかと思った。「幸いなことに、三列強は、温度の問題で妥協することが出来た」と、かれは回想している。

十月二十三日の夜、イーデンはスターリンに呼び出された。スターリンはむっつりとした表情で、チャーチルがかれに対して「怒って」おり、大使が持参した供給船団に関する自分の書簡の受け取りを拒否している、と言った。首相が、なお対応を渋るのであれば、「なるようにしかならない」と。

イーデンは、首相はその書簡の語調と内容が気に染まないのであって、話し合いの余地はありますよ、と説明した。そのあと状況は好転し、供給を更新する合意が成立した。それでもイーデンは、イギリスの戦争努力に対する貢献がロシア人に認識されていない点を憂慮していた。かれは個人的にスターリンを、友好的であり、楽天的であるとさえ見ていた。「かれの出て来る会議は、かれが笑おうとしなければ、身の毛のよだつ感があり、最悪の体験である。かれの顔がしわだらけになり、その小さな目が見開くと」と、かれは日記に書き留めた。「かれは見れば見るほど、熊おじさんに似てくる」。

イーデンの提案で、欧州諮問委員会が創設されることが決まった。――英国は喜んで場所をロンドンとすることに賛成した。ソビエトが情報不足を不満としたイタリアについては、共同の機関が設けられた。バルト三国に関しては、事実上、ワシントンとロンドンがモスクワの要求を受け入れた。イーデンは、大西洋憲章に関するモスクワの参加は、「一九四一年六月十一日の国境を基本として」おり、さらに「一九一四年及び一九三九年の二度にわたるドイツの侵略戦争以前の、歴史的ロシア国境を」尊重する旨のチャーチルの覚書を持参した。

イーデンは、赤軍によって解放される小国に、出来る限りの保護条項を準備しておきたかった。それはスターリンが、多少なりとも満足するかどうかのテストとなり、そうなれば戦後世界の構築にかれを抱き込むこともできる、ということにつながる。かれは、ロンドンのチェコスロバキア亡命政府が、ソ連と締結しようとした協定の方向を変えようと試みた。かれは、単独の国に支配されないよう、三大国で、ヨーロッパ小国の連邦化を促進するという大きな構想を抱いていた。

モロトフは、戦後の調整問題の論議は時期尚早である、と言った。あたかも一九四一年末、スターリンの外相への提案は、なかったこととしたかの如く。東部戦線での戦況の大変化によって、クレムリンはもはや合意を必要としなかった。独裁者は赤軍社会主義を押しつけることだけ考えれば良かった。その気になれば、かれは国をおさめる自分の息のかかった候補者を出すだけで良いのである。ソ連邦の防疫線となってしまうイーデンの案に、モスクワが賛成する筈もなかった。

したがって、モロトフの説明は単純だった。地域の利権が脅かされた場合、一方的行動へ参加すること、またその国境の安全に影響を及ぼす協定を締結することについて、ロシアはその権利を留保する。ポーランドについて、かれは何らの言質を与えず、ロンドンの亡命政府との関係良化をはかるつもりもなかった。国境問題はモスクワの問題であり、戦後のワルシャワは、どちらの政府がおさめても良い、とかれは繰り返した。

ハルは、「ヒトラーとそのギャング仲間」を即決裁判で銃殺する案を擁護して、ロシア人たちを喜ばせた。しかし、イーデンについてはほとんど味方をしなかった。――一つには、かれには大原則を離れた問題を承認する権限が与えられていなかったのである。かれが会議から獲得したいと思っていたものは、戦後の国際機構枠組みの公表だったのである。ヨーロッパの小国の未来といったものは、かれの関心の外にあった。――「わたしはこういった、ちっぽけなつまらない話をする気はないよ」とハリマンに語った、続けて、ポーランドは、「無限のトラブルのパンドラの函だ」、開けないのが最良だ、と言った。一つ書いておきたい。東欧問題の将来にハルがあまりにも関心を持たないので、イーデンはかれにメモを渡した。それには、「時間を貰って悪いのですが、この裏には大きな問題があるのです。ヨーロッパにテントが二つ必要ですか、一つが良いですか」と記されていた。ハリマンが記録したように、国務長官の沈黙は、国境問題についてワシントンはとくべつな反対をすることはなさそうだ、とクレムリンに信じ込ませてしまったのかも知れない。

イーデンが、中国とブラジルがイタリアの連合国委員会に参加すべきだと提案したとき、ハルは、応援をしてくれなかった。この案は当然のごとく流された。もう一つ、イーデンの気に障る問題が発生した。かれに話をせず、ハルがロシア人に、連合国は植民地の独立を保証すべきだと提案したのである。この覚書は英国の反対によって葬られた。イーデンはこの問題は討議しない、と言った。如才なく、モスクワは次の議題に移った。

会議が終盤に近づくと、イーデンは、ヨーロッパ問題の最後の試みを図った。民主主義、国家の自立、勢力圏の排除について宣言を行うことを提案した。リトヴィノフは、大西洋憲章が前二者については三国政府を拘束している、また、どの国も勢力圏の設定などの意図など持ってはいない、と言った。ハルは異議をとなえなかった。イーデンはこれを引っ込めた。

モロトフのご機嫌を損ねることもなく、ハルは連合国による、戦後世界の国際組織に関する宣言を手にすることが出来た。連合国は、戦時中と同じ様に戦後の平和に協力する。敵軍の降伏と武装解除について共同行動を取る。武器の共同管理に合意し、「平和愛好国家の主権平等の原則」を追及し、「国際平和の維持及び安全保障のため、規模の大小を問わず、それら各国すべての加盟を促進することとなった」。ハルは、そのあと、中国の宣言への署名問題についてソ連の合意を取りつける交渉を行った。中国を外すと太平洋及び米国世論の両面から「恐るべき反動」を蒙るだろう、という警告をした。モスクワが冷淡な態度を取るようであれば、物資の供給先をロシアから蔣介石に変えてもよいと、脅すような態度まで取った。クレムリンは譲歩した。中国の大使が招かれて、国民政府を代表して署名した。そして、スターリンは、太平洋戦線を満足させる一つ違った話をアメリカ側に伝えた。

宴会で、かれはハルの背中に寄りかかるようにして通訳のベレズコフを手招きした。[3]「注意して聴くのだよ」、かれは辛うじて聞える声で囁いた。「一語一語、ハルに訳すのだよ。ソビエト政府は極東情勢を検討し、ヨーロッパでの戦闘が終了した直後……日本に宣戦することを決意した。わが国の公式の立場で、これをハルからルーズベルト大統領に伝えて欲しい。しかし、当面、われわれは本件を極秘にしたい。したがって、お前も、誰にも聞かれぬよう低い声で話さなければならない。わかったね？」

「はい、同志スターリン」、ベレズコフは囁き返した。

ハルは、秘密保持のため、情報を二通りの暗号でルーズベルトに送信した――このことは英国側には伝えなかった。かれらは見たところ、信用するにはあまりにも締まりがなさそうだった。

外相が会談を行っている間、チャーチルは、フランス上陸にもう少しブレーキをかける方向に動き出した。ルーズベルトへの長い電文のなかで、かれは、一九四四年の戦略のなかの「重大な欠陥」に注意を促した。万一作戦が失敗したら、ヒトラーは「驚嘆すべき復活」を遂げることが出来る。「親愛なる友よ」、かれは付言した。「これはわれわれの試みのなかで最大のこととなる、そして成功をおさめる最高の機会を生み出すに必要なてだてを、われわれはまだ手にしていない」。かれは自分自身「現状暗闇のなかにいて、必要とされる前向きの思考、行動を取り得ない状態にある」と感じていた。スターリンとの首脳会談はその辺を明らかにするだろう。(4)

ハルは、オーバーロードの遅延は、モスクワ会議の成果を台なしにする、と注意し、ハリマンは、「ロシア人全体に、最後の最後まで待たせておいて、ロシア人の血を流させるのかとの強い反発を生み出す」危険がある、と指摘した。モロトフは、今度こそ西側同盟がその約束を守ることを期待している、と強調していた。

しかし、イタリア戦線の難しさは、チャーチルに兵員と上陸用舟艇を地中海にとめておく必要性を痛感させていた。スターリンと面会して、イーデンはイタリアからの報告と、首相からの一九四四年の計画に懸念を示すメッセージを読み上げた。これはフランス上陸の延期を意味するだろう、とかれは認めた。スターリンは、静かな驚きといった反応を示した。かれの振舞いは穏やかで、かれには、アメリカ軍の前進への堅い決意が再度保証された。

しかし、モスクワのアメリカ武官が、イーデンのチームに、チャーチルのメッセージのなかに、アイゼンハワーが伝達したニュアンスの異なる——どちらかといえば朗報といえる——意見が含まれていない点を注意したことで、紛争の種が蒔かれた。そして英国の一行は、チャーチルが、大統領の米英幕僚長による軍事会議にロシア人を招いたらどうか、という提案を断わり、首相が、カイロで英米二国の首脳会談を提案する書簡を送った、という話を聞いた。

「首相は手に負えない」とハーヴェイは日記に書いた。「かれは一人にしておけないし、ロシア人をひどく嫌っている。かれは英米の連携を気楽に破壊している。……意地悪な年寄り首相がわれわれの苦労を形無しにしてしまう」。ワシントンでは、スティムソンが、「頑固おやじチャーチルが、いかにリップサービスだけで、オーバーロードの背中をナイフで突き刺しているか」を示すもの、と結論づけた。ホプキンスも戸惑った。ルーズベルトは、チャーチルの態度は「不適切」と評した。結果は率直に言って、アメリカ人の疑惑を深めることで、英国指導者は、自分で困難な局面を貯め込んでしまったのである。

十一月七日、モロトフは会議を締めくくり、ロシア・ボルシェヴィキ革命記念日を戦争仲間というこれまでにない多数とともに祝うこととなった。したたかに酔ったあるじ〔スターリン〕は、金縁の軍服に身を包み、ベルトから短剣を吊るしていた。飾られた宝石、毛皮、金モールは革命前の日々を彷彿させた。アメリカとイギリスの大使は賓客扱いとされた――日本の大使は次の間に追いやられた。クラーク・カーとハリマンは別室に案内され、そこで、ソビエト対外貿易担当のアナスタス・ミコヤンともう一人のロシア将軍とで内々に飲んだ。出て来た食べ物はりんごの一鉢だけだった[5]。

深夜、ハルは、娘のカスリーンに助けられて退出した。娘はみながきちんと立っていられることに感心していた。父親は翌日一杯、ベッドで過ごした。クラーク・カーは正装し、青と赤の大きな飾帯を付けていたが、あまりついていなかった。最後の乾杯で立ち上がったとき、テーブルに倒れ込み、グラスと空瓶のなかに顔を突っ込んで額を切ってしまった。起き上がって、このイギリス大使は出口を探すことは出来たが、翌朝起きてみると、大使館の書斎の床の上で、頭を暖炉に入れて寝ていたことがわかった。

ルーズベルトは、モスクワ会議を、「ヒトラー打倒につながるイギリス―ロシア―アメリカの協力関係の正真正銘の開始」であるとして歓迎した。ハルは議会で、今後は、勢力圏、同盟、バランス・オブ・パワー、または「不幸な過去を通じて、自身の安全保障や利権拡大のため行った個別の同盟関係」は全くその必要がなくなるだろう、と報告した。イーデンは、その回想録がかれの会議における反論の数々を明らかにしているが、欧州委員会を欧州大陸の再建にイギリスが主要な役割を果たす媒体にしたい、とするつもりだったが、ワシントンは最初から、この機関のそういう役割は制限するように動いた。

本当に勝ったのはモロトフであり、――そのうしろにいるスターリンだった。二人は、東ヨーロッパでかれらが縛られるような協定を避けることが出来た。かれらは望んでやまなかった広大な安全地帯に道を開き、ハルが何と言おうと、六カ国以上に共産主義を浸透させることが可能となった。「さて、ヨーロッパの運命は決まったな」というスターリンの発言を、ベリヤの息子が記録している。「わたしは好きなことをやるよ、同盟国の承認があるのだから(6)」。

モスクワでの合意を実現するため、ルーズベルトとチャーチルは、カイロでスターリンと会うことを提案した。外相会議を引用しながら、ルーズベルトは、「現在の最高の心理状態」からして、二日間にせよ、会談は基本的な成果を齎すだろう、と手紙に書いた。かれは丁度、戦後の国際機構の設置とアメリカの国際的役割について、上院で八十五対五票の賛成を貰ったところだった。ここでかれは、蔣介石も招いて、もう少し国際的となる会談をカイロで開催しようとしたのだ。(7)

スターリンは、三つの理由で参加を断わった。——遠いこと、中国の指導者と会うことで日本の反発を買うこと、エジプトという半植民地で行われることへの反感、がその理由である。ルーズベルトは、イラクのバスラはどうか、と言ったが、独裁者には遠すぎた。周囲の所為ということにして、かれはルーズベルトに書簡を送った。「政府のわたしの仲間たちは、現在、戦線が非常に輻輳している状況に鑑みて、ソビエト連邦国境を越えてわたしが旅をすることを不可能としております」。かれは、その代わりにモロトフを出席させても良いとし、また、英国=ソビエトが支配しているテヘランであれば自分が行っても良い、というところまで譲歩した。

ワシントンでは、イランの首都への山越えとなる空の旅に心配もあった。加えて、ルーズベルトはスターリンには伝えていたのだが、憲法上、議会からの書類に署名をして、十日以内に送り返さなければならなかったので、そこまで遠くへ行ってしまうと、これが難しくなる、という問題があった。この微妙な問題はスターリンをいささか動かした。かれは会談を遅らせても良い、と言い出した。外相会議を終えて、かれはやりたいように動いている。ルーズベルトとチャーチルは、自分たちだけでカイロで蔣介石と会うことにし、そのあとテヘランへ行こう。議会の法案は、チュニスに飛んで処理しよう。ヒトラーがスターリンを連合軍に引きずり込んだ三十カ月のち、日本がルーズベルトについて同じことをした二年ののち、三大国はやっと一緒になることになった。

（以下、第Ⅱ巻）

(16) Fenby, pp. 394–7.
(17) WSC, Vol. IV, pp. 712–14, 716–17.
(18) この点と次のパラグラフについては、Meacham, p. 225; ルーズベルトとチャーチルの写真については、Loewenheim, p. 399以降 ; WSC, Vol. IV, pp. 710–12; Sherwood, p. 729.
(19) スターリンの言い分については、Dimitrov, p. 275; FRUS, 1943, Vol. III, pp. 532–7.
(20) WSC, Vol. V, pp. 155–7; Harvey, pp. 276–9; Stilwell, pp. 204–5.
(21) Moran, pp. 97–8.
(22) デイヴィスの訪問については、FRUS, 1943, Vol. III, p. 653; Burns, *Soldier*, p. 368; Elizabeth MacLean, *Diplomatic History*, Winter 1980; Sherwood, p. 737; Maisky, p. 363; Kimball, *Correspondence*, Vol. II, pp. 278, 284–4; Stalin, *Correspondence*, pp. 63–6.
(23) Ward, p. 229.
(24) Bix, *Hirohito*, p. 464.
(25) クワドラントについては、WSC, Vol. V, pp. 34–7, 42 以降 ; FRUS, 1943, Vol. III, Quebec; Harriman, p. 549; Gillies, pp. 144–5; Moran, p. 102; Loewenheim, pp. 341, 347–8; Sherwood, pp. 748–9; PREM 3/333/5; Alanbrooke, pp. 420–49, 445–6; Edmonds, pp. 487–9; Ward, p. 229; Bix, p. 464; Hull, pp. 748–9; Perkins, Columbia Oral History.
(26) Alanbrooke, pp. 420, 427, 429, 441; WSC, Vol. V, p. 76.
(27) Harriman, p. 225; Cadogan, p. 554.

12　ロシア序曲

(1) ルーズベルト、チャーチル、スターリン、イーデン、ハルの論議については、FRUS, 1943, Vol. 1, pp. 513–4, 521 以降 , 539, 541; WSC, Vol. V, pp. 83–4, 115, 237–41, 248; Cadogan, pp. 559, 568; Stalin, *Correspondence*, pp. 171–2.
(2) この会議については、FRUS, 1943, Vol. I; Hull, *Memoirs*, Vol. II, Chs 92–94; Avon, p. 407; Birse, pp. 137–42; Bohlen, p. 127; WSC, Vol. V, pp. 252, 254–9; FDR Library, Map Room 資料 , Box 17; Harriman, pp. 236–7, 242–5.
(3) Berezhkov, *At Stalin's Side*, pp. 263–4.
(4) この点と次の箇所は、WSC, Vol. V, pp. 254–61; FDR Library, Map Room 資料 , Box 17; Harvey, pp. 309–10, 312–16; Loewenheim, pp. 386–9; PREM 3/172/5, pp. 255–6; Avon, p. 415; Ismay, p. 326; Seaton, p. 197; Reynolds, p. 382.
(5) Harriman, p. 255; Gillies, pp. 151–2; FO 800. 301/250; FDR Library, Map Room Box 170.
(6) FRUS, 1943, Vol. III, p. 595; Beria, p. 92.
(7) サミットに関するやりとりについては、Stalin, *Correspondence*, Vol. I, pp. 149–50, 157, 163, 176, Vol. II, pp. 99–111; Bohlen, p. 132; Harriman, pp. 241, 251; FRUS, Teheran, pp. 70–1.

(33) WSC, Vol. IV, p. 610; Cadogan, p. 505.
(34) Kersaudy, *Roosevelt*, p. 227.
(35) ER, *As He Saw It*, pp. 107–8.
(36) Ward, p. 199; FRUS, Casablanca, p. 525.
(37) この点と次の箇所は、ER, *As He Saw It*, pp. 57–8.
(38) カサブランカにおける米英仏のやりとりについては、de Gaulle, *l'Unité*, pp. 78–85; Kersaudy, *Roosevelt*, pp. 231–46; FRUS, Casablanca, pp. 694–6; ER, *Destiny*, pp. 112–4; Sherwood, pp. 677, 685–6, 688, 693; Moran, pp. 80–1; Macmillan, p. 250.
(39) 無条件降伏については、Feis, p. 108; Harriman, pp. 189–90; ER, *As He Saw It*, p. 117; FRUS, Casablanca, pp. 505–6; 726–31; WSC, Vol. IV, pp. 613–16; Harriman, pp. 188–90; Jackson, p. 109; Beschloss, pp. 33–4; Liddell Hart,. *Listener*, 9 August 1951; Reynolds, *History*, p. 353; Kershaw, *Hitler*, p. 577; Beria, p. 106; Bohlen, p. 191; Kimball, *Forged*, pp. 188–9.
(40) Sherwood, p. 694; Harriman, p. 191; Moran, p. 82; WSC, Vol. IV, pp. 621–2; Soames, p. 476; Pendar, pp. 148–51.

11 嵐《ストーミー・ウェザー》

(1) Pendar, p. 151.
(2) WSC, Vol. IV, pp. 636–7.
(3) Moran, p. 88.
(4) Cadogan, p. 512; Harvey, p. 214.
(5) Sherwood, p. 703.
(6) Butler, pp. 117–18.
(7) Standley, FRUS, 1943, Vol. III, p. 521.
(8) FRUS, 1943, Vol. I, pp. 695–7; WSC, Vol. IV, pp. 671–3; Hull, p. 1265.
(9) Katyn, Stalin, *Correspondence*, Vol. I, p. 112, pp. 120–30, Vol. II, pp. 60–2; WSC, Vol. IV, pp. 675–8 et seq; Cadogan, pp. 521, 524–6; Butler, p. 126; Woodward, p. 205.
(10) イーデンの訪米については、Avon, pp. 367, 371–381; Sherwood, pp. 709–12, 717–21; Cadogan, pp. 517, 519; Harvey, pp. 229–32, 238; 共産化の問題については、Reynolds, *History*, p. 417.
(11) WSC, Vol. IV, p. 700.
(12) Alanbrooke, p. 401.
(13) トライデントについては、ホプキンス資料 , FDR Library, Box 329; FRUS, 1943, Vol. I; WSC, Vol. IV, pp. 710–7; Sherwood, p. 729; Harvey, pp. 276–9; Moran, p. 96; FDR Map Room, Box 43.
(14) Alanbrooke, p. 405.
(15) 幕僚長たちと次の箇所については、FRUS, Washington & Quebec, p. 44 以降 ; WSC, Vol. IV, p. 724; Moran, pp. 97–8; Parrish, p. 350; Meacham, p. 211.

Patriotic War. 1941–1945) Vol. 1, Moscow, 1984.
(7) Gillies, pp. 137–8.
(8) FRUS, 1942, Vol. II, pp. 656–8; Butler, p. 94.
(9) Stalin, *correspondence*, Vol. II, pp. 42–5; FRUS, 1942, Vol. III, pp. 461, 464–7, 662–4, 666, 472; WSC, Vol. IV, pp. 519–22; FRUS, Casablanca, p. 490.
(10) Gillies, p. 141は、Hugh Daltonを引用している。V. I. Trubnikov, *Mezhdunarodnaya Zhizn*, No. 2, 2003, AVP RF F059 Op. 1, P. 374 D. 2543 L. 38–43; *Istoriya vneshnei politiki SSSR* (History of Foreign Politics of the USSR), Vol. 1, Moscow, 1986, pp. 42–5.
(11) FRUS, 1942, Vol. II, p. 448; Butler, pp. 101, 104–5, 107–9.
(12) FRUS, Casablanca, pp. 505–6.
(13) Harriman, pp. 179–80.
(14) WSC, Vol. IV, pp. 604–5; Moran, pp. 78–9.
(15) Harriman, p. 180.
(16) Sherwood, pp. 571–2; ER, *Destiny*, p. 330; Ward, pp. 197–8, Moran, p. 79.
(17) この点と次の箇所は、Sherwood, p. 673; p. 359; ER, *As*, pp. 67–8; Harriman, p. 179; Macmillan, pp. 7–9.
(18) サミットとホプキンスについては、p. 473; 会談については、WSC, Vol. IV, Ch. 38; FRUS, Casablanca, pp. 500 以降; Kimball, *Juggler*, Ch. IV; Kersaudy, *Roosevelt*, Ch. 6; Moran, Ch. 10; Alanbrooke, pp. 357–69; de Gaulle, *Mémoires*, Vol. l'Unité; Harriman, pp. 177–92; コードネームについては、FRUS, *Casablanca*, pp. 504–5.
(19) Soames, p. 476.
(20) Macmillan, pp. 7–9; Soames, pp. 473, 475; Cadogan, p. 207.
(21) Macmillan, p. 4.
(22) Alanbrooke, pp. 73–5.
(23) この点と次の箇所は、FRUS, Casablanca, pp. 619–2, 587–94.
(24) FRUS, Casablanca, p. 594; Harriman, p. 160.
(25) Larabee, p. 173; Fenby, pp. 384–5, 387–93; Wedemeyer, p. 135; FDR Library, ホプキンス資料、Group 24, Box 135; Gardner Cowles, *Mike Looks Back*, Annenberg Library, pp. 88–9.
(26) この点と次のパラグラフは、Parker　pp. 124–5; Wedemeyer, p. 192.
(27) Wedemeyer, Ch. XIV, は、サミットでイギリス人がいかにアメリカ人を出し抜いたかについて、自分の意見を述べている。
(28) フランス人について、Moran, p. 81; ER, *As He Saw It*, pp. 68–9, *Destiny*, p. 327 以降。
(29) この点と次のパラグラフについては、FRUS, Casablanca, pp. 73–5.
(30) FO 954/8; Kersaudy, *Churchill*, p. 504.
(31) de Gaulle, *l'Unité*, pp. 643–6.
(32) Ward, p. 199.

(15) Alanbrooke, p. 300.
(16) Gillies, pp. 131–2.
(17) この点と次の箇所は、CAB 127/23; WSC, Vol. IV, pp. 437–42.
(18) Cadogan, p. 471.
(19) Alanbrooke, pp. 299–300.
(20) WSC, Vol. IV, p. 400.
(21) Harriman, pp. 159, 181.
(22) Gillies, p. 133; FO 800/300.
(23) FO 800/300; Alanbrooke, p. 303; Montefiore, p. 371; FRUS, 1942, p. 452; Reed, 情報将校については、FO 800/300; 晩餐については、WSC, Vol. IV, pp. 442–4; Alanbrooke, pp. 301–3; Moran, pp. 57–60; Cadogan, p. 472.
(24) タバコについて、Hickman, p. 145.
(25) Moran, pp. 60–1.
(26) L. V. Pozdeeva, *Vesti Ru*, 8 January 2005.
(27) クラーク・カーの日報について、FO 800/300; ジョン・リードの書簡について、同上、かまとと精神については、Gillies, p. 300.
(28) この点と次の記述については、WSC, Vol. IV, pp. 445–9; Berezhkov, *At Stalin's Side*, pp. 298–302; Cadogan, pp. 373–4; Birse, pp. 98–104; Moran, pp. 62–5; Montefiore, p. 372.
(29) Birse, pp. 100–1.
(30) Harriman, p. 16.
(31) WSC, Vol. IV, p. 447; Chuev, pp. 200–1.
(32) ダーチャについて、FO 800/300; Cadogan, p. 473.
(33) Cadogan, p. 474.
(34) Moran, p. 64.
(35) FO 800/300.
(36) この点と次の箇所については、Cadogan, p. 474; Harriman, p. 152; WSC, Vol. IV, p. 450.
(37) Andrew and Mitrokhin, p. 157.

10 時の過ぎ行くままに《アズ・タイム・ゴーズ・バイ》

(1) WSC, Vol. IV, pp. 472, 482, 486–7; ホプキンス資料、FDR Library, Box 136.
(2) Williams, pp. 3, 80, 383–5.
(3) ルーズベルトとド・ゴールとの関係については、Kersaudy, *Roosevelt*, ルーズベルトの見方については、Loewenheim, pp. 344–5.
(4) ER, *Destiny*, pp. 320–1.
(5) Kershaw, Vol. II, p. 539.
(6) FRUS, 1942, Vol. III, pp. 467, 478–9; Stalin, *Correspondence*, Vol. I, p. 70;. *Mezhdunarodnaya Zhizn*, No 2, 2003, *'Sovetsko–Amerikanskie otnosheniya vo vremya Velikoi Otechestvennoi Voiny. 1941–1945' (Soviet–American Relations during the Great*

(18) この点と次の箇所は、Parrish, p. 569; ホプキンス資料、FDR Library, Box 136; Sherwood, p. 569; Ward, p. 151; Sherwood, pp. 602–3.
(19) Sherwood, p. 606.
(20) この点と次の箇所は、Sherwood, pp. 603–4.
(21) Parrish, p. 292.
(22) Sherwood, p. 607.
(23) Sherwood, p. 607; McJimsey, pp. 282–3.
(24) Parrish, p. 292; Alanbrooke, pp. 282–5; Parrish, p. 295.
(25) Hodgson, p. 268.
(26) FDR Safe Files, Box 3.
(27) この点と次の箇所は、Sherwood, pp. 610–11.
(28) Parrish, pp. 295–7.
(29) WSC, Vol. IV, p. 404; McJimsey, p. 254; ER, *Destiny*, p. 317.
(30) Sherwood, pp. 612, 753; Parrish, p. 289.
(31) ER, *Destiny*, pp. 317–8.
(32) Parrish, p. 297.
(33) Holmes, pp. 292–3.
(34) この点と次の箇所は、Maisky, pp. 292–3.
(35) Leahy, p. 122.
(36) Kimball, *Correspondence*, Vol. I, p. 545.
(37) WSC, Vol. IV, p. 425; Moran, p. 48.

9 モスクワの夜は更けて《ミッドナイト・イン・モスコー》

(1) WCS, Vol. IV, p. 428; Harriman, p. 152; *Vesti Ru*, 8 January 2005.
(2) FO 800/300.
(3) Berezhkov, *History*, p. 193; Moran, p. 54; WSC, Vol. IV, p. 472.
(4) This and following, Moran, p. 54; WSC, Vol. IV, p. 429.
(5) Clark Kerr, Birse, p. 135.
(6) Berezhkov, *At Stalin's Side*, p. 293.
(7) この点と次の箇所は、Berezhkov, *At Stalin's Side*, pp. 294–5, *History*, pp. 194–6; WSC, Vol. IV, pp. 429–35; Moran, pp. 54–6; CAB 127/23; チャーチルとスターリンの資料集、Document 29; Harriman, pp. 152–67; スターリンの老け込みの様子は、Harriman, p. 152.
(8) FRUS, 1942, pp. 618–20.
(9) Berezhkov, *History*, p. 194; FO 800/300/50.
(10) Reynolds, *History*, p. 322.
(11) Wedemeyer, pp. 120, 134.
(12) Berezhkov, *History*, p. 196.
(13) Moran, p. 56; WSC, Vol. IV, p. 435.
(14) Cadogan, p. 471.

（11） FRUS, 1942, Vol. III, p. 560.
（12） Avon, p. 329.
（13） Cadogan, p. 453; Alanbrooke, p. 260.
（14） WSC, Vol. IV, pp. 303–4; Harvey, p. 130.
（15） Ward, p. 159.
（16） FRUS, 1942, Vol. II, pp. 566–83; ホプキンス資料、FDR Library, Box 136; Sherwood, pp. 561–70.
（17） Sherwood, pp. 561–3; FRUS, 1942, Vol. III, p. 569.
（18） FRUS, 1942, Vol. III, p. 570.
（19） Chuev, p. 200.
（20） Kershaw, Hitler, pp. 517–18.
（21） Sherwood, p. 565.
（22） Parrish, p. 236.
（23） Sherwood, p. 578.
（24） WSC, Vol. IV, pp. 304–5; Chuev, pp. 46–7.
（25） WSC, Vol. IV, p. 305; Reynolds, *History*, p. 323; Avon, p. 320.
（26） landing craft, Alanbrooke, p. 261.
（27） WSC, Vol. IV, p. 323.

8　たいまつの歌《トーチ・ソング》

（1） Moran, p. 37; Alanbrooke, pp. 266–7.
（2） WSC, Vol. IV, p. 338.
（3） WSC, Vol. IV, pp. 338–9.
（4） James Roosevelt, *Parents*, p. 206.
（5） Edmonds, pp. 399–400; Reynolds, *History*, pp. 333–5.
（6） Kimball, *Correspondence*, Vol. I, p. 515.
（7） ホプキンスについては、London *Times*, 22 June 1942; スティムソンについては、Hodgson, p. 267.
（8） WSC, Vol. IV, p. 347.
（9） Alanbrooke, p. 271, ワシントン協議の写真は、FRUS, Washington Conferences; Parrish, p. 288.
（10） Alanbrooke, p. 271; Moran, p. 165.
（11） WSC, Vol. IV, pp. 344–5.
（12） Wedemeyer, pp. 164–5.
（13） この点と次の箇所は、WSC, Vol. IV, pp. 343–4; Ismay, pp. 254–5; Parrish, pp. 286–7.
（14） Parrish, p. 287.
（15） Ismay, p. 257.
（16） Danchev, *Specialness*, p. 25; Harvey, p. 165.
（17） Danchev, *Specialness*, p. 35; Sherwood, p. 590.

(8) Harriman, p. 268; Andrews and Mitrokhin, pp. 147, 784.
(9) FDR-Morgenthau, Butler, p. 63.
(10) Feis, p. 59.
(11) Cadogan, pp. 437, 443; Feis, p. 59.
(12) Harvey, p. 105; WSC, Vol. IV, pp. 293–4.
(13) Harvey, p. 109.
(14) Berle memo, FRUS, 1942, Vol. I, p. 519.
(15) FRUS, 1942, Vol. I, p. 538.
(16) Hull, p. 1172; Harvey, pp. 109, 117.
(17) FRUS, 1942, Vol. III, pp. 5, 29, 534–7; Kimball, *Forged*, pp. 201, 268, 334.
(18) Kimball, *Correspondence*, Vol. I, p. 421.
(19) Parrish, pp. 255–6; McJimsey, pp. 242–3; Feis, p. 40; Parker, p. 119.
(20) WSC, Vol. IV, pp. 280–1.
(21) Chargé, Kitchen, p. 101; Ismay, p. 226.
(22) Alanbrooke, p. 712.
(23) Powell, p. 53; Alanbrooke, p. 474; Moran, p. 53.
(24) この点と次のパラグラフは、Alanbrooke, pp. 199–200, 340, 203, 170, 100; John Kennedy, p. 104; Fraser, p. 295.
(25) Fraser, p. 295.
(26) ホプキンス資料、FDR Library, Box 136; Sherwood, pp. 521, 632, 520; Kissinger, p. 401.
(27) ホプキンス資料、FDR Library, Box 154の 12 April 1942付メッセージ。
(28) WSC, Vol. IV, pp. 281–2.
(29) Ismay, pp. 249, 252.
(30) Alanbrooke, pp. 246, 247, 249.
(31) WSC, Vol. IV, pp. 283–6, 290, 318, 309; Moran, p. 35.
(32) Alanbrooke, p. 249.

7 人民委員の訪問

(1) Avon, *Reckoning*, pp. 327–9; Chuev, p. 48; Berezhkov, *At Stalin's Side*, p. 341.
(2) Chuev, pp. xv, 8; Berezhkov, *At Stalin's Side*, pp. 342–3.
(3) Harriman, p. 94; 部下については、Berezhkov, *At Stalin's Side*, pp. 211, 222.
(4) FRUS, 1942, Vol. I, pp. 437–8.
(5) FO 800/300/23–24; FO 800/300/9; Gillies, p. 125.
(6) Cadogan, p. 450.
(7) Chuev, pp. 47, 199; WSC, Vol. IV, p. 301; Cadogan, p. 456.
(8) Berezhkov, *At Stalin's Side*, p. 293; L. V. Pozdeeva, *Vesti Ru*, 8 January 2005; Eden のモロトフ訪問についての記述は、*Reckoning*, pp. 453–4.
(9) WSC, Vol. IV, pp. 297– 300; Avon, p. 328; Cadogan, pp. 297–300.
(10) FRUS, 1942, Vol. III, pp. 552–3; Hull, *Memoirs*, p. 1172.

(23) Cadogan, pp. 422–3; Harvey, pp. 78–9.
(24) Avon, p. 303; Harvey, pp. 80–1; Cadogan, p. 423.
(25) Bercuson and Herwig, p. 120.
(26) Bercuson and Herwig, p. 125.
(27) ハイドパークのルーズベルト博物館で復元したものが見られる。
(28) Sherwood, p. 446; Patrick Kinna, Gilbert, *America*, p. 249.
(29) Tuttle, p. 268; Moran, p. 21; Sherwood, p. 484; Soames, p. 460.
(30) FRUS, 1942, Vol. II, pp. 6, 19.
(31) Attlee, p. 123; Harriman, p. 117; Pogue, pp. 263–4.
(32) Pogue, pp. 265–6; Tuttle, p. 131.
(33) Stimson 日記 25 December 1941付 ; Loewenheim, p. 23; McJimsey, p. 213.
(34) Kersaudy, *Churchill*, p. 177; FRUS, 1942, Vol. II, p. 119.
(35) Kersaudy, p. 101 以降 ; Tuttle, pp. 131–2; FRUS, 1942, Vol. II, p. 33.
(36) WSC, Vol. III, pp. 593–4; Bercuson and Herwig, pp. 155–7.
(37) Moran, pp. 14–15.
(38) Moran, p. 15.
(39) *Time*, 5 January 1942; *NYT*, 27 December 1941; *Life*, 5 January 1942; アメリカのメディアとチャーチルに関係については、Jonathan Sikorsky, *From British Cassandra to American Hero* 、Finest Hour シリーズ、チャーチル・センター参照。
(40) Moran, pp. 17–18.
(41) Gilbert, *America*, p. 250.
(42) Moran, p. 12.
(43) WSC, Vol. III, p. 603.
(44) Carlton, pp. 192–3.
(45) Wheeler-Bennett pp. 104–5.
(46) Thompson, *Beside the Bulldog*, pp. 104–5.
(47) Moran, pp. 22–3; WSC, Vol. III, p. 624.
(48) Moran, pp. 21–2; Pogue, pp. 286–8; Morgan, p. 63.
(49) Meacham, p. 165.

6 結論未定《アンディサイデッド》

(1) Lamb, p. 176; Harvey, pp. 86, 94; Thorpe, p. 271.
(2) Attlee, *Observer*, 5 May 1944; Beaverbrook, WSC, Vol. IV, pp. 66, 384; Soames, p. 464; ホプキンス資料、FDR Library, Box 136: Cadogan, pp. 444, 452.
(3) この点と次の箇所は、Cadogan, p. 443; Soames p. 176; Kimball,. *Correspondence*, Vol. I, pp. 381, 393; WSC, Vol. IV, p. 94.
(4) Cadogan, pp. 577–8; Charmley, *Alliance*, p. 33.
(5) FRUS, 1942, Vol. I, pp. 518–9; Harvey, p. 102.
(6) Berle, p. 403.
(7) *Financial Times* Magazine, 20 August 2005.

(14) *NYT*, 12 December 1941; Ciano, p. 408.
(15) Berezhkov, *History*, p. 161.
(16) ヒトラーのスピーチはBBCが 11 December 1941に傍受したもの。
(17) *NYT*, 12 December 1941.
(18) Kennan, pp. 135–7.
(19) Berezhkov, *History*, p. 162; London *Times*, 13 December 1941.
(20) Loewenheim, p. 22; Kimball, *Forged*, p. 122; Gilbert, *Churchill*, pp. 1274, 1611; ハーレムについては、Alanbrooke, p. 209.
(21) *NYT*, 12 December 1941.
(22) *NYT*, 12 December 1941; London *Times*, 12 December 1941.

5 四人の交渉

(1) WSC, Vol. III, p. 540.
(2) WSC, Vol. III, pp. 556, 560; Soames, p. 459; Moran, pp. 7, 9; Alanbrooke, p. 211; Harriman, p. 113.
(3) WSC, Vol. III, pp. 469, 551; Stalin, *Correspondence*, Vol. 1, p. 32.
(4) Soames, p. 461; Cherwell, Fort, p. 256. この点と次の部分は、WSC, Vol. III, pp. 581–3.
(5) FRUS, Teheran, p. 481.
(6) WSC, Vol. III, p. 571.
(7) Avon, *Reckoning*, Book 3, Chapter 2; Cadogan, p. 286; Harvey, pp. 71–2; Alanbrooke, pp. 206–7.
(8) FDR, Ward, p. 207; Molotov, Chuev, p. 50; Hopkins, McJimsey, p. 149; Cadogan, p. 345.
(9) Dutton, pp. 182–5; Harvey, pp. 17–18, 77; WSC, Vol. I, p. 190.
(10) CAB 66/20, p. 288.
(11) Cadogan, p. 287; Harvey, pp. 72–3.
(12) Cadogan, p. 240.
(13) Avon, pp. 289, 292; Cadogan, p. 422.
(14) WSC, Vol. III, pp. 558–9; Cadogan, p. 422; Harvey, pp. 74–5.
(15) Avon, p. 293; Maisky, p. 231; Cadogan, p. 422; FRUS, 1942, Soviet Union, pp. 494–503.
(16) Avon, pp. 291, 289.
(17) Harvey, pp. 75–6.
(18) Wilson, p. 37.
(19) ハルについては、FRUS, 1941, Vol. 1, pp. 194–5; アメリカの反応については、WSC, Vol. IV, p. 293 et seq.
(20) Kimball, *Forged*, p. 167.
(21) Carlton, *Eden*, p. 192; Avon, pp. 319–20.
(22) Avon, p. 302; Maisky, p. 236.

(24) Ciechanowski, p. 74.
(25) Ismay, pp. 230–1.
(26) Harriman, p. 102.
(27) Harriman, pp. 98–9; Montefiore, pp. 344–5; Ismay, p. 244.
(28) Harriman, pp. 100–1.
(29) Montefiore, p. 345; http://www.alstewart.com/ history/roadstom.htm.
(30) チャーチルについては、CAB 120/38; Sherwood p. 400; Butler, p. 48.
(31) Stalin, *Correspondence*, Vol. II, p. 14; FDR Safe File, Box 5; FRUS, 1941, Vol. I, p. 854; Hopkins, PREM 401/7, p. 1974; Truman, Beschloss, p. 229; Burns, *Soldier*, p. 152; Sherwood, pp. 400–1.
(32) Maisky, pp. 198–203.
(33) この点と次については、FO 371/29471/N6540; WSC, Vol. III, pp. 469–73.
(34) PREM 3/402–3.
(35) Wilson, p. 8.
(36) Reynolds, *History*, pp. 156–7; Sherwood, p. 384; ムソリーニについては、Ciano, p. 391.
(37) 日米協議の概要は、Burs, *Soldier*, pp. 154–60. Sherwood 第19章は当時の東京のメッセージを記録している。 WSC, Vol. III, p. 533; ホプキンスについては、Lash, p. 476.
(38) Carlton, *Eden*, pp. 188–9 はイギリスの立場を分析している。
(39) Friedel, p. 398.

4 世界大戦

(1) Friedel, p. 402.
(2) Burns, *Soldier*, p. 161.
(3) Burns, *Soldier*, p. 165.
(4) McJimsey, p. 209.
(5) WSC, Vol. III, pp. 537–8.
(6) Carlton, *Eden*, p. 190; Harriman, pp. 111–2; WSC, Vol. III, p. 540; Burns, *Soldier*, pp. 163–4; Reynolds, *History*, p. 264.
(7) Black, p. 686; Stalin, *Correspondence*, Vol. II, p. 17; Berezhkov, *History*, pp. 261, 158, 263; Kimball, *Forged*, p. 135; Montefiore, p. 349.
(8) Kersaudy, *Roosevelt*, p. 97; Rosos, p. 58.
(9) Parker, p. 131, ドイツの経済については、Tooze, pp. XXIV-V & ch. 9参照。
(10) Hitler, Kershaw, p. 448; 大使について、Fest, p. 655; 天皇について、Morgan, p. 619.
(11) Kershaw, pp. 445–6, 401; チャーチルとルーズベルトについて、Speer, pp. 306–7; 電話線について、Kennan, p. 135.
(12) Kershaw, pp. 490, 456; Bullock, p. 672; Wilson, p. 255; Black, pp. 505–6.
(13) リッベントロップについて、Boyd, pp. 35–6; Ciano, *Diary*, pp. 405, 407.

Mr Republican, p. 247; FDR については , Friedel, p. 394; *NYT*, 15 August 1941; Burns, *Soldier*, p. 131.

(84) Ward, p. 142; Hale, p. 135.

(85) ランドルフについては、Charmley, *Glory*, p. 462; ホプキンスについては、FDR Library, ABCD 1941, Box 1 PSF.

(86) CAB 66/18, p. 113; Morton, p. 95; ビーヴァーブルックについては、Sherwood, p. 368.

3 アンクル・ジョー

(1) FRUS, 1941, Vol. I, pp. 822–3; FDR Safe File, Box 1.

(2) FDR Safe File, Box 1; 報告について、Sherwood, pp. 419, 421; 招集兵について、Friedlin, p. 365.

(3) Kimball, Churchill Center review of Carlton, *Churchill and the Soviet Union* はこの点を明らかにしている。.

(4) クライスト・チャーチ会議におけるデイヴィッド・カールトンの講話、, 3 September 2004付 ; ディルについては、Pawle, p. 122; 代表団については、FRUS 1941, Vol. I, p. 177; *Jacob*, p. 89; WSC, Vol. III, pp. 340, 426, 353.

(5) WSC, Vol. III, pp. 405–6.

(6) この点と次については、上掲書、pp. 406–7, 420, 409; Harriman, pp. 81–2; Feis, p. 15.

(7) Chuev, pp. 45–6; Butler, p. 179.

(8) Danchev, *Specialness*, pp. 55–7.

(9) WSC, Vol. III, pp. 402–3.

(10) Moran, p. 26; Soames, p. 464; Letter, PREM 401/7, p. 175.

(11) WSC, Vol III, p. 414.

(12) PREM 401/7, p. 175; パメラについては、Bedell Smith, pp. 83–7; 大使については、Gillies, p. 132; リトヴィノフについては、Harriman, pp. 362–3.

(13) 石鹸に関して、CAB 120/37; チャーチルについては、CAB 120/38.

(14) Ismay, p. 231.

(15) PRO, BBK/D/96/98/99/100P; Montefiore, p. 344; Harriman, pp. 87–8; Ross, Document 3; CAB 120/39.

(16) Letter, PREM 401/7, p. 1.

(17) CAB 120/39.

(18) Harriman, p. 89.

(19) FDR Safe File, Box 3, http://www.fdrlibrary.marist.edu/psf/box3/a32h01.html, http://www.fdrlibrary.marist.edu/psf/box3/a32g01.html.

(20) Harriman, p. 90.

(21) FRUS, 1941, Vol. I, pp. 851, 844, CAB 120/39.

(22) Harriman, p. 90.

(23) Harriman, pp. 91–4; Deane, p. 49; CAB 120/39.

(49) Morton, pp. 91–2, 105, 88–9; Wedemeyer, p. 118.
(50) Jenkins, p. 663; FDR Safe File, http://www.fdrlibrary.marist.edu/psf/box1/a07 i01.html.
(51) CAB 66/18, pp. 109–10.
(52) Wilson, pp. 87, 120; リンデマンについては、McIntire, p. 135; de Groot, p. 27; p. 28; Edmonds, pp. 394–8.
(53) Wilson, p. 100.
(54) Wilson, pp. 103–4.
(55) Pawle, p. 128.
(56) CAB 66/18, pp. 108, 115; McIntire, p. 133.
(57) FDR Safe Files, http://www.fdrlibrary.marist.edu/psf/box1/a07h01.html; FDR Library, ABCD 1941, Box 1 PSF.
(58) Cadogan, p. 398; Thompson, p. 235.
(59) FDR Library, ABCD 1941, Box 1 PSF; Morton, pp. 104–6; Harriman, p. 75.
(60) Jacob 日記、19 July 1941付、Edmonds, p. 224に引用あり。
(61) Danchev, *Specialness*, p. 71; Alanbrooke 日記、3 February 1942. 付。
(62) Alanbrooke, p. 226; Wilson, pp. 126–131には会談の記録と人物描写がある。; Harriman, p. 185; Ismay, p. 253; Parrish, p. 283.
(63) Wilson, p. 130.
(64) Parrish, p. 470; Holmes, p. 244; Dill については、Danchev, *Specialness*, Ch. 5.
(65) Parrish, p. 454.
(66) Wilson, p. 145 以降、議論の概要が記されている。; Loewenheim, pp. 386–9.
(67) Holmes, p. 210.
(68) ER, *As*, p. 44.
(69) Berle, p. 406; Beschloss, pp. 18–19.
(70) Thompson, p. 271; Freidel, p. 474.
(71) WSC, Vol. II, p. 395.
(72) Berle, p. 372; Loewenheim, Doc. 66, pp. 149–51; FDR Library, ABCD 1941, Box 1 PSF.
(73) Avalon, p. 28.
(74) 英帝国については、ロンドン、チャーチル博物館の定義による。
(75) Kimball, *Forged*, pp. 101, 29–31.
(76) ER, pp. 35–7; Wilson, pp. 189–90.
(77) Avalon, pp. 39–45.
(78) Avalon, p. 31.
(79) WSC, Vol. II, p. 395.
(80) Cadogan, p. 402.
(81) Loewenheim, p. 71.
(82) FDR Library, ABCD 1941, Box 1, PSF.
(83) 世論調査については、Edmonds, p. 223; タフトについては、James Patterson,

と注釈付きで保管されている。従妹については、Ward, p. 140参照。
(15) FRUS, 1940, Vol. I, pp. 28–116.
(16) Morton, pp. 57–8; Bartholomew, p. 188.
(17) Reynolds, *History*, p. 414.
(18) 130億ドルについては、Bercuson and Herwig, pp. 30–32.
(19) PREM 4/17/1; FRUS, 1940, Vol. III, p. 67; Dalton, Thorne, p. 121; Black, p. 622; Gilbert, *America*, p. 218; Charmley, pp. 21–3.
(20) ケインズ使節団については、Skidelsky, Ch. 4; やくざ者は、Black, p. 622.
(21) Kimball, *Churchill and Roosevelt*, pp. 177–85; Davis, pp. 177–9.
(22) この点と次の箇所は、McJimsey, p. 129; デイヴィスについては、Sherwood, pp. 35, 49; ゴダードについては、Ward, p. 157.
(23) Moran, p. 224.
(24) Lippmann, *Today and Tomorrow* のコラム、31 January 1946付。
(25) Bohlen, pp. 168, 135; Sherwood, pp. 4, 751.
(26) Moran, p. 126; Kimball, *Forged*, pp. 77–8.
(27) Kimball, *Forged*, pp. 77, 216.
(28) Moran, pp. 5–6; Jenkins, p. 650; Sherwood, p. 266.
(29) ロンドン、戦時閣議室 .
(30) この点とホプキンスの旅行準備に関する次のセクションについては、Maisky, pp. 177–182.
(31) Stalin, *Correspondence*, Vol. I, pp. 14–17; WSC, Vol. III, pp. 342–7.
(32) Maisky, p. 33.
(33) FDR Safe Files, Box 3, http://www.fdrlibrary.marist.edu/psf/box3/a3 2f01.htlm.
(34) FDR Safe Files, Box 4, http://www.fdrlibrary.marist.edu/psf/box3/a32d01.html; Dalleck, p. vii.
(35) Harriman, p. 73; Stalin, *Correspondence*, Vol. I, p. 16.
(36) FRUS, 1941, Vol. I, pp. 802–3; Berezhkov, *History*, pp. 126–130; Sherwood, Ch. XV.
(37) Sherwood, p. 104.
(38) Kimball, *Juggler*, pp. 187–8; Sherwood, pp. 3, 46, 344–5.
(39) Kimball, *Juggler*, p. 35.
(40) FRUS, 1941, Vol. I, pp. 813–4.
(41) FRUS, 1941, Vol. I, p. 813.
(42) FRUS, 1941, Vol. I, p. 344.
(43) FDR Safe Files, Box 3, Hopkins file; FRUS, 1941, Vol. I, p. 814.
(44) ER, *As*, p. 22.
(45) FRUS, 1941, Vol. I, pp. 637–8.
(46) McJimsey, p. 188; Sherwood, p. 348.
(47) Morton, p. 38; Sherwood, pp. 348–9.
(48) Morton, pp. 43, 62; Cadogan, pp. 396–7.

pp. 182–3.
(43) Montefiore オンライン・インタビュー、Random House; Jenkins, p. 448.
(44) Black, p. 902.
(45) Anna Roosevelt, Columbia Oral History, p. 26.
(46) Ward, p. 323.
(47) Anna Roosevelt Halstead, Columbia Oral History; Burns, *Soldier*, p. 61; James Roosevelt, *Parents*, pp. 101–2.
(48) Moran, p. 247.
(49) ハイドパーク博物館で、Robert Hannegan あて書簡として展示あり。
(50) Moran, p. 57; WSC, Vol. IV, p. 437; Cadogan, p. 472.
(51) Alanbrooke, p. 417.
(52) チャーチルについては、*News of the World*, 15 May 1938; Hale, p. 288; チェンバレンについては、R. W. Johnson, *London Review of Books*, 17 Aug 2006.
(53) Kimball, *Juggler*, p. 49; Halifax, Charmley, *Alliance*, p. 51.
(54) WSC, Vol. III, p. 673.
(55) ルーズベルトについて、p. 324; スティムソンについて、Hodgson, pp. 267–8; Murrow, CBS, 4 September 1946.
(56) Perkins, p. 72; R. W. Johnson, *London Review of Books*, 17 Aug 2006.
(57) ルーズベルトとソ連の関係は、Kimball, *Juggler*, Ch. 2, pp. 39–41, 198–9; 独裁制については、ibid, p. 216; Edmonds, p. 186; FRUS, 1942, Vol. III, p. 460; Bohlen, pp. 210–11; Butler 著作への Arthur Schlesinger の序文、また Aileen Kelly, 'A Great Russian Prophet' 参照。

2 第一回のサミット

(1) Burns, *Soldier*, p. 143; *NYT*, 9 September 1941.
(2) Sherwood, p. 293; Parrish, p. 186; Stimson diary, 30 June 1941; Burns, *Soldier*, p. 143; Black, p. 631.
(3) 初期の交信はすべて Gilbert, *America*, Ch. 18. で取り上げられている。
(4) Gilbert, *America*, pp. 189, 206.
(5) Vandenberg, Kissinger, p. 385; Kissinger, pp. 371–2. の分析を参照。
(6) Kissinger, p. 368; George VI, Black, p. 634; Morison, p. 29; Charmley, *Alliance*, p. 18.
(7) 22 August 1941付の手紙、FDR library, Hopkins 資料、Group 24, Box 135.
(8) Fenby, p. 304; FDR 図書館、Hopkins 資料、Group 24, Box 135.
(9) 海軍について、Eisenhower, p. 3; Morgan, p. 598.
(10) FDR Safe File（保管資料—以下同じ）, Box 1, ルーズベルトと皇太子妃については、James Roosevelt, *Parents*, p. 109.
(11) FDR Safe File, Box 1.
(12) Burns, *Soldier*, p. 124; Parrish, p. 183.
(13) FDR Safe File, Box 1; Parrish, p. 187.
(14) FDRに関する記述は Safe File Boxes に、「歴史研究目的および雑誌論評用に」

(12) Jonathan Sikorsky, 'From British Cassandra to American Hero', チャーチル・センター Finest Hour シリーズ所載。
(13) 死のブラシ〔葉巻〕の話は Hickman 参照。またこの話と次のパラグラフについては ra, Ismay, p. 344; Perkins, p. 307. 参照。
(14) Clementine Churchill の書簡集、ロンドン、チャーチル博物館。
(15) Reynolds, *War Person*, p. 268; Berlin, 'Winston Churchill in 1940'.
(16) Holmes, p. 295.
(17) Jacob, Wheeler Bennett, pp. 199–201.
(18) FRUS, 1940, Vol. I, p. 116; Welles, Meacham, p. 51; Black, p. 91.
(19) Perkins, p. 308.
(20) *New Yorker*, 8 および 15 August 2005.
(21) 承継者の表現は Burnham, p. 264.
(22) Black, p. 995; Alanbrooke, pp. 403–4; Kimball, *Juggler*, p. 14; Eisenhower, Beschloss, p. 29; Cadogan, pp. 577–8; Sherwood, pp. 10, 73; Einstein, *Morgenthau*, p. 244.
(23) Dutton, p. 153.
(24) Bohlen, p. 210.
(25) Parrish, p. 282; Davis, pp. 211–2; Beschloss, p. 219; Stilwell, pp. 260–1; Kimball,. *Juggler*, p. 199; Morgan, p. 550.
(26) 合衆国のスターリンに対する見方は、Kennan, p. 279; Sherwood, p. 34; Harriman, pp. 81, 536; Schlesinger, introduction to Butler; James Roosevelt, *Parents*, p. 203; Kershaw, p. 516. 参照。
(27) Chuev, p. 50.
(28) Berezhkov, *At Stalin's Side*, p. 203; Gillies, p. 125; Djilas, pp. 59–60.
(29) Stilwell, p. 259.
(30) Montefiore, p. 443; Butler, p. 23; *Modern Monthly*, December 1934.
(31) Bohlen, p. 211; Montefiore, p. 426; Butler, p. 328; *NYT*, 13 April 1946.
(32) Black, p. 865; Beria, p. 95; Cadogan, p. 578; Kissinger, p. 401; Kennan, http://edition.cnn.com/SPECIALS/cold.war/episodes/01/interviews/kennan/; Dalleck, p. 521.
(33) Morton, p. 16.
(34) Desk at Hyde Park museum; Alanbrooke, pp. 403–4; Black, p. 596.
(35) Jenkins, p. 651; Colville, *Fringes*, p. 417.
(36) 戦争閣議室およびチャーチル博物館。
(37) Ismay, pp. 174–5; James Roosevelt, *Parents*, p. 204; Hassett, pp. 169–71.
(38) Perkins, p. 84および Columbia Oral History, p. 348; Black, p. 970; Meacham, p. 261.
(39) McIntire, pp. 9, 132; WSC, Vol. IV, p. 338.
(40) Harvey, p. 239.
(41) Hopkins, Sherwood, p. 113; Stalin, Chuev, pp. 17–8.
(42) drinking, Cadogan, pp. 402, 555, 570; Fort, p. 280; Alanbrooke, p. 390; Jacob,

原 注

出　典（略号解説含む）

FRUS – Foreign Relations of the United States collections
WSC – Churchill War Memoirs
CAB, PREM archives from Public Record Office, London
FO – Foreign Office archive
FDR library papers from Hyde Park Library
Roosevelt–Churchill correspondence from Loewenheim et al., and Kimball
Stalin–Churchill–Roosevelt correspondence from Progress Publishing House, Moscow
Stalin–Roosevelt correspondence also from Butler
NYT – *New York Times*
ER – Elliott Roosevelt

プロローグ

（1）妻よりチャーチルへの手紙 23 Nov 1943 付、ロンドン、チャーチル博物館、戦争閣議室。
（2）晩餐については、FDR　library ホプキンス資料 Box 332; WSC, Vol. V, pp. 329–30; Bohlen, pp. 147–8; Harriman, pp. 273–4; Moran, p. 140; ER, *As He Saw It*, pp. 186–191, *Destiny*, p. 357; Gillies, p. 155; FRUS, Teheran, p. 837; Berezhkov, *History*, pp. 289–92.
（3）Holmes, p. 267.
（4）Beria, p. 94; Gillies, p. 155; Bohlen, p. 148; Sainsbury, p. 248; チャーチルについては、ll, Wheeler- Bennett, p. 96, April 1967付、BBC のレディ・ボナム＝カーターとのインタビューより。

1　バッファロー、熊、そしてドンキー

（1）1 March 1945付、FDR 議会演説。
（2）Montefiore, *Stalin*, p. 358.
（3）Jackson, p. 110.
（4）Hobsbawm, pp. 45, 48, 50.
（5）Andrew and Mitrokhin, p. 717.
（6）Dalleck, p. 420.
（7）Reynolds, *Command*, p. 414; FRUS, Teheran, pp. 862–3.
（8）James Roosevelt, *Parents*, p. 203.
（9）ER（エリオット・ルーズベルト）, *Destiny*, p. 345.
（10）Christopher Harmon essay, ‘Churchill as Coalition War Leader’, Churchill Center 1999. http://www.winstonchurchill.org/i4a/pages/index.cfm?pageid=681.
（11）Wallace diary, 22 May 1943.

No.	年	月	場所	主要な出席者				関連の章	会談名称・暗号名等
				アメリカ	イギリス	ソ連	その他		
17	1943	10	モスクワ	ハル	イーデン	モロトフ		12	**モスクワ外相会談**
18	1943	11	カイロ	ルーズベルト	チャーチル		蔣介石(中国)	13	**カイロ会談**
19	1943	11〜12	テヘラン	ルーズベルト	チャーチル	スターリン		14	**テヘラン会談**
20	1943	12	カイロ	ルーズベルト	チャーチル		イノヌ(トルコ)	15	
21	1944	9	ケベック	ルーズベルト	チャーチル			17	**オクタゴン**
22	1944	10	モスクワ		チャーチル イーデン	スターリン モロトフ		18	**トルストイ**
23	1945	1〜2	マルタ島	ルーズベルト	チャーチル			20	
24	1945	2	ヤルタ	ルーズベルト	チャーチル	スターリン		20	**ヤルタ会談**
25	1945	4	ワシントン	トルーマン		モロトフ		21	
26	1945	5〜6	モスクワ	ホプキンス		スターリン		22	
27	1945	7〜8	ポツダム	トルーマン	チャーチル→ アトリー	スターリン		22	**ポツダム会談**

関連年表

No.	年	月	場所	主要な出席者				関連の章	会談名称・暗号名等
				アメリカ	イギリス	ソ連	その他		
1	1941	7	チェカーズ	ホプキンス	チャーチル	マイスキー		2	
2	1941	7	モスクワ	ホプキンス		スターリン		2	
3	1941	8	プラセンシア湾	ルーズベルト	チャーチル			2	**大西洋会談**
4	1941	9	モスクワ	ハリマン	ビーヴァーブルック	スターリン		3	
5	1941	12	モスクワ		イーデン	スターリン		5	
6	1941〜42	12〜1	ワシントン	ルーズベルト	チャーチル			5	**アルカディア**
7	1942	5	ロンドン		チャーチル	モロトフ		7	
8	1942	5	ワシントン	ルーズベルト		モロトフ		7	
9	1942	6	ロンドン		チャーチル	モロトフ		7	
10	1942	6〜7	ハイドパーク ワシントン	ルーズベルト	チャーチル			8	**アルゴノート**
11	1942	7	ロンドン	ホプキンス マーシャル	チャーチル			8	
12	1942	8	モスクワ	ハリマン	チャーチル	スターリン		9	
13	1943	1	カサブランカ	ルーズベルト	チャーチル		ド・ゴール（仏） ジロー(仏)	10	**カサブランカ会談**
14	1943	3	ワシントン	ルーズベルト	イーデン			11	
16	1943	8	ケベック	ルーズベルト	チャーチル			11	**クワドラント**

著者紹介

ジョナサン・フェンビー（Jonathan Fenby）

C.B.E（英帝国上級勲爵士）、イギリス人国際ジャーナリスト。1942 年 11 月生まれ、バーミンガムのエドワード六世校、ロンドンのウエストミンスター校を経てオックスフォード大学卒。1993 〜 95 年、*The Observer* 紙、1995 〜 2000 年、香港の中国返還時には *South China Morning Post* 紙の編集者で、現在は Trusted Sources という BRICS など新興国専門の調査、投資コンサルタントを行う研究所の中国部門責任者。

主要著書に

Dealing with the Dragon：*A Year in the New Hong Kong*

On the Brink：*The Trouble with France*

Generalissimo：*Chiang Kai-Shek and China He Lost*

（最新刊　2014 年 1 月）

Will China Dominate the 21st Century ?

邦訳には、小糸忠吾ほか訳『国際報道の裏表』新聞通信協会刊、1988 年がある。

訳者紹介

河内隆弥（こうち・たかや）

現代史翻訳。1935年上海生まれ、小樽商大卒、旧東京銀行海外支店長歴任。
訳書に、パトリック・ブキャナン『超大国の自殺』（幻冬舎、2012年）、同『不必要だった二つの大戦』（国書刊行会、2013年）、イアン・カーショー『運命の選択 1940-41（上）（下）』（白水社、2014年）。

奇妙《きみょう》な同盟《どうめい》　I
——ルーズベルト、スターリン、チャーチルは、
いかにして第二次大戦《だいにじたいせん》に勝《か》ち、冷戦《れいせん》を始《はじ》めたか——

2018年4月10日　初版第1刷発行©

訳　者　河内隆弥
発行者　藤原良雄
発行所　株式会社　藤原書店

〒162-0041　東京都新宿区早稲田鶴巻町523
電　話　03（5272）0301
FAX　03（5272）0450
振　替　00160-4-17013
info@fujiwara-shoten.co.jp

印刷・製本　中央精版印刷

落丁本・乱丁本はお取替えいたします
定価はカバーに表示してあります

Printed in Japan
ISBN978-4-86578-161-8